Help! 3
Zal ik u even helpen?

De serie Help! bestaat uit:

Help! 1 - Kunt u mij helpen?

    E. Ham, W.H.T.M. Tersteeg, L. Zijlmans

    Docentenboek, cursistenboek, set van twee geluidscassettes of twee cd's, hulpboeken

    (Duits, Engels, Frans, Indonesisch, Russisch en Spaans)

Help! 2 - Kunt u mij even helpen?

    A.M. Fontein, P. de Kleijn

    Docentenboek, cursistenboek, set van drie geluidscassettes, woordenlijsten

    (Chinees, Engels, Frans, Indonesisch)

Help! 3 - Zal ik u even helpen?

    M.A. Dumon Tak, A.M. Fontein, L.H.M. van Palenstein

    Docentenboek, cursistenboek, set van drie geluidscassettes

Onafhankelijk van de serie Help! kan gebruikt worden:

Nederlandse grammatica voor anderstaligen

    A.M. Fontein, A. Pescher-ter Meer

help!

Een cursus Nederlands voor anderstaligen

Zal ik u even helpen?

M.A. Dumon Tak
A.M. Fontein
L.H.M. van Palenstein Helderman-Susan

Boek voor de cursist

3

nederlands centrum buitenlanders

Illustraties: Kees Bok
Vormgeving: MFS Grafische Vormgeving, Utrecht
Druk: Krips Repro Meppel

Nederlands Centrum Buitenlanders
Postbus 638
3500 AP Utrecht
tel. (030) 239 49 59
fax. (030) 236 45 46

ISBN 90 5517 075 5
Bestelnummer 966.0755

Dit is de tweede druk van de geheel herziene versie van 'Help! 3 - Zal ik u even helpen?'
Deze kan niet naast de oorspronkelijke versie uit 1983 gebruikt worden.
De nieuwe 'Help! 3 - Zal ik u even helpen?' is gebaseerd op de oorspronkelijke tekst van de hand
van A.M. Fontein, A. Pescher-ter Meer en L. Zijlmans.
© 1996-1999, M.A. Dumon Tak, A.M. Fontein, L.H.M. van Palenstein Helderman-Susan,
A. Pescher-ter Meer en L. Zijlmans

Inhoud

Voorwoord

Voor u ligt de herziene versie van 'Zal ik u even helpen?', deel 3 uit de serie 'Help!'. Dit deel is, evenals de eerste twee delen uit de serie Help! bestemd voor niet-Nederlandstaligen die in Nederland een opleiding op hoger beroepsniveau of op universitair niveau willen volgen, of een beroep op dat niveau willen uitoefenen. Daarnaast is dit boek bestemd voor diegenen die buiten Nederland de Nederlandse taal willen leren.

Er was een aantal redenen om de oorspronkelijke versie van dit boek te herzien. Een aantal teksten is vervangen, omdat de strekking ervan niet meer actueel was. Veel opdrachten zijn aangepast aan de recente opvattingen over het onderwijs aan tweede- en vreemde-taalleerders. Tegenwoordig ligt er in het onderwijs van het Nederlands aan anderstaligen veel meer nadruk op het aanleren van communicatieve vaardigheden. Daarom hebben wij meer opdrachten opgenomen die gericht zijn op vrije taalproductie. Zo zijn de spreekoefeningen die in de oorspronkelijke versie uit 'drills' bestonden, vervangen door functionele spreekopdrachten. Ook de schrijfopdrachten zijn meer gericht op vrije taaluitingen.

De lees- en luisterteksten worden in deze versie meestal gevolgd door meerkeuzevragen, omdat de meeste opleidingen deze manier van vraagstelling gebruiken. Bovendien bevat het boek veel meer illustraties.

De uitgever heeft ons bij de herziening gevraagd rekening te houden met het Staatsexamen Nederlands als tweede taal programma II, dat sinds de verschijning van de eerste versie is ingesteld. Derhalve sluit een aantal opdrachten aan bij de eisen van het examen. Wij benadrukken evenwel dat dit boek niet uitsluitend een methode is om cursisten voor het Staatsexamen te trainen. Het is een algemeen leerboek voor wie zich voorbereidt op studie of beroep. Door de talrijke wijzigingen kan deze nieuwe versie in geen geval naast de oude worden gebruikt.

Zeer veel dank zijn wij in de eerste plaats verschuldigd aan mevrouw drs. A. Pescher-ter Meer en mevrouw drs. L. Zijlmans, twee van de auteurs van de oorspronkelijke versie, voor het nauwgezette bestuderen van het materiaal en hun zeer constructieve adviezen. In de tweede plaats willen wij dank zeggen aan alle collega's van het James Boswell Instituut van de Universiteit Utrecht voor hun suggesties, in het bijzonder aan mevrouw drs. E. Ham en de heer drs. H. Nederhand die een aantal lessen voor ons hebben becommentarieerd.

Dit is de tweede druk van de herziene versie van 'Help! 3 - Zal ik u even helpen?'. Deze druk is, op enkele correcties na, gelijk aan de vorige.

Utrecht, maart 1998
Bibi Dumon Tak, Mieps Fontein, Lenie van Palenstein Helderman-Susan

Inleiding

Help! 3 is bestemd voor cursisten die een goede basiskennis bezitten van de Nederlandse taal. Cursisten zijn aan dit boek toe als ze de belangrijkste structuren en grammaticale onderwerpen hebben bestudeerd en over een woordenschat beschikken van ongeveer 4000 woorden waarvan ongeveer 2000 productief. Deze in totaal 4000 woorden komen voor in Help! 1 en 2 (Help! 1 ongeveer 1600 en Help! 2 ongeveer 2400 woorden). Beide delen bevatten de woorden uit het Basiswoordenboek Nederlands van P. de Kleijn en E. Nieuwborg.

Cursisten moeten zich in alledaagse situaties mondeling en schriftelijk kunnen uitdrukken zonder fouten te maken die de communicatie in gevaar brengen. Bovendien moeten zij een gesprek over alledaagse situaties tussen Nederlanders zonder al te veel moeite kunnen volgen, en een niet al te ingewikkelde tekst kunnen lezen. Het lesmateriaal dat nodig is om dit taalniveau te bereiken, is te vinden in Help! 1 en 2.

Als cursisten dit boek bestudeerd hebben, moeten zij in principe wat leesvaardigheid betreft een semi-wetenschappelijk krantenartikel of een tekst uit een semi-wetenschappelijk boek kunnen begrijpen; wat luistervaardigheid betreft moeten zij een radio- of televisieprogramma, bijvoorbeeld een interview of documentaire zonder al te veel moeite kunnen volgen; wat schrijfvaardigheid betreft moeten zij een mening of beschrijving op papier kunnen zetten en een niet al te ingewikkelde officiële brief kunnen schrijven en wat spreekvaardigheid betreft tenslotte moeten zij adequaat mondeling kunnen reageren, een discussie kunnen voeren en een kleine uiteenzetting kunnen geven.

Het materiaal

De herziene versie Help! 3, bestaat uit:
- een cursistenboek;
- een docentenboek met een sleutel bij de oefeningen;
- drie geluidscassettes met spreekopdrachten, teksten van de luisteroefeningen, gedichten en enkele grammaticaoefeningen;
- een diskette met extra oefenmateriaal (nog in voorbereiding op het moment van publicatie).

Bij Help! 1 en 2 horen hulpboeken en woordenlijsten in verschillende talen. Voor Help! 3 hebben wij ze niet gemaakt, omdat wij menen dat cursisten op dit niveau in staat moeten zijn een uitgebreid verklarend Nederlands woordenboek te gebruiken.

In het cursistenboek is geen lijst van nieuwe woorden opgenomen. Het boek voor de docent bevat echter wel een woordenlijst van alle woorden die niet in Help! 1

en 2 voorkomen. Daardoor krijgt de docent een overzicht van het aantal nieuwe woorden dat wordt aangeboden. Bovendien kan de docent vinden waar een woord voor het eerst voorkomt.

Het boek voor de cursist

Het cursistenboek bestaat uit dertien lessen, vier meer dan de oorspronkelijke versie. De lessen zijn korter: per les zijn er gemiddeld 21 opdrachten tegenover ruim 30 in de eerste versie. Dit boek is evenals de eerste versie thematisch van opbouw. Bij de keuze van de thema's hebben wij ons mede laten leiden door de wensen die cursisten bij het gebruik van de oorspronkelijke versie in onze lessen hebben geuit.

Een andere wijziging is dat de vocabulaireoefeningen geen aparte sectie meer vormen. Dit hebben wij gedaan om vocabulaire meteen na een tekst of opdracht te kunnen oefenen.

De opbouw van de lessen

Evenals in de vorige versie begint elke les met een introductietekst. Hierin wordt een algemeen beeld van het thema gegeven. De introductietekst wordt direct gevolgd door vragen en opmerkingen die cursisten alert maken op grammatica, vocabulaire, stijl of opbouw van de tekst.

Daarna volgen meerkeuze- en/of open vragen. De derde oefening van een les is steeds een vocabulaireoefening met woorden uit de introductietekst. Soms volgen op deze drie opdrachten discussieopdrachten.

Hierna komen de belangrijkste grammaticale onderwerpen van het desbetreffende hoofdstuk in de vorm van oefeningen aan de orde. Ook wordt aandacht besteed aan grammaticale onderwerpen die aanleiding blijven geven tot het maken van fouten. Deze oefeningen worden afgewisseld met leesteksten en vocabulaireoefeningen.

Vervolgens komen schrijfvaardigheid, spreekvaardigheid en luistervaardigheid aan de orde. In deze herziene versie krijgen deze vaardigheden veel aandacht. De verschillende vaardigheden worden steeds in bovengenoemde volgorde aangeboden.

Leesvaardigheid

Alle leesteksten zijn authentiek. De introductieteksten echter zijn aangepast om de grammatica van de desbetreffende les te illustreren. In dat geval wordt de bronvermelding voorafgegaan door: 'naar'. Veel oefeningen zoals vocabulaire-, grammatica- en prepositieoefeningen zijn bewerkingen van authentieke teksten. In dat geval wordt de bronvermelding voorafgegaan door: 'Informatie ontleend aan'. Is de tekst integraal overgenomen dan wordt de bronvermelding voorafgegaan door: 'uit'.

Naast de introductietekst hebben wij ten minste nog één andere leestekst opgenomen. Hierbij hebben wij gezocht naar zoveel mogelijk variatie, te weten: informatieve, beschouwende, verhalende, instructieve en semi-wetenschappelijke teksten. De meeste teksten zijn geschikt om intensief lezen te oefenen. Daarnaast is een aantal instructieve teksten geschikt om globaal lezen te oefenen.

Vocabulaire

Na de vragen bij de introductietekst volgt steeds een vocabulaireoefening, waarin een selectie van het in de tekst aangeboden vocabulaire in een andere context wordt aangeboden en geoefend. Wij hebben die woorden gekozen, waarvan wij menen dat deze door de cursisten gekend moeten worden.

Elke les bevat gemiddeld nog twee andere vocabulaireoefeningen waarvan de woorden afkomstig zijn uit de teksten uit die les. Het gebruik van de juiste prepositie blijft een struikelblok. Om de betekenis van preposities te verduidelijken, bieden wij ze in een context aan. Ook uitdrukkingen worden om die reden in een context aangeboden.

In verband met de beschikbare ruimte zijn niet zo veel vocabulaireoefeningen opgenomen als wenselijk zou zijn. We achten het aanleren van zo veel mogelijk woorden van het grootste belang. Wij zijn dan ook voornemens om op de diskette met extra oefenmateriaal veel vocabulaireoefeningen op te nemen.

Grammatica

Wij streven er in het belang van de cursisten naar dat zij zich zo correct mogelijk in het Nederlands kunnen uitdrukken; dat vergroot het zelfvertrouwen. Immers een goede beheersing van het Nederlands is het visitekaartje voor iedere buitenlander die met Nederlanders in contact komt. Wij zijn ervan overtuigd dat met name de hoger geschoolde cursisten een houvast krijgen door het leren van grammaticaregels. Daarom komen in elke les verschillende grammaticale onderwerpen aan bod. Het is raadzaam dat cursisten in het bezit zijn van een grammaticaal naslagwerk Nederlands voor anderstaligen.

Deze herziene versie van Help! 3 bevat minder grammaticaoefeningen dan de eerste. Veel van de oefeningen uit de oude versie die we niet hebben opgenomen, komen terug op de diskette met extra oefenmateriaal. De vrijgekomen ruimte in het boek hebben we, zoals gezegd, benut voor oefeningen die meer onder begeleiding van een docent en in groepsverband gedaan moeten worden, omdat het vrije taaluitingen betreft.

Wij hebben de grammatica als volgt over de lessen verdeeld:
- zinsbouw: les 1-5;
- verwijzing (door middel van pronomina en het adverbium 'er'): les 6-8;
- werkwoorden: les 9-13.

De lessen bevatten ook grammaticale onderwerpen die niet onder de bovengenoemde vallen, maar die problemen (blijven) geven.

Wij zijn ons ervan bewust dat de meningen uiteenlopen over de volgorde waarin
de grammatica behandeld moet worden. De lessen kunnen indien gewenst in een
andere dan de gepresenteerde volgorde worden doorgenomen.

Bij de samenstelling van het materiaal zijn wij ervan uitgegaan dat de cursisten de
basisregels van de grammatica kunnen toepassen. Wij geven in Help! 3 geen uitleg van de grammatica, noch in een apart hulpboek (zoals bij Help! 1), noch in
het cursistenboek (zoals in Help! 2), omdat geen nieuwe grammatica wordt aangeboden. De grammaticaoefeningen zijn in dit deel echter wel veel gecompliceer-
der.

Schrijfvaardigheid

In deze herziene versie bieden wij een grotere verscheidenheid aan schrijfopdrachten aan teneinde de cursisten beter voor te bereiden op studie of beroep.
Er zijn gestuurde en vrije opdrachten. Gestuurde opdrachten zijn: het aanvullen
van zinnen waarvan slechts een deel gegeven is, het schrijven van formele
brieven, het invullen van formulieren, het becommentariëren van grafieken en ta-
bellen, het schrijven van samenvattingen en memo's. Vrije schrijfopdrachten zijn:
het schrijven van informele brieven, van beschouwende en verhalende opstellen
en van krantenberichten.

Spreekvaardigheid

Er worden in deze versie geen 'drills' meer aangeboden. We hebben gekozen voor
vrije spreekopdrachten. Wij zijn ons wel bewust van het relatieve nadeel ervan,
namelijk dat cursisten niet zonder meer zelfstandig met dit materiaal kunnen oefenen. Maar wij menen dat dit wegvalt tegen het voordeel, namelijk dat vrije opdrachten meer bij de behoeften van cursisten aansluiten.

Bij het bepalen welke functies aan de orde moeten komen in de korte en middellange spreekopdrachten hebben wij ons gebaseerd op Van Ek, 'The threshold
level for modern language learning in schools' (London, 1977).

Er zijn vier soorten spreekopdrachten. Bij de korte spreekopdrachten moeten
cursisten direct en adequaat reageren in een paar zinnen. Bij de middellange opdrachten moet de reactie iets langer zijn. Bij de lange opdrachten moeten cursisten een monoloog houden over een onderwerp aansluitend op het thema van de
les. Ten slotte zijn er discussieopdrachten.

Luistervaardigheid

Per les worden er gemiddeld twee luisteroefeningen aangeboden. Wij geven in
deze versie in het cursistenboek geen vocabulaire meer. Dit hebben wij gedaan

omdat het van verschillende factoren afhangt welke woorden of uitdrukkingen cursisten wel of niet kennen.

De meeste luisterteksten zijn interviews. Er zijn verder twee series nieuwsberichten en twee uiteenzettingen te horen. Het merendeel van de luisterteksten is opgenomen van de radio. Op de cassette zijn ook alle gedichten te beluisteren die in de lessen voorkomen.

Voor een verdere verantwoording van en aanwijzingen bij de oefeningen van dit boek verwijzen wij naar het boek voor de docent.

1 TEKST

Eten en drinken

1 Het is nog niet zo lang gebruikelijk dat gerechten gecombineerd worden tot
maaltijden zoals wij dat nu doen. Als men in de Middeleeuwen gasten uitnodig-
de, zagen de maaltijden er wel heel anders uit dan nu. Uit schilderijen en
geschriften uit die tijd valt op te maken hoe het op eetpartijen toeging.
5 Er was een overvloed aan eten en drinken. Pauwen werden met veren en al
opgediend. Zeehonden, reigers en grote hompen vlees: het kwam allemaal
tegelijk op tafel. Overigens kwamen dergelijke overdadige en buitenissige
maaltijden alleen bij de zeer rijken voor. Het gewone volk at roggebrood en
haverbrij en daar was vaak al niet voldoende geld voor.
10 Pas in de negentiende eeuw is men begonnen gerechten in een bepaalde volgorde op te dienen. Tot die tijd werden de soep, de vis en het vlees gelijktijdig op
tafel gezet. Op deze manier kon men alles zeer kunstzinnig uitstallen. Het
gevolg was wel dat het voedsel al koud was, voordat het gegeten werd. Een
Russische prins introduceerde de methode 'à la Russe': de gerechten werden
15 in de keuken al voorgesneden en na elkaar opgediend, zodat het voedsel warm
genuttigd kon worden. Deze nieuwe manier sloeg aan en is een van de regels
van de traditionele keuken geworden.
Ook tegenwoordig kan het verzorgen van maaltijden voor gasten een middel
zijn om zich culinair te onderscheiden van anderen. Het imponeren door hele
20 pauwen en zeehonden op te dienen komt niet meer voor. Wel kan men zijn
kookkunst demonstreren door bijzondere gerechten te maken. In onze tijd zijn
in Nederland de meest uiteenlopende verse voedingsmiddelen te krijgen, met de
tijd en mankracht om een uitgebreide maaltijd te bereiden is het echter anders
gesteld. Daarom is voor een aantal mensen het koken van exclusieve gerechten
25 een hobby geworden.

Naar: J.G. van Eden e.a., *Receptenleer. Technieken en processen*

a. In een aantal zinnen in de tekst staan tijdsaanduidingen; welke hebben
inversie tot gevolg?
b. Hoe verklaart u het veelvuldige gebruik van tijdsaanduidingen in deze tekst?

2   LEZEN   *Meerkeuzevragen*

Hieronder staat een aantal vragen en beweringen. Kruis aan wat juist is.

1. Sommige van de onderstaande beweringen zijn *waar*, andere zijn *niet waar*.
   a. In de Middeleeuwen had niet iedereen voldoende te eten.
   b. De basisprincipes van het opdienen van gerechten zijn ontstaan in de Middeleeuwen.
   c. De gerechten werden in de Middeleeuwen gelijktijdig opgediend, opdat ze konden afkoelen.
   d. Voor sommige mensen is koken een vorm van vrijetijdsbesteding.
2. Wat heeft de methode 'à la Russe' tot doel?
   a. De gerechten kunnen warm worden gegeten.
   b. Het vlees dat uit de keuken komt, kan men aan tafel snijden.
   c. Men kan de gerechten kunstzinnig uitstallen.
3. Met welk van de volgende problemen hebben wij tegenwoordig volgens de tekst te maken? Kruis één antwoord aan.
   a. Verse voedingsmiddelen zijn niet altijd te koop.
   b. Zeehonden zijn schaars geworden.
   c. Soms ontbreekt de tijd om uitgebreide maaltijden klaar te maken.
   d. Voedingsmiddelen zijn vaak te duur.

3   VOCABULAIRE   *Bij de introductietekst*

Wat de boer niet kent   *in een bepaalde gesteldheid*

*demonstreren, eruitzien, gebruikelijk, gesteld zijn, voorkomen,
zich onderscheiden*

'Wat de boer niet kent, dat eet hij niet.' Deze uitdrukking zou kunnen
_demonstreren_1 hoe het _gesteld_2 _is_2 met de culinaire cultuur van
de Nederlandse keuken. Die _onderscheiden_3 _zich_3 door de geur van spruit-
jes en bloemkool; knoflook _komt_4 in de recepten nauwelijks _voor_4.
Hoe zou een Nederlandse dag _eruitzien_5 zonder de _gebruikelijke_6 koffie met
een speculaasje of een stroopwafel, of een dag zonder kaas of aardappelen?

[handwritten: start, fire (motor), form a deposit, build up, steam up (glaas), get scaled (Kettle)]

aanslaan, bereiden, dergelijk, imponeren, introduceren, manier, voordat

Het heeft lang geduurd __voordat__ 7 'de boer' __dergelijke__ 8 voedingsmiddelen kende. Kaas werd door de Romeinen __introduceerd__ 9 en ze leerden de
Lage Landen de __manier__ 10 waarop je die kunt __bereiden__ 11. De aardappel uit Zuid-Amerika __slaan__ 12 hier __aan__ 12. Koffie, waarmee
je in de zeventiende eeuw je gasten __imponeerde__ 13, kwam uit de koloniën.

[handwritten: peculiar]

aantal, buitenissig, gevolg, opmaken, overigens, pas, tegenwoordig,
uiteenlopend, zoals

[handwritten left margin: Diverse, varied, different]
[handwritten: Pas]

_____14 toen oosterse kruiden het westen bereikt hadden, konden
lekkernijen __zoals__ 15 Hollandse speculaas en stroopwafels gemaakt worden. 'De boer' weet nu __overigens__ 16 niet meer hoe __buitenissig__ 17 deze
producten ooit waren. Contacten met andere culturen hebben als __gevolg__ 18
dat je de meest __uiteenlopend__ 19 spijzen en dranken leert kennen.
Dat een __aantal__ 20 ervan is ingeburgerd, valt __op__ 21 te __maken__ 21
uit het feit dat iedereen __tegenwoordig__ 22 weet hoe nasi, bami, roti, pizza, paella,
kebab, shoarma, couscous en souvlaki smaken.

Informatie ontleend aan: Stef Scagliola(red.), *Eendevoetjes of oude kaas. Vreemd eten in Nederland*

4   SPREKEN OF SCHRIJVEN   *Discussie*
In Nederland maken sommigen het zich gemakkelijk door geregeld kant-en- klaarmaaltijden
te eten. Anderen daarentegen besteden veel tijd aan hun maaltijden, want zij willen alleen vers
voedsel. Maar de grootste groep mensen maakt maaltijden klaar die een combinatie zijn van
verse en geconserveerde levensmiddelen.
Waarom kiezen mensen voor een bepaald soort maaltijd, denkt u?

5   GRAMMATICA   *Inversie*
Begin onderstaande zinnen met het *schuingedrukte* woord. Noteer welke zinnen inversie
krijgen.
Voorbeeld:
Pauwen werden *met* veren en al opgediend.
Met veren en al werden pauwen opgediend. (inversie)

1. Overvloedige middeleeuwse maaltijden zijn *voor* ons moeilijk te bereiden.
2. Overigens waren *dergelijke* eetpartijen alleen mogelijk voor de zeer rijken.
3. In die tijd kregen *de* bezoekers alle gerechten in een keer voorgeschoteld.

4. Op deze manier kon *men* alles zeer kunstzinnig uitstallen.
5. Pas in de negentiende eeuw is *men* begonnen gerechten in een bepaalde volgorde op te dienen.
6. Uitgebreid koken voor veel gasten is *tegenwoordig* vaak een hobby.
7. Gasten imponeer je nu niet meer *door* hele pauwen op te dienen.

6   TEKST

Onderstaand bericht komt uit het Utrechts Nieuwsblad. Zoek in uw woordenboek de betekenis van het woord 'piraat' op. Wat doet een eetpiraat, denkt u?

Vijftien jaar eetpiraat

De 58-jarige eetpiraat W.G. uit R. is afgelopen donderdag in Apeldoorn voor de 115de keer bekeurd toen hij ergens gegeten had en de rekening niet wilde betalen.

Hij duikt al 15 jaar op in alle mogelijke eetgelegenheden en lijkt niet van plan zijn uitgekookte uitgaansgewoonte op te geven. Eind juli vorig jaar is hij in Apeldoorn opgedoken en de culinaire mogelijkheden van de Veluwe bevallen hem kennelijk goed. Een maand later werd het te gortig volgens een woordvoerder van de Apeldoornse politie. In één week werd hij 5 maal bekeurd wegens het niet voldoen van de rekening. Toen belandde hij in de gevangenis. Maar dat vond hij niet erg, hij kreeg immers ook in de cel gratis te eten.

Afgelopen donderdag was het weer raak in een broodjeszaak: hij kon niet afrekenen. De eetpiraat bestelde zelfs nog koffie, terwijl de chef de politie belde, maar die kreeg hij uiteraard niet. Het personeel van de broodjeszaak vertelde dat ze achteraf toch wel gelachen hadden. Eén van hen had de man herkend van een eerder bezoek.

Naar: Utrechts Nieuwsblad

7   SPREKEN   *Navertellen*

U was toevallig ook in de broodjeszaak 'Broodje Koos' in Apeldoorn toen de eetpiraat daar zat te eten.
Vertel wat er gebeurde door de volgende zinnen af te maken.

Moet je horen, vorige week donderdag _____.
Piet had ons voor de lunch uitgenodigd want _____.
Aan het tafeltje tegenover ons _____.
Hij was in z'n eentje maar hij bestelde _____.
Toen de serveerster wilde afrekenen, zei hij _____.
Zij lichtte toen natuurlijk de chef in en die _____.
Weet je dat die vent _____? Maar die kreeg hij natuurlijk niet.
Hij was al eens eerder in 'Broodje Koos' geweest, want de caissière _____.
115 Bekeuringen in vijftien jaar, dat _____.

Wanneer is iemand een 'wegpiraat'?
Wanneer is er sprake van een 'etherpiraat'?

8 GRAMMATICA *Scheidbare werkwoorden* ✓

Zet het werkwoord tussen haakjes in de juiste vorm en in de aangegeven tijd.

Voorbeeld:

Het opdienen van hele pauwen [*voorkomen - presens*] niet meer.

Het opdienen van hele pauwen *komt* niet meer *voor.*

1. Nog niet zo lang geleden [klaarmaken - imperfectum] we alle maaltijden zelf.
2. We [afwassen - imperfectum] ook alles zelf.
3. Nu [aanschaffen - perfectum] de meesten van ons een magnetron en een afwasmachine.
4. We [inslaan - presens] alleen nog maar kant-en-klaarmaaltijden, dus nu hoeven we het eten niet meer te [klaarmaken - infinitief] en de borden hoeven we ook niet meer te [afwassen - infinitief].
5. Nu [uitzoeken - presens] je in een supermarkt kant-en-klaarmaaltijden.
6. Die zet je in de magnetron en dan [inschakelen - presens] je het apparaat.
7. Even later [opeten - presens] je het gerecht met veel smaak.

9 GRAMMATICA *Scheidbare werkwoorden* (H)

Zet het werkwoord tussen haakjes in de juiste vorm.

N.B. Niet alle werkwoorden zijn scheidbare werkwoorden.

Voorbeeld:

Ik [*opstaan*] altijd vroeg.

Ik *sta* altijd vroeg *op.*

Ik ben van zijn gelijk [*overtuigen*].

Ik ben van zijn gelijk *overtuigd.*

1. Als de eetpiraat weer in ons restaurant [opduiken], bel dan meteen de politie. *opduikt / kwam*
2. Het [voorkomen] in de Middeleeuwen vaak dat men tijdens diners vogels met veren en al [opdienen]. *voor / opdiende*
3. Om de aandacht van het publiek te trekken had de winkelier alle waar prachtig [uitstallen]. *uitgesteld*
4. De bank heeft aan zijn verzoek om een lening te verstrekken [voldoen]. *voldgedaan*
5. Het leven op de boerderij was heel anders dan ik me had [voorstellen]. *voorgesteld*
6. Mijn moeder heeft er een hele tijd slecht [uitzien], maar nu zij geen volledige baan meer heeft, [uitzien] zij er weer veel beter. *uitgezien / ziet ... uit*
7. De eetpiraat [onderscheiden] zich in eerste instantie niet van de andere gasten. *onderscheidt*
8. Gelukkig hebben veel mensen de vliegramp [overleven]. *overleefd.*
9. Hij heeft een hoge positie bij dit bedrijf, maar hij [misbruiken] deze positie door te veel geld aan reizen en dinertjes te [uitgeven]. *misbruikt / uit te geven*

voldoen aan → gerecht worden / entsprechen

lening - Anleihe / Darlehen

Pas op

10. [oppassen] dat je de ovendeur niet [aanraken]. Hij is gloeiend heet.
11. Weet jij hoe het in de Middeleeuwen op feesten [toegaan] ? *toeging*
12. De professor hield een veel te ingewikkelde voordracht en daarom
    [aanslaan] hij bij de studenten niet. *aan*
    sloeg

10 GRAMMATICA   *Scheidbare werkwoorden*

Zet in de volgende tekst het werkwoord tussen haakjes in de juiste vorm.

Gezonde knollen

1 __ Van oudsher is de Nederlander een aardappeleter. Hoewel de consumptie van
__ aardappelen als zodanig sinds de Tweede Wereldoorlog is [teruglopen], is het
__ gebruik van aardappelen in de vorm van voorbewerkte producten, zoals frites,
__ chips en nibbits sterk [toenemen.] Wij [opeten] aan deze producten zo'n
5 __ tien kilogram aardappelen per hoofd per jaar.
__ Er dient [opmerken] te worden dat aardappelen zeer gezond zijn. Dat geldt in
__ mindere mate voor patates frites en dergelijke producten, omdat ze een hoog vet-
__ gehalte hebben. Ze zijn zo lekker dat het moeilijk is er van te [afblijven].
__ Dus [aankomen] je er kilo's van.

10   Wist u dat de aardappel, deze gezonde knol, al in de zestiende eeuw uit Peru in
___   Spanje werd [invoeren]? Het heeft echter tot de achttiende eeuw geduurd voor-
___   dat de aardappel tot de rest van Europa was [doordringen].
___   Een legende vertelt dat een van de Franse koningen [inzien], dat aardappelen bij
___   uitstek geschikt waren voor de volksvoeding. Hij maakte daarom veel propagan-
15   da om het eten ervan te [aanmoedigen], maar de bevolking [afwijzen] het.
___   Toen [overgaan] de koning op een andere tactiek. Hij [aanleggen] rond zijn
___   paleizen grote tuinen waarin hij aardappelen liet poten. Die tuinen werden met
___   hekken [afzetten] en door wachters bewaakt. Hij [vaststellen] hierbij dat alleen
___   de leden van het hof deze gezonde knollen mochten eten. Al spoedig klommen
20   ondernemende lieden over de hekken, terwijl de bewakers, overeenkomstig de in-
___   structie van de koning, dat oogluikend [toelaten]. De 'dieven' [meenemen] dan
___   enkele knollen en gingen ze zelf verbouwen. Zo werd de aardappel in heel Frank-
___   rijk als 'verboden vrucht' [invoeren].

Informatie ontleend aan: dr. J.F. de Wijn en W.A. van Staveren, *De voeding van elke dag*

11   GRAMMATICA   *Scheidbare werkwoorden*   Ⓗ Ⓘ
Maak eenvoudige zinnen met behulp van onderstaande werkwoorden.

A *werkwoorden met prepositie*
Voorbeeld: kijken naar* - Ik kijk naar het nieuws op de tv.
                              Orish - Jars

1. luisteren naar*   3. wennen aan*   5. gelden voor
2. wachten op*   4. duren tot   6. betalen voor

B *scheidbare werkwoorden*
Voorbeeld: opgeven - Ze geeft haar studie niet op.

1. afrekenen   3. uitnodigen   5. toenemen
2. vaststellen   4. teruglopen   6. aanmoedigen / emmutigen /
                                                                      ermuntern

C *scheidbare werkwoorden met prepositie*
Voorbeeld: invoeren in - De Spanjaarden voerden de aardappel in Europa in.

1. doordringen tot   3. afblijven van
2. overgaan op   4. opmaken uit
         versterkt werden

N.B. De werkwoorden met een * komen niet in de teksten van deze les voor.

12 GRAMMATICA   *Lidwoord*

Vul *de, het* of *een* in of vul geen lidwoord in.

[handwritten: bepaald onbepaald → als je iets introduceert (intrody'si:rt)]

Ik heb [1] magnetron. In [2] magnetron warm ik voornamelijk [3] kant- en-
klare maaltijden op.

Ik ken [4] heerlijk Nederlands gerecht. [5] gerecht heet [6] hutspot. Het
[handwritten: de carrot (zonder)] bestaat uit [7] peen, [8] uien en [9] aardappelpuree.
Kunt u ons [10] gerecht uit uw eigen land adviseren?

In [11] middeleeuwen aten [12] rijke mensen [13] pauwen. [14] pauwen werden dan met [15] veren en al opgediend.

[handwritten: het / een]
In [16] restaurant waar ik soms eet, kwam laatst [17] eetpiraat. Dat was [18] *[handwritten: een]*
man die heel vriendelijk tegen [19] obers deed, maar probeerde weg te lopen
zonder [20] rekening te betalen. [21] Eigenaar heeft hem toen [22] weg
versperd. Hij is door [23] politie opgepakt. Er schijnen [24] verschillende eetpi-
raten in [25] restaurants rond te lopen.

Kent u [26] verhaal van [27] invoeren van [28] aardappel in onze landen?
Het is [29] zeer bijzonder verhaal.

13 GRAMMATICA   *Lidwoord*
Als **12.**

Hond in de magnetron

In [1] loop der jaren kom je als [2] journalist [3] heel wat gekke berichten
tegen. Zo kreeg [4] mevrouw in Amerika ooit [5] ongekend hoog bedrag aan [6]
schadevergoeding uitgekeerd van [7] fabrikant die [8] magnetronovens produ-
ceert. [9] Mevrouw was met haar hondje in [10] regen uit wandelen geweest.
Natuurlijk was [11] hondje nat geworden. Thuis gekomen besloot zij
[12] hondje in [13] magnetron te drogen. Idioot, zult u zeggen, maar [14] Amerikaanse rechter dacht er anders over. [15] Fabrikant had niet in [16] gebruiks-
aanwijzing vermeld dat [17] drogen van [18] hondjes in [19] magnetrons niet
kan. [20] Vrouw ontving [21] bedrag van [22] tienduizenden dollars.

Ⓗ

(14 **GRAMMATICA**   *Woordvolgorde*

In onderstaande tekst zijn woorden weggelaten die, voorafgaande aan een zin of gedeelte van een zin, tussen haakjes worden gegeven. Vul deze in de tekst in. Begin nooit met het woord of de woorden tussen haakjes.

Voorbeeld:

We gaan zo weg, [voor ons] je hoeft geen koffie meer te zetten.

We gaan zo weg, je hoeft *voor ons* geen koffie meer te zetten.

Smaken verschillen

1. Je vindt iets mooi, of [niet] je vindt iets mooi.
2. Je vindt iets lekker, of [niet] je houdt ervan.
3. [hun eerste sigaretje] Sommige mensen vinden het heerlijk te roken, als [net] ze wakker zijn.
4. [daarna] Ze drinken op hun nuchtere maag maar liefst drie koppen zwarte koffie.
5. [voor anderen] Dat is onbegrijpelijk.
6. [bij het ontbijt] Je familieleden willen kaas en vleeswaren terwijl [met moeite] jij alleen maar een kopje thee drinkt.
7. Kortom, dat smaken verschillen, [ook] geldt voor eten en drinken.
8. [op de markt] Als je 's morgens vroeg iemand een rauwe haring ziet eten, zijn er twee mogelijkheden: [zelf] je krijgt er trek in, of je wordt misselijk.
9. [een van de gasten] Op een familiefeest bied je gebak aan.
10. Je gast wil geen gebak, [liever] hij wil bitterballen met mosterd.
11. [voor hem] Natuurlijk haal je ze voor hem.
12. [verbaasd] Hij constateert, dat [ze] jij niet neemt.
13. [hem] Probeer maar eens uit te leggen, waarom [voor de vierde keer] jij een stroopwafel in plaats van iets hartigs neemt.
14. Wedden, dat [niet] hij zich dat kan voorstellen?
15. [zo] Een Nederlandse zegswijze vat dat samen: 'Ieder zijn meug'.

15 **VOCABULAIRE**   *Tegenstellingen*

Zoek de tegenstellingen bij elkaar en probeer er zinnen mee te maken.

Voorbeeld:

bijzonder - gewoon

Gewone gerechten kunnen net zo lekker zijn als bijzondere.

aanstaande ✓	arm ✓	gaar
achteraf ✓	door elkaar ✓	gebrek ✓
afgelopen ✓	doorzetten ✓	geconserveerd ✓

hartig ✓	rauw ✓	van tevoren *in toekomst*
in volgorde ✓	rijk ✓	verdwijnen ✓
opduiken ✓	tegenwoordig ✓	vers ✓
opgeven ✓	teruglopen ✓	vroeger ✓
overvloed ✓	toenemen ✓	zoet ✓

16 SCHRIJVEN   *Brief*

U woont in een grote stad. Een vriend van u die in een andere plaats woont, komt een paar maanden in verband met zijn werk ook in uw stad wonen. Hij huurt voor die tijd een kleine kamer zonder kookgelegenheid. Hij wil van u inlichtingen hebben over eetgelegenheden in uw stad.

Schrijf nu een brief aan uw vriend van ongeveer 150 woorden.
Schrijf hierin over:

- Soorten eetgelegenheden: Nederlandse en buitenlandse restaurants en eetcafés met daarbij hoeveel geld je ongeveer kwijt bent.
- Specialiteiten: vis, vegetarische gerechten en pannenkoeken bijvoorbeeld.
- Uw eigen ervaring met eetgelegenheden: goed, redelijk, matig en slecht en waarom.
- De dagen waarop ze gesloten zijn.
- De noodzaak te reserveren.

U kunt informatie uit de afgedrukte advertenties uit de Gouden Gids en het Utrechts Universiteitsblad gebruiken, maar u kunt ook zelf suggesties geven.

17 SPREKEN OF SCHRIJVEN *Grafiek*

Onderstaand cirkeldiagram laat zien hoeveel liter van welke dranken in 1992 per hoofd
van de bevolking is geconsumeerd.

a. Wat valt u op aan dit diagram?
b. Bent u er verbaasd over dat er 74 liter melk werd gedronken?
   Had u meer verwacht, of juist minder? Waarom?
c. Het cirkeldiagram heeft geen segment 'drinkwater'. Waarom niet, denkt u?

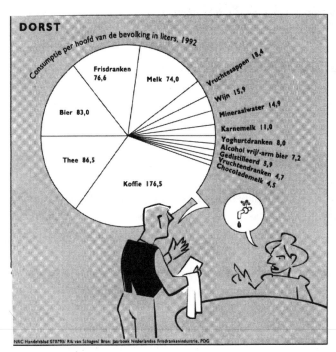

DORST
Consumptie per hoofd van de bevolking in liters, 1992

Frisdranken 76,6
Melk 74,0
Vruchtesappen 18,4
Wijn 15,9
Mineraalwater 14,9
Bier 83,0
Karnemelk 11,0
Yoghurtdranken 8,0
Alcohol vrij-arm bier 7,2
Gedistilleerd 5,9
Vruchtendranken 4,7
Chocolademelk 4,5
Thee 86,5
Koffie 176,5

NRC Handelsblad 070793/ Rik van Schagen/ Bron: Jaarboek Nederlandse Frisdrankenindustrie, POG

Geen vergadering kan zonder en
de dag is niet begonnen voordat
een Nederlander een kopje koffie
heeft gedronken. De consumptie
van koffie - 's lands populairste
drank - stijgt nog steeds. De Nederlander dronk in 1992 gemiddeld drie liter koffie meer dan een
jaar eerder, namelijk 176,5 liter.
Dit komt neer op bijna een halve
liter koffie per dag, oftewel zo'n
vier kopjes. Op de tweede plaats
staat, met 86,5 liter, thee. Van de
koude dranken staat bier op kop
(83 liter), gevolgd door frisdrank.

Uit: *NRC Handelsblad*

18 SPREKEN *Korte opdrachten*

1. U hebt kennissen te eten. Na de maaltijd staan ze op om weg te gaan. U hebt
   de indruk dat zij dat uit beleefdheid doen. U probeert ze over te halen nog
   even gezellig te blijven zitten. Wat zegt u tegen ze?
2. U hebt een Nederlandse vriend te eten. U hebt een speciaal gerecht gemaakt
   uit uw eigen land, maar u ziet aan het gezicht van uw vriend dat hij dat niet zo
   lekker vindt. U wilt niet dat hij iets eet dat hij niet lekker vindt. Wat zegt u
   tegen hem?
3. U wilt een vriendin uitnodigen om bij u te komen eten. U wilt er zeker van zijn
   dat u niet iets klaarmaakt waar zij absoluut niet van houdt.
   U belt haar op. Wat vraagt u haar?

4. U hebt heerlijk bij een vriendin gegeten. U wilt haar een compliment maken. Wat zegt u tegen haar?

5. Een goede vriend met wie u altijd hardliep, eet te veel. Hij is heel erg dik geworden, sporten doet hij daarom niet meer. U bent bang dat hij het nog eens aan zijn hart zal krijgen. Wat zegt u tegen hem?

19 SPREKEN   *Lange opdracht*

De meeste Nederlanders eten twee broodmaaltijden per dag en slechts één warme maaltijd. De meeste mensen, vooral mensen met gezinnen, eten die warme maaltijd omstreeks zes uur 's avonds.

U hebt allicht het Nederlandse eten gegeten. In welk opzicht is dat anders dan in uw eigen land? Hoe verklaart u dat de mensen in uw eigen land anders eten dan de Nederlanders? Denk hierbij bijvoorbeeld aan het klimaat: bij koud weer eten mensen liever andere dingen dan bij warm weer. Denk bovendien aan wat de natuur voortbrengt: vruchten, groenten, enz.

20 LUISTEREN   *Meerkeuzevragen*

Hieronder staat een aantal vragen en beweringen bij het luisterstuk 'Cursus Vakbekwaamheid Cafébedrijf'. Kruis aan wat juist is.

Horeca
hotel restaurant cafe

1. De serie 'Leren hoe doe je dat?' is
   a. een radioserie over vakopleidingen. *Fachfähigkeit*
   b. een radioserie over de opleiding Vakbekwaamheid Cafébedrijf.
   * c. een radioserie over het volwassenenonderwijs.

2. Er is geen speciale vooropleiding nodig om aan deze cursus deel te nemen.
   * a. Dat is waar.
   b. Dat is niet waar.

3. In hoeveel plaatsen in Nederland wordt de cursus gegeven?
   * a. In zeventig plaatsen. *maar liefst / precies*
   b. In meer dan zeventig plaatsen.
   c. In 73 plaatsen.

4. Hoe lang duurt de cursus?
   a. Twee weken.
   b. Veertien ochtenden, middagen en avonden.
   * c. Veertien dagdelen.

5. Op deze cursus leer je ook hoe je klanten moet bedienen.
   a. Dat is waar. *serveren*
   b. Dat is niet waar.
   c. Daar zegt de heer Van Heereveld niets over.

6. Bij het vak sociale hygiëne leer je onder andere wat je als horecawerknemer moet doen als een klant dronken wordt.
   ✳ a. Dat is waar. *alcohol misbruik*
   b. Dat is niet waar.
   c. Daar zegt de heer Van Heereveld niets over.

7. Volgens de heer Van Heereveld is het beschikken over het diploma 'Vakbekwaamheid' de belangrijkste voorwaarde om aan een eigen horecabedrijf te beginnen.
   ✳ a. Dat is waar.
   ✳ b. Dat is niet waar.

8. De heer Van Heereveld zegt dat een eigen horecabedrijf beginnen niet zonder risico's is omdat je geld van de gemeente moet lenen.
   ✳ a. Dat is waar. *bank*
   ✳ b. Dat is niet waar.

9. Hoeveel mensen deden het afgelopen jaar examen?
   ✳ a. Bijna 14.000. *een kleine 14000 (niet helemaal)*
   b. 28.000.
   ✳ c. Minstens 14.000. *~~ongeveer 9000~~*

10. Volgens de heer Van Heereveld is het beter als degenen die overwegend een lagere-schoolopleiding hebben, de cursus volgen
    ✳ a. omdat zij het niet meer gewend zijn te studeren.
    b. omdat de lagere-schoolopleiding niet toereikend is.
    c. omdat in de praktijk blijkt dat de cursus voor hen te moeilijk is.

21 LUISTEREN   *Meerkeuzevragen*

Hieronder staat een aantal vragen en beweringen bij het luisterstuk 'Eetgewoontes van diabetici'. Kruis aan wat juist is.

De eerste twee vragen hebben betrekking op een interview met de heer De Jonge.

1. Wie waren er in de familie van de heer De Jonge diabetespatiënten?
   a. De vader van de heer De Jonge.
   b. Een oom en een tante van de heer De Jonge.
   c. De ouders van de heer De Jonge.

2. Weet de heer De Jonge waarom diabetes in zijn familie voorkwam?
   a. Ja, omdat veel familieleden van de heer De Jonge aan diabetes leden.
   b. Ja, omdat degenen in zijn familie die aan diabetes leden, erg dik waren.
   c. Nee, zeker weet de heer De Jonge het niet.

De volgende vier vragen hebben betrekking op een interview met dokter Kromme.

3. In sommige gebieden van de wereld is diabetes binnen twintig jaar ontstaan.
   De enige reden hiervoor is dat mensen anders zijn gaan eten.
   a. Dat is waar.
   b. Dat is niet waar.
4. Wat is er uit het onderzoek van West gebleken?
   a. Men eet meer vet en suiker naarmate de welvaart toeneemt en het aantal
      diabetespatiënten neemt evenredig toe.
   b. Men eet in ieder land steeds meer vet en suiker en daarom neemt
      het aantal diabetespatiënten toe.
   c. Het stijgen van het aantal diabetespatiënten is niet alleen afhankelijk van
      het toenemen van de welvaart.
5. Waarom gebruikt dokter Kromme liever niet het woord 'suikerziekte'?
   a. Omdat je zo veel suiker mag eten als je wilt, als je diabetes hebt.
   b. Omdat suikerziekte niet alleen met suikergebruik te maken heeft.
   c. Omdat het woord diabetes de ziekte beter weergeeft.
6. Waarmee vergelijkt dokter Kromme twee boterhammen met boter en kaas?
   a. Met een glaasje jenever.
   b. Met een glaasje met iets vloeibaars, zoals een frisdrank.
   c. Met een kopje thee met suiker in plaats van met zoetjes.

Peer Pirus communis

Wetenswaardig De peren zonder schroefdraad zijn het smakelijkst. **Lied** Melancholiek maar
welluidend Kammersängerlied, voor te dragen als *Komkommer*.

De rozen zijn uitgebloeid, het is geen zomer meer
Ik ben alleen en heb een peer

De avond valt ook steeds vroeger, wat ik ook probeer
Ik schil de peer en snijd de peer

In een weemoedige, herfstige sfeer
Peuzel ik mijn stukjes peer

De koude sluipt nader en de regen druizelt neer
Ik ben alleen en zonder peer

Uit: Drs. P., *Tuindersliedboek*

1 TEKST

Klimaat

1 Hoe komt het dat men wel van tropische planten en dieren kan spreken en niet
van tropische mensen? Dat komt doordat het vermogen van de mens zich aan
te passen aan het klimaat aanzienlijk beter ontwikkeld is dan dat van plant en
dier. Een palmboom bijvoorbeeld zou op de Noordpool niet kunnen overleven
5 en ook een aap is daar ten dode opgeschreven.
Een mens daarentegen is wel in staat onder welke klimatologische omstandig- *nervous system*
heden dan ook te leven. Dat heeft hij te danken aan zijn fijngevoelige zenuw- *Nervensystem*
stelsel.
Het lichaam heeft namelijk een eigen klimaatregeling. De warmtehuishouding
10 wordt geregeld door een stukje hersenweefsel, de hypothalamus, dat deel uit- *Gehirn*
maakt van het centrale zenuwstelsel. Dat warmteregulerende centrum hebben *het hacoen /*
wij nodig om ons lichaam te beschermen tegen temperatuurwisselingen ver- *de hersen — en*
oorzaakt door voedsel, kleding en vooral door de ons omringende lucht. Het *beroerte*
zorgt ervoor dat de lichaamstemperatuur in balans blijft, dat wil zeggen rond *= Gehirn- schlag*
15 de 37 graden Celsius. Als we het te warm krijgen, beginnen de zweetklieren te
werken. Krijgen we het te koud, dan trekken de bloedvaten samen en krijgen *Schweiß- drüsen*
we kippenvel. *Gänsehaut / goose pimpels*   *blood vessels*

Behalve temperatuur hebben vochtigheid, licht en wind grote invloed op
20 lichaam en humeur. *het humeur = die Laune / mood (humeurig - launen-*
Gezonde mensen tussen de twintig en veertig zijn nauwelijks weergevoelig. *haft)*
Het weer zelf maakt niet ziek maar kan wel een latent ziekteproces versterken
volgens de medische biometeorologie, de wetenschap die de relatie tussen het
weer en de gezondheid van de mens onderzoekt.
25 Mensen bij wie de hypothalamus veranderingen in het weer niet tijdig kan
compenseren, zoals astma- en reumapatiënten, zijn gevoeliger voor het weer.
Hoe zij zich voelen, wordt met name door de luchtvochtigheidsgraad bepaald.
Echt weergevoelige mensen reageren op het weer of ze barometers zijn.
Onderzoek, in onder andere Scandinavië, heeft aangetoond dat aanhoudend *indicated*
30 grauw weer en lange sombere wintermaanden leiden tot vermoeidheid en prik- *continued*
kelbaarheid die pas verdwijnen als de lentezon doorbreekt. Tegen de werkelijke winterdepressies helpt lichttherapie. Dat geldt voor 80 procent van de gevallen. De patiënt zit voor een lichtbak met tl-buizen. Het licht moet op de
ogen vallen. Het is dan of je in het daglicht van kort na zonsopgang zit te
35 kijken.
Dat ook wind invloed heeft op mensen staat te lezen op een Babylonische klei-

³⁷ tafel die al dateert uit circa 3000 jaar voor Christus: 'Door de wijde hemel kwam
___ een ziekmakende wind'. Niet werkelijk ziekmakend, maar als hele schoolklassen
___ onrustig worden, verzuchten de leerkrachten: 'We krijgen vast storm'.

Naar: Jan Hol, Klaas Doornbos, George Burggraaf, Hans de Jong, *Weerboek*

In regel 28 worden weergevoelige mensen met barometers vergeleken.
Er staat nog een dergelijke vergelijking in de tekst. Wat wordt daarin met wat vergeleken?

2   LEZEN   *Meerkeuzevragen*

Hieronder staat een aantal vragen en beweringen. Kruis aan wat juist is.

1. Waarom worden sommige planten en dieren tropisch genoemd?
    a. Omdat ze zich aan weersveranderingen kunnen aanpassen.
    b. Omdat ze in een ander klimaat niet kunnen overleven.
    c. Omdat hun vermogen te overleven klein is.
2. Hoe wordt de mens beschermd tegen klimatologische verschillen?
    a. Door het in werking treden van een stukje van het centrale zenuwstelsel.
    b. Doordat de mens bewust zijn warmtehuishouding kan regelen.
    c. Doordat het centrale zenuwstelsel deel uitmaakt van het hersenweefsel.
3. Normaal gesproken is de lichaamstemperatuur van een mens rond 37 graden
    Celsius, ongeacht het klimaat.
    a. Dat is waar.
    b. Dat is niet waar.
4. Waar reageren volgens de tekst astma- en reumapatiënten het sterkst op?
    a. Op verandering van temperatuur.
    b. Op verandering van de hoeveelheid vocht in de lucht.
    c. Op beide.
5. De mate waarin iemand weergevoelig is
    a. hangt van niets anders af dan van leeftijd en weersomstandigheden.
    b. hangt van niets anders af dan van gezondheid en weersomstandigheden.
    c. hangt af van leeftijd, gezondheid en weersomstandigheden.
6. Wie last heeft van winterdepressies
    a. moet kort na zonsopgang een lichttherapie doen.
    b. woont in Scandinavië.
    c. reageert op gebrek aan daglicht.
7. Dat de wind niet ziekmakend is, was in de oudheid nog onbekend.
    a. Dat is waar.
    b. Dat is niet waar.

3   **VOCABULAIRE**   *Bij de introductietekst*

Regenverzekering

aanhoudend, aanzienlijk, compenseren, humeur, invloed, met name, namelijk

Zomerse plensbuien zijn van grote ___invloed___ [1] op het ___humeur___ [2]
van ___met___ [3] ___name___ [3] vakantiegangers. Maar als uw vakantie in
Friesland bedorven is door drie weken ___aanhoudende___ [4] regen, kunt u een
___aanzienlijke___ [5] som geld terugkrijgen. De eigenaar van een bungalowpark
daar heeft ___namelijk___ [6] kans gezien voor zijn huurders een regenverzekering af te sluiten. Hij probeert op die manier hun bedorven vakantievreugde te
___compenseren___ [7].

barometer, gevoelig, kippenvel, nodig hebben, somber, verandering

Voor de verzekeringsmaatschappij is een ___sombere___ [8] lucht echter nog geen
criterium, evenmin als een ___verandering___ [9] in de stand van de ___barometer___ [10]
of een verkleumde gast met ___kippenvel___ [11]. De maatstaf voor de hoeveelheid
gevallen hemelwater zijn de metingen gedaan door de uiterst ___gevoelige___ [12]
apparatuur van het KNMI-station in Leeuwarden. U, als gast, verzamelt punten.
Een dag met tenminste 13 mm neerslag, levert drie punten op. Om geld terug te
krijgen ___hebt___ [13] u meer dan zeven punten ___nodig___ [13].

doorbreken, gelden, klimaat, nauwelijks, reageren

De verzekering ___geldt___ 14 overigens alleen in het hoogseizoen. 'Veel vakantiegangers denken dat Friesland een nat en koud ___klimaat___ 15 heeft, maar het verschilt ___nauwelijks___ 16 van dat elders in het land. Misschien ___breekt___ 17 nu het besef ___door___ 17 dat je hier een prima tijd kunt hebben. Ik verwacht dat de huurders enthousiast zullen ___reageren___ 18 ', aldus de eigenaar.

also / volgende maken

Informatie ontleend aan: *NRC Handelsblad*

4 GRAMMATICA *Om ... te + infinitief*

Vul deze zinnen aan.

Voorbeeld:

Deze kinderen zijn onrustig.

Deze kinderen zijn te onrustig om te luisteren.

Dit water is koud.

Dit water is te koud om in te zwemmen

1. Deze flat is klein. *Deze flat is te klein om erin te wonen*
2. Deze tas is zwaar. *Deze tas is te zwaar om (ze) mee te nemen.*
3. Dit mes is bot. (stumpf) *Dit mes is te bot om ermee te kunnen snijden.*
4. Deze tekst is moeilijk. *Deze tekst is te moeilijk om te begrijpen*
5. Deze tafel is laag. *Deze tafel is te laag om eraan te schrijven*
6. Dit licht is fel. *Dit licht is te fel om erin te kunnen lezen* *te veel licht*
7. Dit kind is ziek. *Dit kind is te ziek om naar school te kunnen gaan*
8. Deze docent is moe. *Deze docent is te moe om les te kunnen geven*

5 GRAMMATICA *Om ... te + infinitief*

Maak de zinnen compleet.

Voorbeeld:

We hebben warme kleren nodig om _____ .

We hebben warme kleren nodig om ons tegen de kou te beschermen.

1. Ik heb een telefoonboek nodig om *zijn nummer op te zoeken*
2. Ik wou graag een lepel hebben om *ermee te eten*
3. Ik zoek een woordenboek om *een woord op te zoeken*
4. Zij zet altijd om 20.00 uur de televisie aan om *naar de nieuws te kijken*.
5. Zullen we even naar het café gaan om _____ ?

een glas rode wijn te drinken?

6. Veel mensen kijken naar het weerbericht om _te weten hoe het weer zal worden_
7. Soms ga ik naar een rommelmarkt om _iets leuks_ te kopen
8. Ik denk erover een magnetron te kopen om _het eten sneller klaar te kunnen maken._

6 GRAMMATICA *Om ... te + infinitief*

Gebruik het gegeven substantief en zoek hierbij een passend werkwoord.
Voorbeeld:

Er ligt te veel sneeuw _____ [fiets] _____ .
Er ligt te veel sneeuw om op de fiets boodschappen te gaan doen.

1. Het is nog te vroeg in het jaar _om_ [zomerkleren] _kunnen dragen_
2. Het is te koud _om aan_ [zee] _op vakantie te gaan_
3. Er is te veel zon _op de_ [balkon] _om buiten te gaan zitten._
4. Het waait te hard _om het_ [raam] _te kunnen openen_
5. Het regent te hard _om een_ [fietstocht] _te kunnen doen_
6. Het mist te erg _om met de_ [auto] _naar de stad te kunnen gaan_
7. Het vriest nog niet lang genoeg _om_ [ijs] _te_ .

7 GRAMMATICA *Te + infinitief*

In sommige van de onderstaande zinnen ontbreekt het woordje 'te' voor de infinitief.
Vul, waar nodig, 'te' in.
Voorbeeld:

Ik kan [komen].
Ik kan komen.
Ik probeer [komen].
Ik probeer te komen.

1. Volgens de weersvoorspelling blijft het de hele morgen [regenen].
2. Mensen zijn in staat zich aan plotselinge wisselingen van temperatuur
   [aanpassen]. _aan te passen_
3. Vochtig weer kan de toestand van mensen met een longaandoening
   [beïnvloeden].
4. Als u van plan bent een tuinfeest [organiseren], is het [aanraden] naar de
   weerberichten [luisteren]. _te_ ... _aanteraden_
5. Ik heb er moeite mee vroeg [opstaan] als het 's morgens nog donker is. _optestaan_
6. Lange sombere winterdagen schijnen tot vermoeidheid en prikkelbaarheid
   _te_ [leiden].
7. Op sommige mooie dagen in februari voel je de lente [naderen].
8. Ze zeggen dat het boek is uitverkocht, toch wil ik het zien [krijgen].

✓   9. Door de plotselinge ijzel kwam de voorstelling [*te* vervallen].

✓   10. De weerman heeft met verbazing naar de satellietfoto's [staan kijken].

✓   11. We hebben ons niet door de stortbuien van een lange boswandeling
     [laten weerhouden].

✓   12. Automobilisten blijken nauwelijks langzamer [*te* rijden] bij mist en zware
     regenval.

8 **GRAMMATICA**   *Te + infinitief*

Als 7.

(H)   De Elfstedentocht

1   Zodra het begint [*te* vriezen], worden de schaatsen weer voor de dag gehaald.

(promise) ___ Als het blijft [vriezen] en niet gaat [sneeuwen], belooft het mooi glad ijs
te [worden]. Dat is niet alleen gunstig voor de huis-, tuin- en keukenschaatsers,

___ maar vooral voor diegenen die van plan zijn lange tochten [*te* maken]. Duizenden

5   hopen de Elfstedentocht [*te* kunnen rijden]. Deze wereldberoemde tocht voert

___ langs de elf steden van de provincie Friesland. De bedoeling van de Elfsteden-

___ tocht is op de schaats een afstand van ongeveer 200 km [afleggen] en soms moet

/u/ ___ men daarbij [klunen]. De snelste schaatsers mogen aan de wedstrijd [meedoen].

toertje ___ De overige sportievelingen kunnen aan de zogenaamde toertocht [deelnemen].

10   Je moet wel binnen een bepaalde tijd de afstand afgelegd [hebben], wil je het fel-

spazier- ___ begeerde Elfstedenkruisje, d.w.z. een medaille krijgen.
fahrt

— Als je besluit deze zware tocht [ondernemen], dien je een paar voorzorgsmaatre-
— gelen [nemen]. Bij zeer strenge vorst kunnen lichaamsdelen [bevriezen]. Specia-
— le kleding maar ook kranten blijken je lichaam goed tegen de kou [beschermen].
15 Je moet in elk geval een muts [dragen] om [voorkomen] dat je oren bevriezen.
— Als lichaamsdelen ongevoelig dreigen [worden], moet je zo snel mogelijk een
— EHBO-post [opzoeken]. Als het donker begint [worden], moet je extra voorzich-
— tig [zijn], je zou namelijk in een wak [kunnen rijden].

20 Of de Elfstedentocht gereden kan [worden], valt niet [voorspellen]. Meestal
— vriest het niet hard genoeg en dan zou het te gevaarlijk [zijn] hem [rijden]. En
— soms, als de Vereniging 'De Friesche Elf Steden' denkt de tocht [kunnen organi-
— seren], gaat het net weer [dooien]. Zodra het ijs echter dik genoeg blijkt [zijn],
— werken de organisatoren dag en nacht door opdat de tocht gereden kan [worden].
25

— En als het dan zover is, staan familieleden, vrienden en bekenden de deelnemers
— [toeschreeuwen]. Op de kant probeert iedereen zich warm [slaan]. Langs de
— hele route bieden omstanders de rijders iets warms [eten] of [drinken] aan.
— Televisie en radio trachten iedereen zo goed mogelijk op de hoogte [houden]
30 van dit sportieve gebeuren. Het lijkt wel een nationale feestdag: niemand meent
— [hoeven werken]. Iedereen zit ademloos naar de televisie [kijken], niemand
— wil het moment [missen] waarop de winnaar de finish passeert.

Informatie ontleend aan: Henk Raaff, *Onder nul*, en: *Elfstedentocht 1986*

9   **GRAMMATICA**   *Te + infinitief*

Maak zinnen met de volgende werkwoorden in combinatie met de infinitief van een ander
werkwoord. Gebruik, waar nodig, 'te'.
Voorbeeld:
kunnen
Een lichttherapie kan helpen bij winterdepressies.
beginnen
Het begint licht te worden.

1. willen	6. schijnen	11. hoeven
2. proberen	7. laten	12. lijken
3. beginnen	8. blijven	13. beloven
4. moeten	9. kunnen	14. helpen
5. gaan	10. dreigen	15. besluiten

10 GRAMMATICA   *Zinnen van vergelijking: (als)of*

Maak de volgende zinnen af.

Voorbeeld:

Weergevoelige mensen reageren op elke verandering in het weer.

Het lijkt wel (als)of ＿＿＿＿＿＿ barometers ＿＿＿＿＿＿＿ .

Het lijkt wel (als)of ze barometers zijn.

1. Zodra het ook maar even mooi weer is, wil iedereen van de zon genieten.
    Het lijkt wel of heel Nederland dan ＿＿＿＿＿＿ terrasje ＿＿＿＿＿＿＿ .
2. Als mijn huisgenoot weer loopt te mopperen, doe ik soms maar net of ik hem
    ＿＿＿＿＿＿ .
3. Mijn logés waren zo brutaal, ze pakten alles uit de ijskast. Ze gedroegen
    zich of ＿＿＿＿＿＿ thuis ＿＿＿＿＿＿ .
4. Mijn collega zag er zo moe uit. Het leek wel of ze niet ＿＿＿＿＿＿ .
5. Sommige mensen laten de hele dag overal het licht branden. Ze doen net of
    elektriciteit ＿＿＿＿＿＿ .
6. Gisteren werd een oude dame voor het postkantoor van haar tas beroofd,
    maar de voorbijgangers deden of ze ＿＿＿＿＿＿ .
7. Ik weet toevallig wat ik voor mijn verjaardag krijg, maar ik doe net of ik
    ＿＿＿＿＿＿ .
8. Jaap had geen zin om naar school te gaan. Toen zijn moeder hem wakker
    kwam maken, deed hij net of hij ＿＿＿＿＿＿ .
9. Ik was schoenen aan het passen, maar toen de verkoopster zei wat ze kostten,
    deed ik maar net of ze ＿＿＿＿＿＿ .

11 GRAMMATICA   *Zinnen van vergelijking*

Beantwoord onderstaande vragen met een zin van vergelijking.

Voorbeeld:

Is mist voor het verkeer gevaarlijker dan gladheid?

Mogelijke antwoorden:

Ik denk dat mist *gevaarlijker* is *dan* gladheid. Ik denk dat mist *net zo gevaarlijk* is *als* gladheid. Ik denk dat mist *minder gevaarlijk* is *dan* gladheid. Ik denk dat mist *lang niet zo gevaarlijk* is *als* gladheid.

1. Is dieselolie net zo slecht voor het milieu als benzine? Ik denk dat ＿＿＿＿ .
2. Verliest de aarde nu minder warmte dan zo'n vijftig jaar geleden? Het schijnt
    dat ＿＿＿＿ .
3. Is de lucht op het platteland net zo vervuild als in de grote steden?
    Iedereen kan toch op zijn vingers natellen dat ＿＿＿＿ .

4. Zijn er in deze eeuw meer overstromingen dan in de vorige?
   Ik denk dat _____ .

5. Is volgens u langdurige droogte erger voor de bevolking dan een ernstige overstroming? Ik denk dat _____ .

6. Reageren alle mensen even sterk op weersveranderingen? Ik heb gelezen dat
   _____ .

7. Waren de winters vroeger strenger dan tegenwoordig? Men beweert dat
   _____ .

8. Gaan er tegenwoordig in de bossen net zo veel bomen dood als vroeger?
   Ik heb gelezen dat _____ .

9. Zijn de rivieren net zo schoon als vroeger? Ik heb het vermoeden dat _____ .

10. Is de ozonlaag net zo dik als vroeger? Ze zeggen dat _____ .

12   VOCABULAIRE   *Betekenis afleiden*

a.   Lees de tekst. Probeer de betekenis van de *cursieve* woorden af te leiden uit de context.

b.   Maak een zin met: *afleiding; hoofd; inslaan; lijn; plaat; strijken; stroom; treffen.*
     Gebruik, als het kan, het woord in een andere betekenis dan het had in de tekst.

Bliksem op zee
lightning

Wij werden in een zeilboot op volle zee verrast door onweer. Overal om ons heen zagen we de bliksem inslaan. Aan boord ontstond een discussie over de kwestie wat er zou gebeuren wanneer de bliksem in onze mast zou slaan en met name wat voor gevolgen dit voor de *opvarenden* zou hebben.

J. Sander, Molenrij

Dat hangt van het schip af, aldus bliksemdeskundige H.R.H. Wessels van het KNMI in De Bilt. 'Als het schip van metaal is, zal er niet zo veel gebeuren: de *stroom* kan onmiddellijk worden afgevoerd naar het water, en de opvarenden voelen, denk ik, hooguit een kleine tinteling - naast de schrik.   *tingle*
Gevaarlijker wordt het bij een houten of kunststof mast, want die *geleidt* de stroom niet. Een houten mast kan door de inslag *versplinteren* en op de hoofden van de opvarenden terechtkomen als ze zich niet kunnen *verschansen* in een kajuit. Een kunststof mast zal *smelten*, en bovendien bestaat de kans dat de bliksem overslaat naar de opvarenden, zodat ze alsnog *getroffen* worden.'
Bij niet-geleidende masten is het van belang voor
still / yet

afleiding van de bliksem naar het water te zorgen: een dikke metalen *lijn* zonder bochten. 'Maar die   *bend* moet niet alleen in zee hangen, dat is onvoldoende. Er moet een dikke metalen *plaat* van laten we zeggen een vierkante meter aan de romp van het schip in contact met het water zijn. Gewoon een metalen draadje van de top van de mast naar het water is *beslist* niet genoeg.'   *certainly / definitely*
En het is ook niet verstandig de mast te *strijken* - dan worden de opvarenden de hoogste objecten in de buurt.

Uit: *Het Parool*

13   PREPOSITIES
Vul in.

Zomers ongedierte

Ongedierteplagen kun je verwachten _____aan_____ [1] het eind _____van_____ [2] een
hete zomer. Hoge temperaturen zorgen er doorgaans _____voor_____ [3] dat het aantal insecten explosief toeneemt.
De afdeling ongediertebestrijding _____van_____ [4] de stad Rotterdam verwijdert
_____per_____ [5] jaar zo'n 1400 wespennesten. Slechte zomers leiden _____tot_____ [6]
kleine nesten _____volgens_____ [7] een woordvoerder. Als ze veel meer nesten moeten
opruimen, die bovendien groter zijn, is dat te danken _____aan_____ [8] de hitte.
Soms zie je iemand panisch reageren _____op_____ [9] de aanwezigheid van wespen.
Dat is meestal iemand die overgevoelig is _____voor_____ [10] wespensteken. Die zijn
dan ook beslist niet ongevaarlijk.
Fruitvliegjes en blauwe vleesvliegen gedijen goed _____in_____ [11] de GFT-bakken, de
speciale vuilnisbakken bestemd _____voor_____ [12] groente-, fruit- en tuinafval.
De warmte heeft onmiskenbaar invloed _____op_____ [13] de aantallen waar deze
insecten _____in_____ [14] voorkomen.
Vlooien maken eveneens deel uit _____van_____ [15] het ongedierte dat _____in_____ [16]
warme zomers goed gedijt. Ze zijn _____in_____ [17] staat de hele zomer geduldig
_____onder_____ [18] het tapijt te wachten _____op_____ [19] de terugkeer _____van_____ [20]
nietsvermoedende vakantiegangers die letterlijk besprongen worden. Bestrijders
spreken _____van_____ [21] ware plagen. _____Onder_____ [22] die omstandigheden wordt er
vaker een beroep gedaan _____op_____ [23] hun diensten.

Informatie ontleend aan: *NRC Handelsblad*

Een warme dag

Het is tweeëndertig graden warm
Ze zitten overal
Tussen het kroos op het water
Onder de vleugels van de spreeuwen
Rondom de koele glazen op de tafeltjes
Van het terras aan de vijver

Uit: K. Schippers, *De waarheid als De Koe*

14 UITDRUKKINGEN

Gebruik de volgende uitdrukkingen in de tekst.

Als een donderslag bij heldere hemel *verrassing*   De wind mee hebben   *geluk hebben*

Alsof [iemand] het in Keulen hoort donderen   De bui zien hangen *je ziet het aankomen*

[Iemand] in de kou laten staan *iemand kijkt heel verbaasd*

jmd im Stich lassen

Ik heb in mijn leven niet vaak _____ . Nu moet ik binnen een maand mijn
huis uit, want het is verkocht. Ik _____ al _____ toen ik mijn huisbaas de kamers in het huis zag opmeten. Toen hij het kwam vertellen, kwam het
nieuws dus niet _____ , maar ik deed net _____ in de hoop dat ik
er nog even kon blijven wonen.
Natuurlijk ben ik meteen naar de dienst huisvesting van de gemeente gegaan,
maar die _____ rustig _____ .

Gebruik de volgende uitdrukkingen in een situatie.
1.   Het kan vriezen en het kan dooien.
2.   Van de regen in de drup.
3.   Een storm in een glas water.

15 SCHRIJVEN   *Opstel* → *essay*

In hoeverre heeft het weer invloed op u?
Schrijf een opstel van ongeveer honderd woorden over dit onderwerp. Bedenk zelf de titel.

16 SPREKEN   *Korte opdrachten*

1. Wat voor weer is het vandaag?
2. Wat voor soort weer vindt u het fijnst?
3. Hoe weet u of er kans op regen is?

17 SPREKEN   *Middellange opdrachten*

Situatie A

U hebt afgesproken vanavond met een vriend naar een heel populaire film te gaan
waar iedereen over praat. U heeft zich er heel erg op verheugd. Op het moment
dat u het huis uit moet, begint het vreselijk te waaien en te regenen. Ondanks het
slechte weer wilt u toch gaan, maar de telefoon gaat. Luister naar wat uw vriend
zegt en reageer erop.

Gebruik als argumenten:
- Regenkleding.
- Film draait voor de laatste week.
- Moeilijk een andere afspraak te maken.

Situatie B
Het heeft al een hele tijd gevroren. Er wordt overal druk geschaatst. U heeft nog nooit geschaatst, maar u zou eigenlijk wel zin hebben het te proberen. Alleen het probleem is dat u geen schaatsen heeft. Dan gaat bij u de telefoon en u reageert.

Vertel waarom u wel mee zou willen, maar waarom u niet kunt.
Probeer het probleem op te lossen.

18 SPREKEN   *Lange opdracht*
Besteed aandacht aan punt **a** en punt **b**.

a. Beschrijf eerst het klimaat in Nederland: denk hierbij aan de vier jaargetijden. Verklaar eventueel waarom Nederland dit klimaat heeft, waarbij u moet denken aan de geografische ligging.
   Wat voor klimaat heeft uw eigen land? Denk hierbij ook aan een eventueel verschil in jaargetijden en de geografische ligging.
b. Wat voor invloed heeft het klimaat op het leven in Nederland en op het leven in uw eigen land? Denk hierbij aan planten, bomen, gewassen en aan dieren, dus aan omstandigheden die gevolgen kunnen hebben voor het voorzien in levensonderhoud. Maar denk ook aan gewoonten die verband houden met het klimaat, bijvoorbeeld aan sociale activiteiten binnenshuis of buitenshuis, de bouw van huizen enzovoort.

19 LUISTEREN   *Meerkeuzevragen*
Hieronder staat een aantal vragen en beweringen bij het luisterstuk 'Weerman'. Kruis aan wat juist is.

1. Waarom vindt de weerman het zo heerlijk zich door weer en wind te begeven?
   a. Omdat hij kan verklaren hoe dat type weer ontstaat.
   b. Omdat hij enthousiast wordt door het lopen in storm en regen, door weer en wind dus.
   c. Omdat hij dan het weer tracht te voorspellen.

2. De piloten kwamen bij de weerman om
    a. te vragen hoe het weer zou worden.
    b. de weersvoorspelling op te halen. ✓
    c. te vertellen dat de weersvoorspelling was uitgekomen.
3. Sommige piloten zijn niet alleen vanwege de luchtvaart geïnteresseerd in de weersvoorspelling.
    a. Dat is waar. *(bahuwen)*
    b. Dat is niet waar.
4. Sommige medewerkers van de tv suggereren dat de weerman ontslagen zou moeten worden, ✓
    a. wanneer hij slecht weer heeft voorspeld.
    b. wanneer de weersverwachting niet uitkomt.
    c. wanneer het tijdens een feest heeft geregend. ✓
5. Voor hoe lang is de weersverwachting op korte termijn geldig?
    a. Voor ongeveer 12 uur.
    b. Voor tussen de 12 en 24 uur. ✓
    c. Voor ongeveer 24 uur.
6. Wanneer is volgens de weerman de kans het grootst dat de weersvoorspellingen kloppen?
    a. Als de fronten zich volgens verwachting bewegen. ✓
    b. Als de weerkaarten kloppen.
    c. Als de hoge- en lagedrukgebieden en de temperaturen veranderen.
7. Satellietfoto's
    a. worden boven de oceaan niet gemaakt.
    b. zijn noodzakelijk bij het maken van weerkaarten.
    c. zijn een hulpmiddel bij het maken van de weersverwachting. ✓
8. Met behulp van radar kun je alleen heel lokale weersvoorspellingen doen die op zeer korte termijn gelden.
    a. Dat is waar.
    b. Dat is niet waar. ✓
9. Krijgen wij in Nederland in het algemeen mooi weer na een mooie zonsopgang en zonsondergang?
    a. Ja, dat is juist. ✓
    b. Nee, alleen bij een mooie zonsopgang.
    c. Nee, alleen bij een mooie zonsondergang.

avondrood, mooi weer aan bord
avondrood waks in de sloot

Gedicht

Het is zeven uur, 's morgens.
Waarschijnlijk regent het
want ik blijf in bed.

Dat doe ik altijd
als het regent.

Uit: Hans Vlek, *Zwart op Wit*

20 LUISTEREN *Meerkeuzevragen*

Hieronder staat een aantal vragen en beweringen bij het luisterstuk 'Neerslag'. Kruis aan wat juist is.

1. De vraagsteller, de heer Van der Veen, vraagt
   a. of je op een kaart kunt zien dat er in bepaalde gebieden van Nederland meer neerslag valt dan in andere.
   X b. naar de oorzaak van het verschil in de hoeveelheid neerslag.
   • c. waarom de hoeveelheid neerslag in Amsterdam en Rotterdam stijgt.
2. Hoe neerslag ontstaat
   X a. heeft Hans de Jong al eens eerder uitgelegd.
   • b. legt Hans de Jong voor het eerst in dit programma uit.
   c. kan Hans de Jong niet precies uitleggen.
3. Condensatiekernen zetten zich vast op waterdruppeltjes.
   a. Dat is waar.
   X b. Dat is niet waar.
4. In de kop van Noord-Holland en in Friesland valt er in het algemeen
   X a. minder neerslag dan in de grote steden.
   b. net zoveel neerslag als in de grote steden.
   c. meer neerslag dan in de grote steden.
5. De vraagsteller meneer Van der Veen adviseert mensen in de zomer met vakantie naar Zeeland te gaan.
   a. Dat is waar.
   X b. Dat is niet waar.
6. Hans de Jong legt uit waarom de kans op een bui
   a. in de winter groter is dan in de zomer.
   b. aan de kust groter is.
   X c. ver van de kust groter is.

1 TEKST

Transport

1 Archeologische opgravingen hebben uitgewezen wie de eerste vaklui van de
 mensheid waren. Het zijn de vervaardigers van het brons, dat in West-Europa
 pas in de 17de eeuw v. Chr. bekend werd. Het brons was harder en sterker dan
 elk ander materiaal uit die tijd. Het maken van bronzen voorwerpen stelde hoge
5 eisen aan de technische kennis, daarom waren er specialisten nodig die er al hun
 tijd aan konden besteden.
 De vervaardiging ervan veroorzaakte allerlei ingrijpende veranderingen.
 Naarmate een stam meer brons nodig had voor werktuigen of wapens, verloor
 hij zijn autarkie omdat de benodigde ertsen koper en tin bij vrijwel geen enkele
10 nederzetting in de buurt te vinden waren. De reguliere handel langs vaste wegen
 ontstond doordat de ertsen van ver moesten worden aangevoerd, en vaak onder
 gevaarlijke omstandigheden. Daardoor was brons ook een kostbaar product.
 Man of paard konden slechts geringe hoeveelheden van de zware ertsen vervoe-
 ren, zodat de noodzaak het vervoer te verbeteren toenam. Dit leidde tot de uit-
15 vindingen die voor de Bronstijd zo karakteristiek zijn.
 Neem bijvoorbeeld het wiel. Uit stukken massief hout werden schijven gevormd. Daar werd een leren band omheen gespijkerd. Twee aan twee werden
 de wielen door een houten as verbonden. De assen draaiden met de wielen mee.
 Ossen trokken de zware, onhandige karren, zoals dat nu nog op Sardinië te zien
20 is.
 Het wiel is een heel bijzondere uitvinding geweest. Ook al is dat in onze ogen
 misschien verwonderlijk, dat is het niet. Andere werktuigen waren toen min of
 meer de verlenging van de ledematen of een imitatie ervan. Een hamer bijvoorbeeld lijkt op een uitgestrekte arm, een mes of een beitel lijkt op een nagel. Maar
25 geen enkel lichaamsdeel lijkt op een wiel dat om een afzonderlijke as draait.
 Ook de ossenkar is een uitvinding die op een bepaald principe berust. Voor het
 eerst wordt een andere beweegkracht dan de menselijke spieren gebruikt. Daarom is er tussen de primitieve wagen en de moderne auto geen wezenlijk verschil.

Naar: J. de Rek, *Van Hunebed tot Hanzestad*

a. Kan 'zodat' (regel 14) vervangen worden door 'doordat'?
   Waarom wel of waarom niet?
b. Gebruik in plaats van 'zodat' (regel 14) 'daardoor'. Hoe wordt de zin nu?
   Is er verschil in betekenis?

2　LEZEN　　　　　*Open vragen*

1. Hoe zou u 'vaklui' (regel 1) definiëren? *mensen uit de 17de eeuw*
2. Leg uit waarom een stam die brons nodig had, zijn autarkie verloor.
3. Verklaar waarom het wiel zo'n bijzondere uitvinding was.
4. Volgens de auteur is er geen wezenlijk verschil tussen de primitieve wagen en de moderne auto. Bent u het met hem eens of niet?
5. Met welke uitvinding in de Bronstijd is die van het zeil voor de scheepvaart te vergelijken? Motiveer uw antwoord.
6. Beschrijf hoe het wiel er in de Bronstijd uitzag.

3　VOCABULAIRE　　　　*Bij de introductietekst*

Staking van het openbaar vervoer

bepaald
afzonderlijk, daardoor, gering, ingrijpend, kostbaar, leiden, ontstaan, verwonderlijk

Tijdens een staking van het openbaar vervoer in een grote stad als Amsterdam verandert de verkeerssituatie *ingrijpend* 1. Dat is niet *verwonderlijk* 2. De staking *leidt* 3 tot chaos. Van *geringe* 4 fietspaden, busbanen of rijstroken is geen sprake meer. Er *ontstaan* 5 overal files en de lengte ervan is niet *afzonderlijk* 6. Er gaat *daardoor* 7 veel *kostbare* 8 tijd verloren.

as / according to
allerlei, eis, ledematen, naarmate, onhandig, verbinden

Naarmate 9 de staking langer duurt, zie je steeds meer autobezitters die zich op de fietsjes van hun kinderen *onhandig* 10 door de chaos bewegen. Ze stellen daarbij hun *ledematen* 11 bloot aan *allerlei* 12 risico's. Als het openbaar vervoer plat ligt om de *eisen* 13 van de stakers kracht bij te zetten, vaart de pont over het IJ ook niet. Eén helft van de IJ-tunnel die het centrum met Amsterdam-Noord *verbindt* 14, is dan open voor fietsers.

besteden, nodig hebben, omstandigheid, veroorzaken, verschil, vrijwel, wezenlijk

Iedereen bedenkt *vrijwel* 15 op hetzelfde moment dat hij, onder deze *omstandigheden* 16, een fiets *nodig* 17 *heeft* 17. Dat *veroorzaakt* 18 ook files bij fietsverhuurbedrijven. Zo *besteedde* 19 een gepensioneerd echtpaar er een paar tientjes aan, ze wilden de unieke kans om door de IJ-tunnel te fietsen, niet missen. 'Zijn zulke dagen nou _werkenlijk_[20] anders bij jullie?' vroeg een journalist aan de beheerder van een verhuurbedrijf. 'Ach', was zijn antwoord, 'ja en nee. De klanten zijn gestrest en dat ben ik ook. Er wordt ontzettend gekankerd, maar nog veel meer gelachen. Het grootste _verschil_[21] zit aan het eind van zo'n dag in mijn rug en in mijn portemonnee.'

Informatie ontleend aan: *NRC Handelsblad*

49 - 4
50 - 5, 6
52 (7.) 7
- 13

Sterk staaltje met stoptrein

Van een onzer verslaggevers
AMSTERDAM, dinsdag

Een tiental sterke reizigers heeft gistermiddag de stoptrein van 14.22 op het traject Schiphol - Den Haag geduwd toen deze onverwacht tot stilstand was gekomen.

Verbaasd luisterden de reizigers naar de oproep van de machinist: er waren 'een paar sterke mannen' nodig die de trein wilden duwen. Even later klommen 10 vrijwilligers via de cabine van de machinist het spoor op.

Volgens Ivo Dirks, een van de duwers, stond de trein stil op de brug tussen Nieuw-Vennep en Leiden: het contact met de bovenleiding was verbroken. Er zou een 'hulptrein' komen om de trein op te trekken, maar daar had de machinist het geduld niet voor. Dirks: 'Het duwen was nog een heel karwei. De trein viel tot drie keer toe automatisch in de rem.'

Uit: *De Telegraaf*

4 GRAMMATICA   *Negatie*

Lees het krantenbericht 'Sterk staaltje met stoptrein'.
In de volgende zinnen ontbreekt altijd *geen* of *niet*. Soms moet u meer woorden invullen.
Voorbeeld:
De trein vertrekt al over twee minuten en ik heb _nog_ _geen_ kaartje.
De trein vertrekt al over twee minuten en ik heb *nog geen* kaartje.

1. Gisteren is tussen Schiphol en Den Haag een trein onverwacht tot stilstand gekomen doordat hij _geen_ contact _meer_ maakte met de bovenleiding.
2. De machinist had _geen_ andere keuze dan wachten op een hulptrein.
3. Na een tijdje had hij daar het geduld _niet_ _meer_ voor.
4. Toen bedacht hij dat hij _geen_ hulptrein nodig zou hebben als vrijwilligers de trein zouden helpen duwen.
5. Hij aarzelde _niet_ en deed een oproep via de intercom.
6. Hij had _geen_ idee hoeveel passagiers zich zouden melden.
7. Twintig? Vier? Of misschien _niet_ een?
8. Maar hij _hoefde_ zich _geen_ zorgen te maken: al heel snel kwamen tien reizigers zich melden.
9. Dat waren er misschien _niet_ genoeg, maar ook zij hadden _geen_ zin _erin_ om te wachten.
10. 'Het duwen was _niet_ gemakkelijk', vertelde een van de vrijwilligers, 'toch viel het _niet_ tegen, al met al zijn we _niet_ _maar_ tien minuten bezig geweest.
11. Onze trein reed alweer, maar de hulptrein was er _nog_ steeds _niet_, nou, die _hoefde_ dus ook _niet_ _meer_ te komen'.

5 GRAMMATICA   *Conjuncties*

Combineer de volgende zinnen met de conjunctie die erboven staat. Maak een logische zin. Geef, waar mogelijk, twee combinaties.

Voorbeeld:

doordat

De klok liep achter.

Ik kwam te laat.

Ik kwam te laat, *doordat* de klok achter liep.

Doordat de klok achter liep, kwam ik te laat.

Len, uit: *Trouw*

Vlucht met vertraging

1. *toen*
   Ik ben naar Madeira geweest.
   Ik had een week herfstvakantie.

2. *terwijl*
   Daar kun je in die tijd op mooi weer rekenen.
   In Nederland is het in de herfst vaak druilerig weer.

3. *omdat*
   Die zijn goedkoper dan gewone lijnvluchten.
   Ik besloot een chartervlucht te nemen.

4. *toen*
   Ik kon door de mist bijna de overkant van de straat niet zien.
   Ik stapte de voordeur uit.

5. *of*
   Het vliegtuig zou wel vertrekken.
   Ik vroeg me af.

6. *want*
   Je weet maar nooit.
   Toch besloot ik naar Schiphol te gaan.

7. *zodat*
   Ik wilde ruim op tijd op Schiphol zijn.
   Ik zou het vliegtuig niet missen.

8. *naarmate*
   De mist werd steeds dikker.
   Ik kwam dichter bij Schiphol.

9. *zodra*

Het vertragingsbericht van mijn vliegtuig kwam door.

Ik kwam de vertrekhal binnen.

10. *totdat*

Er zou nader bericht komen.

Passagiers werd verzocht in de vertrekhal te wachten.

11. *zolang*

De mist was niet opgetrokken.

Er zou geen enkel vliegtuig opstijgen.

12. (al) bijwoord

Het vliegtuig zou pas de volgende dag vertrekken.

Ik besloot op Schiphol te blijven.

6 **GRAMMATICA**   *Conjunctie of adverbium*

Lees het krantenbericht 'Oplichter boort zichzelf auto door de neus'. Vul daarna in onderstaande zinnen een conjunctie of adverbiaal pronomen in.

Oplichter boort zichzelf auto door de neus

Van onze correspondent

Een man die niet met naam in de krant genoemd wil worden, heeft bij de politie aangifte gedaan van diefstal van zijn auto. Enkele dagen eerder had hij de auto op eigen verzoek laten verdwijnen door een sloper. De sloper had de auto in een pers gezet en tot een pakketje van 50 bij 50 centimeter verwerkt.

De man dacht op deze wijze het verzekeringsgeld op te kunnen strijken. Gisteren kreeg hij echter een telefoontje van zijn verzekeringskantoor. De auto bleek niet voor diefstal te zijn verzekerd.

Uit: *De Telegraaf*

daarom; omdat

Een man liet zijn auto verdwijnen __omdat__ hij het verzekeringsgeld wilde opstrijken.

Een man wilde het verzekeringsgeld opstrijken, __daarom__ liet hij zijn auto verdwijnen.

__Omdat__ een man het verzekeringsgeld wilde opstrijken, liet hij zijn auto verdwijnen.

daarvoor; voordat

Hij ging naar de politie om aangifte te doen van de diefstal. __Daarvoor__ had hij zijn auto naar de sloper gebracht.

Hij had zijn auto naar de sloper gebracht __voordat__ hij naar de politie ging.

__Voordat__ hij naar de politie ging, had hij zijn auto naar de sloper gebracht.

daardoor; doordat

__Doordat__ de auto in een pers gezet was, was hij tot een pakketje verwerkt.

De auto was tot een pakketje verwerkt __doordat__ hij in een pers was gezet.

De auto was in een pers gezet, __daardoor__ was hij tot een pakketje verwerkt.

daarna; nadat

De man kreeg pas te horen dat zijn wagen niet tegen diefstal verzekerd was
___nadat___ de auto al samengeperst was.

De auto was al samengeperst. ___Daarna___ kreeg de man pas te horen dat zijn
wagen niet was verzekerd.

___Nadat___ de auto samengeperst was, kreeg de man pas te horen dat zijn
wagen niet was verzekerd.

7 GRAMMATICA   *Conjuncties en adverbia*

Vul een van de onderstaande woorden in.
Elk woord kan maar één keer worden ingevuld.

Parachutespringen

anders, daardoor, daarom, dat, mits, omdat, voordat, zodat   *(provided)*

Mensen kiezen voor parachutespringen als hobby,
___omdat___ [1] het hun het gevoel geeft helemaal vrij in de lucht te zijn. De
leiders van het paracentrum in Texel vinden parachutespringen niet
gevaarlijk ___mits___ [2] je alle voorschriften in acht neemt. Fervente springers
vinden een fietstocht zelfs gevaarlijker dan een parachutesprong. Natuurlijk krijg
je op het paracentrum uitgebreide instructies, ___zodat___ [3] je zo goed mogelijk bent voorbereid. Vanzelfsprekend volg je die instructies op; ___anders___ [4]
kan zo'n sprong heel slecht aflopen. Soms gaat er iets verkeerd; ___daardoor___ [5]
kan een sprong zelfs fataal zijn. Je moet ___voordat___ [6] je gaat springen je uitrus-
ting controleren.
Het kan voorkomen ___dat___ [7] een parachute niet open gaat. ___Daarom___ [8]
wordt er altijd met twee parachutes gesprongen.

al, daardoor, daarna, dat, doordat, dus, maar, om, terwijl, want

Een andere instructie is dat je bij het landen je benen bij elkaar moet houden,
___daardoor___ [9] is het landen gemakkelijker. Sommige onervaren springers raken
bij het landen gewond ___doordat___ [10] ze op het laatste moment instinctief hun
benen spreiden. Voor ongetrainden is springen bij windkracht 6 of meer af te
raden, ___want___ [11] je loopt dan veel meer risico.
Gewoon parachutespringen is al een geweldige sensatie, ___maar___ [12] een vrije
val is voor wie durft het summum. Een vrije val gaat razendsnel. Die duurt maar
één minuut, ___terwijl___ [13] een gewone parachutesprong drie minuten duurt.
Er zijn mensen die eerst de hele dag werken en ___daarna___ [14] nog naar Texel

gaan ___om___ 15 daar weer de sensatie van de vrije val te ervaren. Het is voor iedereen mogelijk een parachutesprong te maken, ook ___al___ 16 (?) heb je geen cursus gevolgd. Je springt dan samen met een instructeur, ___dus___ 17 je hoeft niet bang te zijn. Je moet wel weten ___dat___ 18 deze wijze van transport je 'slechts' 300 gulden kost.

Informatie ontleend aan: *NRC Handelsblad*

8   TEKST

Lees eerst alleen de krantenkop. Waar denkt u dat het artikel over gaat?

grocer

Varende kruidenier vangt altijd wel wat

door HANNELOES PEN

Rond de eeuwwisseling waren op het IJ minstens dertig parlevinkers actief, maar Dick Dijk is als enige overgebleven. Samen met zijn broer Cor bestrijkt hij het gebied tussen de Oude Houthaven bij het Stenen Hoofd en de Amerikahaven. Dagelijks bevoorraden ze twintig tot dertig schepen.

De twee broers zijn de derde generatie in het parlevinkersbedrijf. Hun grootvader, ooit kok op de grote vaart, voer vanaf 1902 met een roeibootje met brood langs de binnenvaartschippers. Parlevinkersbedrijf Dijk is inmiddels uitgegroeid tot een varende kruidenier waar behalve brood, levensmiddelen, verse melk, groente en fruit ook spijkerbroeken, jassen, talismannen en schrijfwaren te koop zijn. De melk haalt Dijk zelf bij de centrale markthal, brood en groente worden gebracht.

Dick legt geen vaste route af langs de schepen maar vaart met zijn vlet over het IJ, op zoek naar klanten. 'Een vliegende vogel vangt altijd wat. Dat zei mijn opa altijd. Je moet de mensen zelf opzoeken.'

Onder zijn klanten zijn veel buitenlandse schepen: Duitse, Belgische, Franse, Zwitserse en Russische. Ze kunnen met hun eigen munt betalen omdat ze vaak geen tijd hebben om Nederlands geld in te slaan. 'Alleen Russische roebels neem ik niet,' lacht Dijk. Belgische schippers geven volgens hem hun geld het gemakkelijkst uit. Duitsers komen vaak alleen voor tabak, kaas en chocolade, terwijl Franse schepen dikwijls zo klein zijn dat de Fransen *often frequently* weinig voorraad kunnen inslaan en niet veel boodschappen bij hem kopen. Althans zo luidt de *at least at any rate* verklaring van Dijk.

Hij is al tien jaar parlevinker. Aanvankelijk beviel het beroep hem niet. Zijn sociale leven kwam door het werk op het water op een laag pitje te staan. Langdurige contacten kon hij moeilijk leggen. Maar toch wilde hij het bedrijf voortzetten.

Uit: *Het Parool* (ingekort)

9   PREPOSITIES

Vul in.

varen langs / via

Varende kruidenier

Rond
___In___ 1 1900 waren er ___op___ 2 het IJ minstens dertig parlevinkers actief. Parlevinkers zijn varende kruideniers. Ze varen niet ~~met~~ ~~op~~ *langs / via* vaste routes want ze zijn altijd ___op___ 4 zoek ___naar___ 5 klanten. Binnenvaartschippers hebben de varende winkels nodig ___voor___ 6 verse

melk en groente maar ook _____voor_____[7] de krant. De voorraad ___aan___ [8] boord __van__ [9] parlevinkers begint steeds meer ____op____ [10] die _____van_____ [11] een warenhuis te lijken, laarzen en kleding zijn er namelijk ook te koop. Omdat er geen banken ___in___ [12] de buurt zijn om geld te wisselen, worden de meeste vreemde valuta geaccepteerd. Het is karakteristiek _____voor_____ [13] Belgische schippers dat ze veel kopen. Schippers ___uit___ [14] een ander buurland besteden hun geld voornamelijk ___~~voor~~ aan___ [15] kaas, chocolade en tabak. De parlevinker houdt _____van_____ [16] zijn werk, maar hij vindt wel dat het hoge eisen stelt ____aan____ [17] zijn privéleven want _____voor_____ [18] het maken ___van___ [19] vrienden heeft hij geen gelegenheid _____op_____ [20] het water.

iets
besteden
aan

Informatie ontleend aan: *Het Parool*

10 GRAMMATICA   *Lidwoord*

Vul *de*, *het* of *een* in of vul geen lidwoord in.

Zeevaart

Ongeveer driekwart van [1] *de* aardoppervlak wordt bedekt door [2] zeeën, waarvan [3] grote zeeën [4] oceanen worden genoemd. [5] *een* vaart op die zeeën en oceanen wordt met [6] *het* verzamelnaam [7] 'zeevaart' aangeduid en is onder te verdelen in twee categorieën. Je kunt in [8] *het* nabijheid van bijvoorbeeld [9] *de* kust van [10] Noordzee, [11] Oostzee of [12] Middellandse Zee varen. Dat is [13] *de* kustvaart.
Je kunt echter ook dagenlang varen zonder [14] (*het*) land te zien, bijvoorbeeld tijdens [15] *het* oversteek van Europa naar Noord- of Zuid-Amerika, dwars over [16] *de* Atlantische Oceaan. Dat is [17] *de* oceaanvaart.
Bij [18] *een* kustvaart oriënteert [19] *de* bemanning zich op [20] *de* bepaalde punten op [21] land, zoals [22] *de* vuurtoren van Westkapelle of [23] *de* kerktoren van Oudeschild. Bij [24] *een* oceaanvaart ontbreken al deze herkenningspunten. Men moet met [25] instrumenten bepalen wat [26] *de* hoogte van [27] *de* zon of [28] *het* ander hemellichaam is. Daarna kan door [29] berekeningen worden vastgesteld wat [30] precieze positie is. Verder moet altijd [31] *de* laatste editie van [32] zeekaarten aan [33] boord zijn.
[34] (*het*) leven op [35] (*de*) zee kan soms eenzaam zijn, je bent ver van [36] huis, je ziet steeds dezelfde gezichten en [37] *de* werktijden zijn lang en onregelmatig, maar je ziet wel veel van [38] *de* wereld.

Informatie ontleend aan: H.E. Kuipers, *Werken ... in de zeevaart. Beroepenboek*

11 VOCABULAIRE   *Adjectiva op -baar*

Maak van de tussen haakjes geplaatste infinitieven adjectiva van het type (on)denk*baar*.
Voorbeeld:
Een wereld zonder wielen is voor ons [denken].
Een wereld zonder wielen is voor ons *ondenkbaar*.

niet   mogelijkheid

brandbaar → iets dat kan branden

Brandbaar

onherstelbaar → niet meer te herstellen

1 Vannacht heeft een grote brand [herstellen] schade aangericht in het oudste *leefbaar*
gedeelte van de stad. Dit stadsdeel was juist gerestaureerd opdat het beter [leven]
zou zijn voor de mens van deze tijd. Een aantal woonhuizen en een bibliotheek
gingen in vlammen op. Het vuur kon zich snel uitbreiden door de aanwezigheid
5 van grote hoeveelheden [branden] materiaal. Het vuur dat van ver [zien] was, *brandbaar* *zichtbaar ?*
bood een [voorstellen] schouwspel. Veel mensen stroomden dan ook samen, *onvoorstelbaar*
zodat de plaats van de brand vrijwel [bereiken] werd voor politie en brandweer.
De gebouwen waren goed tegen brand beveiligd, zodat het [verklaren] is hoe de
brand heeft kunnen ontstaan. Het is moeilijk [bewijzen], maar niet geheel [den-
10 ken] dat het vuur is aangestoken. Er zijn [tellen] aanwijzingen in die richting.
Na de restauratie waren de woningen weer zeer goed [bewonen], maar helaas
[betalen] voor mensen met lagere inkomens. Hierdoor heerste er een duidelijk
[merken] onrust in de binnenstad. Een eventuele dader zal voorlopig wel [vinden]
zijn. De juiste cijfers over de schade zijn nog niet [beschikken]. De bibliotheek
15 bevatte o.m. een groot aantal oude, [vervangen] boeken, die van [schatten]
waarde waren. De boeken die niet verbrand zijn, zijn tengevolge van waterscha-
de [lezen] geworden, en daardoor [gebruiken]. Wegens gebrek aan geld zullen
herbouwplannen voorlopig wel [uitvoeren] zijn.

Kunt u zelf nog een aantal woorden op *-baar* bedenken?
Gebruik ze in een zin.
N.B. Niet alle werkwoorden lenen zich daartoe!

een stomme koe
een stom schaap

het brandbare materiaal

de brandbare materialen
een brandbare kast

=) een brandbaar materiaal
(onbepaald !)

12 LEZEN *Globaal lezen*

Bekijk de tekst globaal en beantwoord de volgende vragen.
U hebt hiervoor maximaal twaalf minuten de tijd.

Inhoud spoorboekje

2

Verklaring van de tekens

EC EuroCity, Europese kwaliteitstrein

EN EuroNight, Europese kwaliteitsnachttrein

Int Internationale sneltrein

IC⁺ Intercitytrein met extra service

Intercitytrein

S Sneltrein

N Nachtnettrein

NS–bus Busdienst van NS

Niet op zon- en feestdagen

† Op zon- en feestdagen

Ⓐ Niet zaterdags en niet op zon- en feestdagen

Ⓑ Niet zaterdags

Ⓒ Zaterdags en op zon- en feestdagen

Doorgaande trein

Overstapverbinding

Links naast de tijden: rijdt niet dagelijks of alleen in een bepaald tijdvak

In het midden van de kolom: rijdt door of over een andere route

Links naast de tijden: trein met toeslag

A Aankomsttijd (overige tijden zijn vertrektijden)

Bij tijdvakken: betekent *tot en met* de laatstgenoemde datum

2 2e klas

Warme en koude dranken en eenvoudige hapjes

✕ Restauratierijtuig

Het Spoorboekje (1)

3

Bistro Café

Bootdienst

Busdienst

Reserveren verplicht

Reserveren aanbevolen

Telefoon

Rolstoelafdeling

Fietsstallingplaatsen

De tijden van *EC* -, *EN* - en **Int**-treinen zijn vet gedrukt

;seling van kleur in de trein- ᴏm betekent overstappen

; trein die alleen op maan- ;, dinsdag enz. rijdt, rijdt : als op die dag een feestdag

;stdagen ;r de uitvoering van de ᵢstregeling gelden de vol- ;de feestdagen: ;5: 2e pinksterdag (5 juni), ᵢn 2e kerstdag. ;6: nieuwjaarsdag, ;aasdag (8 april), ᵢinksterdag (27 mei)

ᵢienstregeling van de trei- ;, bussen en boten is op Ko- ;jinnedag (30 april) als op ;dag en op hemelvaartsdag ;mei) als op *donderdag*

;31 december zullen in de ;nduren de treinen en de ;bussen vanaf ca. 20 uur niet ᵢr rijden. De nachttreinen rij- ; weer vanaf ca. 1 uur. ;htingen vanaf 1 december ;et station, bij de conduc- ; of via **06-9292** ;cent per min.)

1. U wilt weten hoe u in het spoorboekje uw treinreis moet opzoeken. Op welke bladzijden vindt u die informatie? 8-13

2. U heeft uw tas in de trein laten staan. U wilt weten wat u moet doen.
   U vindt informatie
   a. op de bladzijden 967-968.
   b. op bladzijde 27.
   c. op de bladzijden 954-955.

3. U wilt informatie over het openbaar vervoer in de stad Groningen.
   Het spoorboekje geeft deze informatie.
   a. Waar.   b. Niet waar.

4. U bent ontevreden over een bepaalde treinreis.
   U wilt de NS hiervan op de hoogte stellen.
   Wat u moet doen, kunt u lezen
   a. op de bladzijden 967-968.
   b. op bladzijde 27.
   c. op de bladzijden 954-955.

5. Sneltreinen en intercitytreinen worden met hetzelfde teken aangeduid.
   a. Waar.   b. Niet waar.

6. **A** betekent volgens de verklarende tekens
   a. niet zaterdags en niet op zon- en feestdagen.
   b. aankomsttijd.

7. U bent van plan op 31 december met de trein van 21.10 naar vrienden te gaan om Oud en Nieuw te vieren. Rijdt die trein?
   a. Ja.   b. Nee.

8. 10 april - 21 mei is volgens de verklarende tekens
   a. tot 21 mei.
   b. tot en met 21 mei.

9. Op welke bladzijde staat informatie over nachtbussen?   99

10. Op nieuwjaarsdag rijden de treinen aangeduid met ©.
    a. Waar.   b. Niet waar.

13 LEZEN — *Globaal lezen*

Als 12.

Het Spoorboekje (2)

1. Op de afgedrukte bladzijden 956 en 957 staat globale informatie.
   a. Waar.   b. Niet waar.
2. Onder welk kopje kunt u informatie vinden over de verkooppunten van kaartjes?   2/4
3. Kinderen van 4 tot en met 11 jaar
   a. reizen gratis.
   b. reizen met 40% korting.
   c. krijgen geen korting.
4. U moet met een kat van Maastricht naar Groningen reizen. Wat kost het vervoer van de kat maximaal? ƒ10
5. Onder welk kopje kunt u informatie vinden over een dag onbeperkt reizen?   3 / 12
6. Uw kaartje kan bij de uitgang van het station gecontroleerd worden.
   a. Waar.   b. Niet waar.
7. U vraagt zich af of treinpassagiers een radio aan mogen hebben. Onder welk kopje vindt u antwoord op die vraag?   1/3
8. Hoeveel dagen mag u onbeperkt reizen met een Zomertoer?   3   7
9. Tour Time Plus is voor jongeren t/m 18 jaar.
   a. Waar.   b. Niet waar.
10. 'Er-op-uit!' is de naam van
    a. een speciaal kaartje.
    b. een Rail Idee.
    c. een boekje.

956   Beknopt overzicht van voorwaarden, kaartsoorten en prijzen

Voorwaarden

Hieronder vindt u over een aantal onderwerpen globale informatie. Op al onze aanbiedingen en overeenkomsten zijn echter van toepassing de Algemene voorwaarden voor het vervoer van reizigers en handbagage van de N.V. Nederlandse Spoorwegen, verkrijgbaar aan de loketten en bij de NS-verkooppunten. Deze voorwaarden zijn ook in dit spoorboekje afgedrukt, zie bladzijde 943 t/m 953. Raadpleeg voor de volledige informatie altijd deze voorwaarden en het NS-Reizigerstarief. Telefonische informatie: 06-9292 (50 cent per minuut).

Veiligheid

Open de deur van de trein nooit voordat deze volledig stil staat. Spring niet uit een rijdende trein. Probeer nooit de deuren van een reeds rijdende trein te openen. Ga niet te dicht bij de rand van het perron staan. Zorg ervoor dat u uw bagage veilig in het bagagerek zet; u voorkomt daarmee ongelukken als de trein plotseling moet remmen. Gooi geen flesjes e.d. uit het raam.

Reiscomfort

Ook al zijn er (nog) asbakjes of hebben uw medereizigers geen bezwaar: in de afdeling 'niet roken' mag u niet roken. Radio's, walkmans, bandrecorders e.d. mogen in treinen, wachtkamers en op perrons niet voor anderen hoorbaar spelen. In een aantal treinen treft u op een coupé-deur de mededeling aan 'Stilte! Werkcoupé'. Dit is een aanduiding voor een conversatieloze lees- en werkhoek. Heeft u behoefte aan een gesprek, zoekt u dan een andere plaats.

Waar kunt u uw kaartje kopen?

Kaartjes - officieel 'vervoerbewijzen'- kunt u vlak voor de reis aan de stationsloketten, bij de NS-verkooppunten of bij de automaten kopen. U kunt ze ook maximaal één maand van tevoren kopen. U kunt ook kaartjes zonder datum kopen die u op de dag van uw reis zelf kunt afstempelen in de stempelautomaat aan het loket. Wanneer u een gereduceerd kaartje koopt, moet u uw geldig vastrechtbewijs tonen.

Reisweg

Uw bestemming éérst voorbijrijden en dan terug reizen of andersom, uw vertrekstation voorbijrijden mag niet.

De BTW

De prijzen van kaartjes, abonnementen en vastrechtbewijzen zijn inclusief 6% BTW.

Kleine huisdieren

Hiervoor geldt het enkele reis-, dagretour- of dagkaartreductietarief 2e klas met een maximum van ƒ 10.

In- en uitgangscontrole

NS is bevoegd tot het houden van in- en uitgangscontroles. Men sluit dan treinen, perrons of (delen van) stations af en controleert iedereen op het bezit van een geldig vervoerbewijs.

Bus, tram en metro

De in deze uitgave genoemde vervoerbewijzen voor bus, tram en metro zijn geldig op alle lijnen waarop het nationaal tarief van toepassing is.

...ldigheid nationale strippen...art en sterabonnementen op ...-lijnen

...een aantal gebieden zijn strip-
...nkaarten en sterabonnemen-
... onder bepaalde, beperkende
...orwaarden geldig in de trein
... klas). Voor volledige informa-
...moet u de publikaties ter
...atse raadplegen en/of de fol-
...r van Koninklijk Nederlands
...rvoer.

...tionale strippenkaarten, ook
...rkrijgbaar bij de NS-loketten,
...sterabonnementen zijn geldig
...de trein in de stedelijke ver-
...ergebieden van Amsterdam,
...tterdam, Den Haag, Utrecht,
...aastricht en op de lijnen Zwol-
...Kampen, Groningen- Roode-
...nool resp. Delfzijl, Arnhem-
...nterswijk en
...tphen-Winterswijk.

...nationale strippenkaart is ook
...dig in het stedelijk vervoerge-
...d Zoetermeer en op de Zoe-
...meer Stadslijn.

...dag op reis

...kele reis en dagretour
... prijslijst op bladzijde 958.
...kilometerafstanden vindt u op
... eerste bladzijde van elke
...nstregelingtabel.
...minimumafstand is 8 km.

...gkaart

...n dag onbeperkt reizen voor
...5 2e klas en f 97,50 1e klas.
...nvullende dagkaart voor ove-
...openbaar vervoer: f 7.

...deren

...t en met 3 jaar reizen kinderen
...atis, mits geen afzonderlijke
...plaats verlangd wordt. Tot en
...t 11 jaar reizen kinderen met
... enkele reis, retour of dag-
...art met 40% korting.

...lrunner

...ximaal 3 kinderen van 4 tot en
...t 11 jaar onder begeleiding
...der, reizen voor f 2,50 per kind
...der, reizen voor f 2,50 per kind
...hetzelfde treintraject en in
...zelfde klasse als de begeleider.

Reizen in de voordeeluren

Met een vastrechtbewijs krijgt u
in de voordeeluren 40% korting
op enkele reizen, dagretours en
dagkaarten. Daarnaast geeft een
vastrechtbewijs recht op extra
voordeel via het avondretour
(geldig van 18.00 uur, behalve op
vrijdag) en het weekendretour
(geldig vanaf vrijdag 19.00 uur
tot en met zondag). In juli en augustus eveneens de gehele dag.

De volgende vastrechtkaarten,
een jaar geldig, zijn verkrijgbaar:
- jongerenkaart, voor personen
  t/m 25 jaar, prijs f 99.
- Rail-Aktief-kaart, prijs f 99.
- 60+ Seniorenkaart, met 7 keu-
  zedagen voor onbeperkt reizen
  in de voordeeluren (niet maan-
  dags en vrijdags), voor personen van 60 jaar en ouder, prijs
  f 99.

Meer Man's kaart

Voor 2 tot en met 6 personen een
dag onbeperkt reizen in de voordeeluren. Prijs: f 98 voor 2 personen tot f 168 voor 6 personen.

Voor forensen

Bij de Jaartrajectkaart wordt een
OV-verklaring afgegeven voor
fiscale aftrek. Bij deze kaarten
kunnen aanvullende OV-supple-
menten worden gekocht voor 1,
2 of 3 zones, geldig in bus, tram
en metro, echter niet in de trein.
5-Retourkaarten zijn makkelijk
voor deeltijdwerkers en anderen
die niet altijd naar dezelfde werkplek reizen.

NS- en OV-Jaarkaarten kunnen
zeer voordelig voor andere leden
van het gezin worden bijgekocht.
Bij deze jaarkaarten wordt een
OV-verklaring voor fiscale aftrek
verstrekt.

Voor 'n dagje uit

Er-op-Uit!

1001 ideeën voor een dagje uit,
samengevat in het boekje Er-op-
Uit! Bij de stations, postkanto-
ren, VVV-kantoren en boekhan-
dels te koop voor f 4,95. In
Er-op-Uit! staat elk Rail Idee, na-
tuurwandelingen, fietsroutes en
een Uitkalender met meer dan
500 evenementen.

Rail Idee

Een dagje uit doet u met Rail
Idee. U kunt kiezen uit musea,
beurzen en evenementen, wan-
delingen, fietstochten, steden,
attractie- en dierenparken en nog
veel meer. Met Rail Idee bent u
verzekerd van vele voordelen,
zoals een vrije doorloop bij de
ingang, aanvullend vervoer of
een uitgestippelde routebeschrij-
ving. Bovendien krijgt u 25% korting op de treinreis en vaak ook
korting op de toegangsprijs. Dit
geldt alleen niet voor de wandel-
en fietstochten.

Rail Idee in de voordeel-uren

Met een Jongerenkaart, Rail-
Aktief-kaart en een Jaartrajectkaart kunt u in de voordeel-uren
een Rail Idee kopen met 40%
korting op de treinreis.

Rail Idee zonder treinreis

Heeft u een NS- of OV-Jaarkaart
dan kunt u een Rail Idee kopen
zonder treinreis.

Zomeraanbod

Zomertoer

In juni, juli en augustus 3 dagen
onbeperkt reizen in een periode
van 10 dagen, met één of twee
personen. Prijs: 2e klas één persoon f 84, twee personen f 114;
1e klas één persoon f 104, twee
personen f 154.

Zomertoer Plus

Ook geldig in metro, tram en
bus. Prijs: één persoon f 101,
twee personen f 139.

TourTime

Voor jongeren t/m 18 jaar. Vier
dagen met de trein reizen door
Nederland en België binnen een
periode van tien dagen. Te koop
in juni, juli en augustus en in de
paas-, mei-, herfst- en kerstva-
kantie. Prijs: alleen 2e klas f 65.

TourTime Plus

Dezelfde voorwaarden als bij
TourTime. TourTime Plus is alleen in Nederland ook geldig in
metro, tram en bus. Prijs f 80.
Zie voor nadere informatie de
folder "TourTime".

Uit: *Spoorboekje* '95/'96

Rail Idee

*Een dagje uit doet u met Rail Idee. U kunt kiezen uit musea,
beurzen, wandel- en fietstochten, steden, attractie- en dierenparken enz. Met Rail Idee bent u verzekerd van vele voordelen
zoals flinke kortingen en het gemak van een alles-in-éénkaartje.*

14 SCHRIJVEN   *Aanvullen*

1. Mijn vliegtuig is veel te laat op Schiphol geland, doordat _____ .
   Neemt u mij dus niet kwalijk dat ik te laat ben.
2. Het vliegtuig steeg op hoewel _____ . Gelukkig zijn er geen
   ongelukken gebeurd.
3. Ik houd eigenlijk niet van vliegen, toch _____ .
4. Het weerbericht voorspelt dichte mist. Ik vraag me af of _____ .
5. Omdat ik zo lang op Schiphol moest wachten, _____ . Er was
   maar echter op dat moment geen krant meer te krijgen.
6. Nu er snellere treinen komen, _____ . Dat is pech voor de lucht-
   vaartmaatschappijen.
7. _____ , tenzij wij nu meteen weggaan.
8. Het hele vliegverkeer ligt stil; daardoor _____ .
9. We waren de douane nog niet door of _____ . Dat was voor mij
   echt een leuke verrassing.   *(als) een aangebriefte eater*
10. _____ , zodat de vliegtuigfabriek haar deuren moest sluiten.
    hoewel 11. Ik wou naar Londen vliegen, ook al _____ .   *hoewel*
12. Zou u mij willen laten weten of _____ .
13. Het vliegveld is met een nieuwe landingsbaan uitgebreid, want

    _____ .

14. _____ , zodra u op Schiphol geland bent?
15. _____ , als je zeker van een plaats in het niet-rokengedeelte
    wilt zijn.

15 SCHRIJVEN   *Brief*

De busmaatschappij in de plaats waar u woont heeft een zomerdienstregeling ingesteld die
15 juni begint en tot 1 september duurt. In die periode zal de enige bus waarmee u het station
kunt bereiken slechts eens in de twee uur rijden, terwijl hij volgens de normale dienstregeling
eens in het half uur rijdt. In uw woonplaats wonen veel mensen die iedere dag met de trein
naar hun werk gaan en zijn aangewezen op de bus die hen naar het station brengt. Door deze
zomerdienstregeling bent u gedupeerd.
Schrijf nu, mede uit naam van enkele andere busgebruikers een protestbrief aan de busmaatschappij 'De Snelle Bus N.V.'

Aanwijzingen:
Vul eigen adres en datum in.
Vul adres in van 'De Snelle Bus N.V.' (zelf bedenken).
Gebruik de volgende delen van zinnen en woorden:

Geachte directie,
In de zomerdienstregeling voor 19.. heb ik tot mijn verbazing gelezen dat
_____ .
Ik wil hier tegen protesteren want _____ .
U zult begrijpen dat u _____ dupeert.
Mede uit naam van _____ verzoek ik u dringend _____ .
Met belangstelling zie ik uw antwoord tegemoet.
Hoogachtend,

16   SCHRIJVEN   *Brief*

Bij u in de buurt is een station. Niemand durft meer gebruik te maken van het voetgangers- en fietserstunneltje dat onder het spoor doorgaat, omdat het er niet veilig is. Het tunneltje is indertijd aangelegd, omdat de straat te smal was voor het toenemend aantal weggebruikers. Nu wil men toch een fiets- en voetgangerspad naast de weg om niet meer door de onveilige tunnel te hoeven.
Schrijf een brief aan de gemeente waarin u pleit voor verbetering van de veiligheid.
Denk aan briefconventies, alinea-indeling en interpunctie.

17   SCHRIJVEN   *Formulier*

Op 15 juli zou u met het vliegtuig naar Kreta (Griekenland) vertrekken. Voor de zekerheid heeft u een annuleringsverzekering afgesloten bij uw verzekeringsmaatschappij. Een week voor vertrek krijgt u een vaste baan aangeboden, nadat u een jaar zonder werk hebt gezeten. U moet per 1 augustus in dienst treden. U kunt daardoor niet op reis. In de algemene voorwaarden van de annuleringsverzekering leest u onder 2.3 dat u recht hebt op uitbetaling van de geleden schade.
Lees de vragen bij punt 7 van het formulier. Beantwoord ze zo nauwkeurig mogelijk.

De annuleringsverzekering

ANNULERING DOOR ANDERE OORZAKEN	Artikel 2. Verzekerde gebeurtenissen
7. Wilt u hieronder opgeven waarom U de reis moest annuleren, wanneer de noodzaak tot annuleren bekend werd en wanneer de gebeurtenissen, die aan de noodzaak tot annuleren ten grondslag lagen, zich voordeden? Wilt u een en ander zo uitvoerig mogelijk toelichten en bewijsstukken meezenden?	De in art. 1 genoemde vergoedingen worden alleen dan uitbetaald als de schade rechtstreeks en uitsluitend is veroorzaakt door de navolgende, tijdens de geldigheidsduur van de verzekering opgetreden onzekere gebeurtenissen: 2.2 verzekerde onvrijwillig werkloos is geworden doordat het bedrijf waar verzekerde in dienstbetrekking werkzaam is, geheel of gedeeltelijk gesloten is. Voorwaarde is dat hij/zij werkloos werd nadat de verzekering is ingegaan; 2.3 verzekerde, na werkloosheid waarvoor een uitkering wordt verkregen, een vaste baan aanvaardt. Voorwaarde is dat de datum van indiensttreding valt binnen 90 dagen vóór het einde van de geldigheidsduur van de verzekering;

18 SCHRIJVEN   *Grafiek*

In onderstaand staafdiagram ziet u een vergelijking tussen ritprijzen van taxi's
in verschillende steden.

a.   Geef een beschrijving van het staafdiagram.
b.   Probeer een verklaring te geven voor het feit dat de prijs van een rit per taxi in
     New York en Madrid beduidend lager ligt dan de prijs van een rit in Amsterdam.
c.   In welke gevallen zou u gebruik maken van een taxi?

Gebruik ongeveer 150 woorden.

De Amsterdamse taxi is één van de duurste ter wereld. Volgens de Union Bank of Switzerland kost een ritje van vijf kilometer door de hoofdstad gemiddeld twintig gulden, enkele guldens meer dan in omringende landen. De Nederlandse taxitarieven worden per regio bepaald door provincies of gemeenten. Ondanks de hoge prijzen vinden belangenorganisaties van taxibedrijven de marges te krap: de kosten van de auto's zijn veel hoger dan in het buitenland. Bovendien mogen taxi's buiten hun regio geen klanten oppikken, waardoor ze veel onbetaalde kilometers afleggen.

(Roald van der Linde)
Uit: *NRC Handelsblad*

19 SPREKEN   *Korte opdrachten*

1.   U wilt op bezoek bij een kennis die in de Herenstraat woont. U weet niet
     welke bus u moet nemen. U gaat naar de informatiebalie bij de bussen.
     Wat vraagt u?   *Welke bus moet ik nemen / pakken*
2.   U gaat met de tram naar het museum voor Volkenkunde, maar u weet niet
     precies bij welke halte u moet uitstappen. Wat vraagt u aan de bestuurder?
3.   U zit in de bus en u moet uitstappen bij de halte Kennedylaan. U heeft op de
     knop gedrukt, maar de chauffeur rijdt uw halte voorbij. Wat zegt u tegen de
     chauffeur?
4.   Tijdens het spitsuur zit u in de trein met een bekertje koffie in de hand.
     De trein schommelt onverwacht. Uw koffie vliegt over de rand heen op de
     broek van een medepassagier. Wat zegt u?

5. Een vriend wil uw fiets lenen, maar u weet dat hij nogal nonchalant is met spullen. Wat zegt u tegen hem?

6. U moet naar een sollicitatiegesprek. U wilde met de auto gaan, maar die start niet. Uw buurman komt naar buiten. Wat vraagt u hem?

7. Een kennis van u is van plan te gaan zweefvliegen. Dat lijkt hem een fascinerende sport. U vindt het gevaarlijk en u probeert hem op andere gedachten te brengen. Wat zegt u tegen hem?

8. In het vliegtuig zit u naast iemand die vertelt dat hij voor de eerste keer vliegt. Hij is een beetje zenuwachtig. U probeert hem gerust te stellen. Wat zegt u tegen hem?

de tijd vliegt

20 **SPREKEN**   *Middellange opdrachten*

1. U zou een Nederlandse vriend in Parijs gaan opzoeken. Uw vriend zou u in Parijs van de trein komen halen. Als u echter op het station in Nederland komt, hoort u dat de treinen in Frankrijk staken. U belt uw vriend in Parijs op. Wat zegt u?

2. U hebt net een schitterende fietstocht door Frankrijk gemaakt. Een kennis van u komt bij u op bezoek en vertelt dat hij met vakantie wil, maar nog niet heeft besloten waar hij naartoe wil gaan. U probeert hem nu enthousiast te maken voor de fietstocht die u gemaakt heeft.   *dringend*

3. U bent net op Schiphol aangekomen. Als u uw koffer wilt ophalen, blijkt dat hij niet met het vliegtuig is meegekomen. U gaat naar de informatiebalie. Vertel waar u vandaan bent gekomen en met welke luchtvaartmaatschappij. Beschrijf hoe uw koffer eruit ziet en wat erin zit. Geef het adres waar uw koffer naartoe moet als hij weer terecht is.

4. U woont vlakbij een militaire vliegbasis en door het lawaai valt er geen normaal (telefoon)gesprek meer te voeren. U roept de buurtbewoners bij elkaar. Wat stelt u voor?

5. U wilt met een vriendin vanuit Nederland naar Spanje. Zij wil met de auto gaan, maar u pleit voor het vliegtuig. Beargumenteer waarom u dat wil.

verliezen   *Ik ben mijn droom (vergeten) → abstrakt*
                       Ik heb mijn paraplui verloren

**BENT U ER OOK ZO ÉÉN
DIE 'T VERKEER
MET ÉÉN VINGER REGELT?**

EERST DENKEN, DAN DOEN.

Publikatie aangeboden door dit blad in samenwerking met de Stichting Ideële Reclame **SIRE**

21   SPREKEN   *Discussie*

Bekijk de cartoon 'Bent u er ook zo één die 't verkeer met één vinger regelt?'
Wat vindt u van het rijgedrag van dit soort automobilisten?
Wat valt u nog meer op aan het gedrag van weggebruikers in Nederland en/of in uw
eigen land?
Wat zijn spookrijders, zondagsrijders en zwartrijders?

22 LUISTEREN  *Meerkeuzevragen*

Hieronder staat een aantal vragen en beweringen bij
het luisterstuk 'Mijn truck is mijn thuis'.
Kruis aan wat juist is.

1. Hoelang werkt Dirk als vrachtwagenchauffeur?
   a. Bijna 22 jaar.
   b. 22 Jaar.
   c. Ruim 22 jaar.
2. Hoe rijdt Dirk naar zijn bestemming?
   a. Er rijdt af en toe een collega met hem mee.
   b. Hij rijdt samen met collega's.
   c. Hij rijdt alleen.
3. Dirk heeft een wagen voor zichzelf, maar af en toe rijdt er iemand anders
   in zijn truck.
   a. Waar.   b. Niet waar.
4. Dirk heeft een tijdje dichter bij huis gewerkt, want hij kon er absoluut niet
   tegen niet dagelijks thuis te komen.
   a. Waar.   b. Niet waar.
5. Waar staat het restaurant van Willem Renkema om bekend?
   a. De koffie is er goed en de truckers hoeven er nooit lang te wachten.
   b. Het restaurant is een vaste ontmoetingsplaats voor chauffeurs die naar
      het oosten rijden.
   c. Het restaurant van Renkema is het laatste truckersrestaurant voor
      de grens.
6. Waarom is Willem Renkema een truckersrestaurant begonnen?
   a. Hij dacht dat een truckersrestaurant flink wat geld zou kunnen opleveren.
   b. Hij zou zelf ook vrachtwagenchauffeur willen zijn.
   c. Hij houdt van mensen die direct zijn en die praktisch werk doen.
7. Wordt het restaurant ook door niet-vrachtwagenchauffeurs bezocht?
   a. Ja, maar Renkema laat hen niet altijd toe.
   b. Ja, maar hij laat hen zo lang wachten dat ze uit zichzelf opstappen.
   c. Nee, er komen alleen truckers.
8. Volgens Atie Hoogendam vergt het besturen van een truck veel lichamelijke
   inspanning.
   a. Waar.   b. Niet waar.
9. Wat vervoert Atie naar Italië?
   a. Groente.
   b. Groente en fruit.
   c. Voornamelijk groente en fruit.

10. Welke beweringen zijn waar?
   a. Vrachtwagenchauffeur is nog steeds een typisch mannenberoep.
   b. Vrouwelijke en mannelijke chauffeurs worden even serieus genomen.
   c. Veel mensen zien liever geen vrouw op de chauffeursplaats van een vrachtwagen zitten.
   d. In de toekomst zullen steeds meer vrouwen dit beroep kiezen.
   e. Binnenkort zal men eraan gewend zijn dat ook vrouwen vrachtwagens besturen.

23 LUISTEREN *Meerkeuzevragen*

Hieronder staat een aantal vragen en beweringen bij het luisterstuk 'Veilig vliegen'.
Kruis aan wat juist is.

1. De interviewer denkt dat er misschien niet genoeg tijd is om alle vliegtuigen na te kijken.
   a. Dat is waar.
   b. Dat is niet waar.
2. Wat gebeurt er met de vliegtuigen na elke paar honderd uur?
   a. Dan worden ze gedemonteerd.
   b. Dan worden de kapotte onderdelen gerepareerd.
   c. Dan worden ze in de lucht nagekeken.
3. Hebben piloten van grote vliegtuigen volgens de heer Van der Noort minder problemen met slecht weer dan die van kleine vliegtuigen?
   a. Ja, want alle grote vliegtuigen hebben weerradar aan boord.
   b. Ja, want de meeste grote vliegtuigen hebben weerradar aan boord.
   c. Ja, want ze kunnen door onweersbuien en mist heen vliegen.
4. Hoe komt het dat wij tegenwoordig meer van vliegtuigongelukken horen dan vroeger?
   a. Omdat de kranten vroeger de ongelukken niet op de voorpagina vermeldden.
   b. Omdat er meer ongelukken gebeuren dan vroeger.
   c. Omdat er tegenwoordig in het algemeen meer mensen tegelijk bij een ongeluk omkomen dan vroeger.
5. De heer Van der Noort zegt dat
   a. er dit jaar net zo veel trein- en auto-ongelukken gebeurd zijn als vliegtuig-ongelukken.
   b. er toevallig dit jaar al veel trein- en vliegtuigongelukken gebeurd zijn.
   c. er de komende twintig jaar minder ongelukken zullen gebeuren, omdat vliegen veiliger wordt.

24   LUISTEREN   *Woorden invullen*

Luister naar de tekst en schrijf
de ontbrekende woorden op.

De pont   boot

De grote _____ schuift naar de overzijde
Dit is een tocht van bijster korte duur
Maar voor een kind is het een vrijgeleide
Om weg te _____ in een avontuur

Mijn dochter sluit haar beide kleine ogen
En zegt: 'We _____ op de oceaan
Er komt een zwerm flamingo's aangevlogen
En in de verte zie ik _____ staan'

En ik zeg: 'Ja, we stomen door de _____
Ik ben de stuurman, jij de admiraal
We gaan in China gele schoentjes kopen
En _____ door het Panamakanaal'

Mijn dochter zegt: 'Een walvis spuit fonteinen
En ginder zie ik een piratenschuit'
Ik _____ : 'Kijk, er zijn ook veel dolfijnen'
Dan stopt de pont; _____ de droom is uit

Hoe heerlijk is het om je prijs te geven
Aan water, wind en zorgeloze _____
Er valt, voor wie dat wil, veel te beleven
Zo _____ Tolhuis en Centraal Station

Uit: Ivo de Wijs, *Vroege Vogels vliegen*

1 TEKST

Milieu

more general

1 Het woord 'milieu' heeft in de afgelopen jaren een ruimere betekenis gekregen
dan het voorheen had. Vroeger sprak men van 'milieu' als men de sociale kring
op het oog had waarin iemand zich bewoog. Men sprak van arbeidersmilieu,
van aristocratisch milieu, en dergelijke.
5 Het woord 'milieu' omvat tegenwoordig de gehele wereld rondom ons, met
name de aspecten daarvan die van belang zijn voor het welzijn van de mens.
Het behoeft geen betoog dat alles wat de mens doet, gevolgen heeft voor het
milieu. De veerkracht die de natuur heeft, is echter niet gering en de krachten
die de mens kan ontwikkelen zijn heel lang slechts heel beperkt geweest. Pas in
10 recenter tijden kreeg de mens mogelijkheden die hem in staat stellen ingrijpende invloed uit te oefenen op natuur en milieu.
Door de geweldige vlucht die de techniek heeft genomen, is de mens in staat
zeer comfortabel te leven. Hij omringt zich met voorzieningen die hem tegen
het klimaat moeten beschermen. De wegen waarlangs hij zich voortbeweegt,
15 worden zo egaal mogelijk gemaakt, opdat het lopen en vooral het rijden zo soepel en schokvrij mogelijk geschiedt. Vernuftige installaties boren in het binnen-
ste van de aarde om stoffen te voorschijn te halen waaraan energie wordt ontleend voor de verwarming van huizen en werkplaatsen, en voor het aandrijven
van machines die nuttige en minder nuttige zaken voor ons maken, dan wel
20 handelingen verrichten die de menselijke hand nooit zo vlug en nauwkeurig in
duizendvoudige eentonige herhaling zou presteren.
De westerse mens heeft zich omringd met een verzameling energieverslindende
apparatuur en hij heeft zich gewoonten eigen gemaakt waardoor het gezicht
van de aarde ingrijpend is veranderd. Dat niet alleen. Er treden ook effecten op
25 in de bodem, het water en de atmosfeer die de aarde omringt, waarvan wij de
omvang soms nauwelijks kunnen overzien. Maar ze zijn verontrustend genoeg
om mensen die een tikje verder kijken dan hun neus lang is, met grote bezorgdheid te vervullen.

Naar: A. van Dijk, *De andere landbouw*

a. Waarnaar verwijst het woordje 'waarin' (regel 3)? *de sociale kring*
b. Het woordje 'waarvan' (regel 25) verwijst naar _____. *effecten*

2   LEZEN   *Meerkeuzevragen*

Hieronder staat een aantal vragen en beweringen. Kruis aan wat juist is.

1. Wat bedoelde men vroeger met het woord 'milieu'?
   a. Arbeiders.
   b. Stand.
   c. Aristocraten.
2. Wat voor andere betekenis heeft het woord 'milieu' er de laatste tijd bij gekregen?
   a. De tegenwoordige maatschappij.
   b. De lucht om ons heen.
   c. Alles om ons heen.
3. Pas in recenter tijden kreeg de mens mogelijkheden die hem in staat stelden ingrijpende invloed op natuur en milieu uit te oefenen.
   Deze gevolgtrekking blijkt uit:
   a. De veerkracht die de natuur heeft, is echter niet gering.
   b. De krachten die de mens kan ontwikkelen, zijn heel lang slechts heel beperkt geweest.
   c. Uit de zinnen genoemd onder a en b.
4. In welke van de onderstaande zinnen wordt de tekst samengevat?
   (Meerdere antwoorden zijn juist.)
   a. De westerse mens heeft zich omringd met een verzameling energie-verslindende apparatuur.
   b. Machines maken nuttige en minder nuttige zaken voor ons.
   c. De mens heeft zich gewoonten eigen gemaakt, waardoor het gezicht van de aarde ingrijpend is veranderd.
   d. De wegen zijn zo egaal mogelijk gemaakt.
   e. Er treden effecten op in de bodem, het water en de atmosfeer. *(niet alleen)* *dat*
   f. Wij kunnen de omvang van allerlei effecten nauwelijks overzien.

Open vragen

1. Wat wordt er bedoeld met 'voorzieningen die de mens tegen het klimaat moeten beschermen'? *mensen die in de toekomst kijken om gevaarlijke veranderingen te vermijden, vooral of ze plaatsvinden*
2. Noem een paar stoffen waaraan energie wordt ontleend.
3. Wat wordt er bedoeld met 'energieverslindende apparatuur, waarmee de westerse mens zich heeft omringd'? *radio, televisie, microwave, auto, ...*

3 VOCABULAIRE   *Bij de introductietekst*

geschieden, geweldig, ingrijpend, kracht, omvang, op het oog hebben, presteren, recent, rondom, ruim, slechts, voorheen

Het is _geweldig_ 1 wat men in de techniek kan _presteren_ 2. In een vrij _recent_ 3 verleden, _ruim_ 4 50 jaar geleden, werd er een belangrijke ontdekking gedaan, waardoor de kijk op het leven van de mens _ingrijpend_ 5 werd veranderd. _Voorheen_ 6 had men namelijk nooit kunnen denken, dat er _krachten_ 7 ontwikkeld konden worden, die in één keer alles _rondom_ 8 ons konden vernietigen. Wij _hebben_ 9 natuurlijk de ontdekking van kernenergie _op_ 9 _het_ 9 _oog_ 9.
Wij kunnen _slechts_ 10 vermoeden hoe groot de _omvang_ 11 van de vernietiging zou zijn in een kernoorlog. Laten wij hopen dat zoiets nooit zal _geschieden_ 12.

aspect, gering, in staat stellen, ontlenen, welzijn, zich bewegen

Er is echter ook een ander _aspect_ 13 van het gebruik van kernenergie. Aan uranium kan men energie _ontlenen_ 14, die ook voor het _welzijn_ 15 van de mensen gebruikt kan worden. Mensen, die _zich_ 16 op het terrein van de energie in het algemeen _bewegen_ 16, weten maar al te goed dat het energieprobleem niet _gering_ 17 is. Sommige mensen verwachten dat het gebruik van kernenergie ons _in_ 18 _staat_ 18 _stelt_ 18 het huidige energieprobleem op te lossen.

aandrijven, beperkt, betoog, bezorgdheid, bodem, boren, brandstof, gevolg, natuur, overzien, stof, verontrustend, voorziening, zich beschermen

Ook zijn er mensen, die kerncentrales veroordelen. In hun _betoog_ 19 tegen kernenergie waarschuwen zij ervoor dat men de _stoffen_ 20 van het gebruik hiervan niet kan _overzien_ 21. Het feit dat kernreacties ook gevaarlijke _gevolgen_ 22 voortbrengen, waartegen de mens _zich_ 23 niet kan _beschermen_ 23, vinden zij zeer _verontrustend_ 24. Tijdens allerlei acties spreken zij hun _bezorgdheid_ 25 hierover uit. Zij zien wel dat de huidige energiebronnen _beperkt_ 26 zijn, maar voor de _brandstof_ 27 van _bodem_ 28 voor het _aandrijven_ 29 van onze motoren willen zij zien, of er niet meer steenkool uit de _natuur_ 30 verkregen kan worden, en of er niet naar meer olie _geboord_ 31 kan worden. Bovendien willen zij de bronnen die de _voorziening_ 32 ons geeft, benutten, namelijk de wind, de zon en het water.

4   SPREKEN   *Discussie*

Het bedrijf waar u werkt, moet vandaag beslissen of er voortaan alleen plastic bekertjes of alleen gewone kopjes gebruikt zullen worden voor koffie en thee.

Zoek argumenten in onderstaand artikel die pleiten voor het gebruik van plastic bekertjes.
Zoek argumenten die pleiten voor het gebruik van porseleinen kopjes.
Voer eventueel argumenten aan die niet in het artikel worden genoemd.

Onderstaande informatie is afkomstig uit een artikel van Koos Schwartz uit het dagblad Trouw. Schwartz heeft het in zijn artikel over de resultaten van een onderzoek verricht in opdracht van de regering. Henk Blaauwgeers en Marcel Schuttelaar, milieuonderzoekers in dienst van de Consumentenbond, reageren daarop.

Porseleinen kop versus plastic beker

hoe vaak je een kop moet gebruiken voordat deze milieuvriendelijker is dan het plastic bekertje. Wat energieverbruik betreft, ligt die grens op 640 keer en wat afval betreft op 125 keer.

In andere woorden: wie een porseleinen kop verkiest, is pas milieuvriendelijk als hij de kop vaak gebruikt. Wegsmijten, laat staan uit boosheid kapot gooien, is uit den boze.

Maar afwassen is dat eigenlijk ook. Want hoe vaker de kop in de vaatwasmachine belandt, hoe meer de kop het water belast.
Het plastic bekertje hoef je immers niet af te wassen. Dat verdwijnt na gebruik gewoon in de vuilbak en heeft na zijn functie als beker hoogstens een tijdelijke staat als asbak achter de rug.

DEN HAAG - De koffiedrinker die zijn porseleinen kop en schotel in de vaatwasmachine stopt, weet niet dat één wasbeurt van kop en schotel meer water vervuilt dan het plastic bekertje in heel zijn bestaan.

De onderzoekers, werkend in opdracht van het ministerie, die deze conclusie hebben neergeschreven, lijken nog meer vervelende boodschappen voor de bewuste porseleingebruikers te hebben. Ze hebben berekend

De consument kan natuurlijk besluiten om de kop pas af te wassen als hij er twee keer uit heeft gedronken. De onderzoekers hebben die mogelijkheid ook uitgezocht en concluderen dat die optie een jas scheelt.

Ook uit oogpunt van energieverbruik is 'twee keer gebruiken, één keer afwassen' aan te bevelen. Je hoeft de kop nu niet 640 keer te gebruiken voordat ie energiezuiniger is dan het polystyrene geval: 228 kopjes koffie en 114 keer afwassen zijn nu genoeg. Een beetje kop en schotel haalt dat aantal gemakkelijk. Maar het water blijft een probleem.

Geen vaarwel

Voor Henk Blaauwgeers en Marcel Schuttelaar, beiden milieuonderzoekers in dienst van de Consumentenbond, is de studie geen reden om het porselein vaarwel te zeggen.

'De vergelijking tussen kop en schotel en het plastic bekertje is eigenlijk een vergelijking tussen appels en peren. In hotels en restaurants wordt het zogeheten hotelporselein, dat de onderzoekers als maatstaf hebben genomen, veel gebruikt, maar in een huishouden wordt eenvoudiger aardewerk gebruikt, vaak ook

zonder schotel. Ook op kantoren waar veel automaten staan, is een kleine kop zonder schotel het alternatief voor het polystyreen.'

'Hoe zwaarder het product, hoe meer grondstoffen erin verwerkt zijn, hoe hoger het energieverbruik bij fabricage, transport en verbruik. In andere woorden: hoe lichter het porseleinen alternatief voor het plastic, hoe beter dit alternatief scoort.'

Aannames

Hoe belangrijk juist dit soort alledaagse gegevens is, blijkt ook uit de aannames over het afwassen. In hotels en cateringbedrijven is het logisch dat de koppen in de vaatwasser verdwijnen. Bij huishoudens kan de kop gewoon in het milieuvriendelijk sopje of onder de warme kraan. Dan is al zeer veel mi-

lieuwinst geboekt; want juist het gebruik van vaatwasmiddelen is in het onderzoek bepalend voor het milieuoordeel over het porselein. De onderzoekers in dienst van het ministerie gaan er bovendien vanuit dat het vaatwasmiddel fosfaten bevat, is dat niet het geval, dan scheelt ook dat weer een dikke jas.

Schuttelaar en Blaauwgeers constateren verder dat de onderzoekers een aantal factoren niet meerekenen, zoals de vervuiling van bodem en de aantasting van het landschap. Ook andere dingen blijven buiten beschouwing. De onderzoekers geven dat zelf overigens toe.

Uit: *Trouw* (ingekort)

---

5   **GRAMMATICA**   *Relatief pronomen*

Vul in *die* of *dat* en maak de zin compleet.

Voorbeeld:

Het koffiezetapparaat_____ ons bedrijf heeft aangeschaft, _____ .

Het koffiezetapparaat *dat ons bedrijf heeft aangeschaft, is heel praktisch.*

1. De invloed ___die___ de mens op de natuur uitoefent _is ingrijpend_
2. De benzine ___die___ we tanken _wordt steeds duurder_.
3. De vliegvelden ___die___ gebouwd worden _zijn niet veilig_.
4. Het weerbericht ___dat___ wij op de televisie zagen _was niet zo_ _goed voor de komende dagen_.
5. Het kookboek ___dat___ die beroemde kok geschreven heeft _is niet zo goed als ik had verwacht_.
6. De gerechten ___die___ op tafel staan _zien er dit lekker uit_.
7. Mijn abonnement ___dat___ ik vorige week verloren heb _____ . _zal me heel veel geld kosten._
8. De trein ___die___ vertraging had ____ . _is al in Nijmegen onverwacht tot stilstand gekomen._

6 GRAMMATICA *Relatief pronomen*

Vul in: prepositie + *wie*.

N.B. Deze vorm wordt meer in de schrijftaal dan in de spreektaal gebruikt.

Voorbeeld:

De man_____ ik denk. (Ik denk *aan* de man.)

De man *aan wie* ik denk.

1. Het meisje *naar wie* hij kijkt. (Hij kijkt ___*naar*___ een meisje.)
2. Het kind *van wie* zij houdt.
3. De vrouw *met wie* ik samenwerk.
4. De mensen *aan wie* wij vertrouwen stellen.
5. De bejaarden *aan wie* zij hulp bieden.
6. De Nederlanders *met wie* jullie spreken.
7. De eigenaar *aan wie* jij huur moet betalen.

7 GRAMMATICA *Relatief pronomen*

Vul in: *waar* + prepositie (twee manieren). Maak zelf af.

Voorbeeld:

Het programma _____ ik luister, _____. (Ik luister *naar* het programma.)

Het programma *waarnaar* ik luister, is mooi. / Het programma *waar* ik *naar* luister, is mooi.

1. De reis *waarover* hij vertelt, *was leuk*. (*waar hij over vertelt*)
2. De stoel *waarop* u zit, *is kaput* (*waar u op zit*)
3. Het huis *waarin* zij woont, *is mooi*.
4. Het papier *waar* ik schrijf, *op schrif*. / *waarop ik schrijf is wit*
5. De situatie *waarover* ik schrijf, / *waarin over schrijf*
6. De pen *waarmee* ik schrijf, *heb ik in*. *Amsterdam* *gekoot*
7. Het glas *waaruit* ik drink, *is van Jan*.

8 GRAMMATICA *Relatief pronomen*

Vul in: *die, dat, waar* + prepositie, prepositie + *wie*.

Voorbeeld:

De muziek _____ ik hoor. (Ik hoor de muziek.)

De muziek *die* ik hoor.

De muziek _____ ik luister. (Ik luister naar de muziek.)

De muziek *waarnaar* ik luister / *waar* ik *naar* luister.

De musicus _____ ik luister. (Ik luister naar de musicus.)

De musicus *naar wie* ik luister.

1. Het milieu _waarin_ men leeft.
2. Het milieu _dat_ men kent.
3. Het telefoontje _op dat_ ik wacht.
4. De collega _op die_ ik wacht.
5. De vlucht _____ de techniek genomen heeft.
6. De wegen _die_ de mens maakt.
7. De wegen _op wie_ de mens zich voortbeweegt.
8. De auto's _waarmee_ de mens zich voortbeweegt.
9. De atmosfeer _die_ de mens omringt.
10. De apparatuur _waarmee_ de mens zich omringt.
11. De handelingen _die_ de mens verricht.
12. De dingen _waarin_ de mens presteert.
13. De beroemde geleerde _aan wie_ ik schrijf.
14. De effecten _die_ in de bodem optreden.

9 **LEZEN** *Open vragen*

a. Lees eerst de titel.

b. Waar denkt u dat deze tekst over gaat?

c. Lees nu de tekst.

d. Vindt u dat deze tekst een andere titel had moeten hebben?

e. Zo ja, welke titel?

de aanpak van agressieve loslopende honden

Reinigingspolitie vecht tegen 175.000 kilo hondenpoep

De 2500 honden in de Amsterdamse binnenstad produceren jaarlijks 175.000 kilo poep. Met een strenger optreden hoopt de Amsterdamse reinigingspolitie de overlast te beperken.

Amsterdam, februari. Acht uur 's ochtends op de Nieuwmarkt. Het plein is wit door sneeuw en hagel. Midden op de markt staat een dame van middelbare leeftijd. 'Is dat uw hond?' bromt de agent van de reinigingspolitie. Een schoothond van het formaat van een konijn rent angstig keffend rondjes om de twee surveillerende agenten. 'Het is verboden uw hond onaangelijnd te laten rondlopen.' 'Wat krijgen we

nou!' roept de dame, 'Het is geen pitbull! Ik sta even te wachten op mijn man, ik denk, ik laat de hond nog even een plasje doen.' Onverstoorbaar nemen de agenten haar personalia op voor een proces-verbaal dat ongeveer 20 gulden zal kosten. Verontwaardigd, het hondje in de armen geklemd, stapt de vrouw even later in de voorgereden auto.

De strijd tegen de overlast van agressieve, loslopende en poepende honden in Amsterdam is sinds enkele maanden verhevigd. Werden er in de eerste drie kwartalen van het vorig jaar 56 processen-verbaal uitgedeeld, in het laatste kwartaal alleen al waren dat er 69.

Sinds oktober vorig jaar zijn in de binnenstad 22 agenten van de reinigingspolitie actief. Ieder van hen besteedt 6 uur per week aan de bestrijding van de overlast die de naar schatting 2500 honden in de binnenstad veroorzaken. In de loop van dit jaar wordt het aantal agenten uitgebreid tot 30.

Sinds september 1991 is het verboden een hond in de Amsterdamse binnenstad los te laten lopen. De eigenaar is bovendien verplicht het dier zijn behoeften te laten doen in de goot.

Uit: *NRC Handelsblad* (ingekort)

N.B. Oefening 18 heeft betrekking op deze tekst.

10   GRAMMATICA   *Relatief pronomen*

Zie oefening 5 tot en met 8.

1. Dit verhaal gaat over de hondenpoep _waarmee_ de Amsterdamse binnen-stad verontreinigd wordt.
2. De 2500 honden in de Amsterdamse binnenstad produceren jaarlijks name-lijk 175.000 kilo poep, _waarvan_ een groot gedeelte op straat terecht komt.
3. Veel mensen hebben last van die hondenpoep _waarin_ je gemakkelijk kunt trappen en _waarmee_ je schoenen vies maakt.
4. Het is dan ook deze overlast _die_ men wil beperken en _waartegen_ de Amsterdamse reinigingspolitie vecht.
5. Het zijn de mensen _die_ hun honden in de binnenstad uitlaten, _waartegen_ de reinigingspolitie strenger wil optreden.
6. Op een morgen in februari loop ik om een uur of acht op de Nieuwmarkt, _die_ dan wit door sneeuw en hagel is.
7. Daar loopt een mevrouw haar hondje uit te laten _waar_ twee agenten staan te kijken.
8. Het hondje heeft een formaat _dat_ aan een konijn doet denken.
9. De agenten wijzen naar de hond, _die_ keffend rond rent.
10. De hond _waarmaar_ zij wijzen, loopt namelijk los.
11. 'Hier mogen geen honden lopen _die_ niet aangelijnd zijn', zeggen de agenten.
12. De mevrouw _van wie_ de hond is, wordt kwaad.
13. 'Mijn hondje, _over die_ u zich zo opwindt, is geen pitbull', schreeuwt de vrouw.
14. 'Mijn man, _op wie_ ik sta te wachten, komt er zo aan.'
15. 'Mag mijn hondje, _die_ zo nodig een plasje moet doen, niet eens even rondlopen?'
16. Maar de mevrouw krijgt een bekeuring _die_ haar twintig gulden gaat kosten.

11   GRAMMATICA   *Relatief pronomen*

Als 10.

Het begrip milieu is iets _wat/dat_[1] nu ruimer opgevat wordt dan vroeger. Vroeger werd met milieu alleen bedoeld de sociale kring _waaruit_[2] men kwam. Tegenwoordig betekent milieu ook de gehele wereld _waarin_[3] wij leven. Dan denken wij vooral aan die dingen, _die_[4] voor ons welzijn belangrijk zijn. Het is bekend dat alles _wat_[5] de mens doet, invloed heeft

op het milieu. De veerkracht ___die___ 6 de natuur heeft, is groot en de
mensen ___die___ 7 vroeger leefden, maakten minder gebruik van de krachten
___die___ 8 de natuur bood. Maar in de laatste tijd kan de mens, ___aan wie___ 9
nu betere mogelijkheden zijn geboden om deze krachten te gebruiken, meer invloed op milieu en natuur uitoefenen.

De techniek heeft zich enorm ontwikkeld, ___waardoor___ 10 de mens zeer comfortabel kan leven. Denk bijvoorbeeld aan het klimaat ___waartegen___ 11 de mens zich nu
beter kan beschermen. De mensen maken de wegen ___die___ 12 voor het vervoer nodig zijn, zo egaal mogelijk, ___waardoor___ 13 wij aangenamer kunnen reizen. En dan is er de aarde ___waaruit___ 14 stoffen worden gehaald ___aan wie___ 15
brandstof wordt ontleend, ___dat___ 16 voor onze gehele energievoorziening
moet dienen.
Machines doen nu werk ___dat___ 17 vroeger door mensenhanden werd
gedaan, iets ___wat___ 18 veel meer tijd kostte. De westerse mens beschikt over
allerlei apparatuur ___waarmee___ 19 gewone dagelijkse handelingen worden
verricht, maar ___die___ 20 veel energie verbruikt.

De gewoonten van de mens nu hebben de wereld sterk veranderd. Door al deze
dingen heeft de mens invloed op de bodem, het water en de atmosfeer, ___die___ 21
daardoor de laatste tijd ook veranderd zijn.
Dit is een ontwikkeling ___waarvan___ 22 wij de gevolgen nauwelijks kunnen overzien.
Daarom is het een probleem ___waarmee___ 23 wij ons bezig moeten houden. Het gaat
uiteindelijk om ons mensen, ___voor wie___ 24 het belangrijk is zo goed en zo gezond
mogelijk op deze wereld te leven.

12 GRAMMATICA   *Relatieve bijzin*

Maak van het participium van het presens een relatieve bijzin. Maak daarna de zin af.
Voorbeeld:
Energieverslindende apparatuur, _____.
Apparatuur *die energie verslindt*, is slecht voor het milieu.

1. De scheldende buurvrouw, _____.
2. Het loslopende hondje, ___Het hondje___ dat losloopt is geen pitbull
3. De in de binnenstad wonende mensen, ___De mensen___. die in de binnenstad wonen, zijn erg aardig
4. De streng optredende agenten, ___De agenten___ die streng optreden, zijn niet populair
5. Een veel voorkomende klacht, ___Een klacht___ die veel voorkomt
6. De in de bodem optredende effecten, ___De effecten___ die in de bodem optreden,
7. Vervuilende industrieën, _____.
    Industrieën die
    de wereld vervuilen.

13 GRAMMATICA   *Relatieve bijzin*

Maak van het participium van het perfectum een relatieve bijzin.

Maak daarna de zin af.

Voorbeeld:

De *bekeurde* hondenbezitster, _____ .

De hondenbezitster *die* op de markt *werd bekeurd*, schreef een boze brief
aan de gemeentepolitie.

1. Het op de markt verhandelde fruit, _____ .
2. De in onze tijd ontwikkelde technieken, _____ .
3. De in de fabriek vervaardigde producten, _____ .
4. De in de aarde gevonden delfstoffen, _____ .
5. De door het afval vervuilde rivier, _____ .
6. De op wetenschappelijke wijze onderzochte methodes, _____ .
7. De aan het Latijn ontleende woorden, _____ .

14 GRAMMATICA   *Pluralis*

Zet het substantief tussen haakjes in de pluralis.

Eén van de grootste [gebrek]1 van de mensheid is dat wij voor onszelf het leven
onaangenaam maken. Hierbij denken wij niet alleen aan vreselijke [veldslag]2 in
[oorlog]3 die wij zelf veroorzaken, maar ook aan alle [invloed]4, die onze eigen
[handeling]5 op onze omgeving hebben.

Zo zitten er allerlei gevaarlijke [stof]6 in de lucht. Alle [dokter]7 zijn het erover
eens dat de [mens]8 onder dergelijke [omstandigheid]9 ernstige [ziekte]10
kunnen oplopen. De [bewijs]11 zijn hier al voor geleverd. Vooral in de grote
[stad]12, waar veel [industrie]13 zijn, vervult de toestand ons met grote
[zorg]14. De [motief]15 die de [bedrijf]16 aanvoeren om geen [verandering]17
aan te brengen in hun wijze van produceren, zijn, dat men te hoge [bedrag]18
moet uitgeven om [systeem]19 te ontwikkelen, volgens welke men schoner kan
produceren. [Persoon]20 en [goed]21 zouden met minder vervuilende [middel]22
vervoerd moeten worden. Wij weten dat de [auto]23 die zich langs de [weg]24
voortbewegen, eveneens behoorlijk veel luchtvervuiling veroorzaken. Er komen
gelukkig steeds meer [fietspad]25, waardoor het gebruik van [fiets]26 bevorderd
wordt.

De [gevolg]27 van kernenergie kunnen wij nog niet overzien. De [afvalstof]28
worden echter in grote betonnen [vat]29 via [schip]30 in de [zee]31 gedumpt.
Voorts is er veel overlast door allerlei [geluid]32 van [radio]33 en [televisie]34

die hard aan staan, terwijl de [huis]35 en [flat]36 gehorig zijn. Ook veroorzaken [motor]37 van [brommer]38, [auto]39 en [vliegtuig]40 veel geluidsoverlast. Het aantal [verkeersongeluk]41 neemt aanzienlijk toe met als gevolg dat [ambulance]42 met gillende [sirene]43 ons opschrikken.

Dat men zich bewust is van deze [probleem]44 blijkt uit allerlei [conferentie]45 die de laatste tijd gehouden worden. De [resultaat]46 zijn in [verslag]47 vastgelegd. Er worden internationale [verdrag]48 gesloten om erop toe te zien dat het werpen van afval in bepaalde [water]49 beperkt blijft. [Professor]50, [ingenieur]51 en [technicus]52 zoeken naar [alternatief]53 voor huidige [energiebron]54. [Deskundige]55 komen met wijze [raad]56 hoe men milieuvriendelijke [product]57 kan vervaardigen. [Politicus]58 en [staatsman]59 houden [rede]60 hierover. Het behoeft geen betoog dat men naar [mogelijkheid]61 zoekt om [oplossing]62 te vinden, maar men vreest dat onze [verwachting]63 hieromtrent niet gauw in vervulling zullen gaan.

15 VOCABULAIRE *Adjectiva*

Maak van het substantief tussen haakjes een adjectief en maak er zinnen mee.
Voorbeeld:
een [comfort] huis
een comfortabel huis
Voor oude mensen is een comfortabel huis een huis zonder trap.

(de) 1. een [geweld] golf
(de) 2. een [geweld] dood
(de) 3. een [strijd] persoon
(het) 4. een [alarm] bericht
(de) 5. een [maand] bijeenkomst
(de) 6. een [stad] aangelegenheid
(de) 7. een [effect] methode
(het) 8. een [actie] bestuurslid
(het) 9. [dier] vet
(de) 10. [behoefte] omstandigheden
(het) 11. een [angst] avontuur
(de) 12. een [agressie] daad
(de) 13. een [veerkracht] persoon
(de) 14. een [energie] burgemeester

16 UITDRUKKINGEN

Gebruik de volgende uitdrukkingen in de tekst.

De sigaar zijn

Een gat in de lucht springen

Er lijkt geen vuiltje aan de lucht

[Iets] in rook zien opgaan

Olie op het vuur gooien

Ik had plannen om een maand lang met vakantie te gaan. Eerst _____ .
Maar plotseling kreeg ik het bericht dat een tante van mij ernstig ziek was geworden. Ik heb een grote familie, maar iedereen vond dat ik mij moest opofferen om
voor haar te zorgen. Ze vonden dat ik mijn vakantie maar moest afzeggen.
'Waarom _____ ik altijd _____ ?', dacht ik. Ik _____ mijn
vakantieplannen al _____ . Ik was echt kwaad. Mijn oom _____
nog _____ door mij te verwijten dat ik egoïstisch was, omdat ik niet
meteen toezegde voor mijn tante te zorgen.
Maar nog net voordat ik mijn vakantie had afgezegd, werd besloten dat het beter
was mijn tante in een verpleeghuis te laten opnemen. Ik _____ natuurlijk
_____ .

17 SCHRIJVEN   *Aanvullen*

1. Er is vanmorgen vroeg een ongeluk gebeurd op het baanvak tussen Leiden en
   Haarlem, waardoor _____ . Nu rijden de treinen weer normaal.
2. De meneer aan wie _____ , heeft een geruit overhemd aan.
3. De mevrouw met wie _____ , is alleen 's morgens telefonisch bereik-
   baar.
4. Het woordenboek waarin _____ , heet het Basiswoordenboek.
5. Het milieu is iets wat _____ .
6. Kunt u mij iets geven waarmee _____ ?
7. _____ die naast ons wonen, _____ .
8. _____ waarmee je borden wast, _____ .
9. _____ van wie ik dat formulier heb gekregen, _____ .
10. De hoogleraar _____ , heeft het mij niet gemakkelijk gemaakt.
11. De stoel _____ , heb ik van een vriendin overgenomen.
12. De bromfiets _____ , maakte te veel lawaai.
13. Voor de snelweg _____ , moeten honderden bomen verdwijnen.
14. De glasbak _____ , wordt iedere week geleegd.

18 SCHRIJVEN   *Brief*

In de volgende brief zijn enkele delen van zinnen weggelaten. Vul de zinnen aan.

```
          Aan de Amsterdamse politie.
          adres ─────────

          Amsterdam, 5 februari ─────────

          Betreft: ─────────


          Geachte mevrouw, mijnheer,

          Hierbij wil ik een klacht indienen over het feit dat
          ─────────. Deze bekeuring, zie bijgevoegde kopie, was
          volgens mij volkomen ten onrechte. Mijn hond Vickie liep
          wel even los, maar ─────────. De twee agenten, die ─────────.
          konden ook constateren dat Vicky het plein niet heeft
          bevuild. Ik begrijp dat u als politie tegen bevuiling
          van de straten in Amsterdam moet optreden. Mijn hond
          echter ─────────.
          Daarom verzoek ik u mij de boete van 20 gulden kwijt te
          schelden.
          Bovendien ───────── tegen de manier waarop de agenten
          tegen mij zijn opgetreden.

          Hopende ─────────, teken ik,
          hoogachtend,



          A.J. Vermeulen-Zandstra
          adres ─────────

          Bijlage: kopie
```

19 SPREKEN   *Middellange opdrachten*

U hoort drie gesprekjes op de cassette. Maak aantekeningen terwijl u luistert. Vertel met wie u het eens bent en waarom.

20 SPREKEN *Lange opdracht*

U moet twee minuten over deze
afbeelding spreken.
Denk daarbij aan:
- milieu(on)vriendelijke producten
- grondstoffen
- afval
- hergebruik
- levensmiddelen
- welvaart

Len

21 LUISTEREN *Meerkeuzevragen*

Hieronder staat een aantal vragen en beweringen bij het luisterstuk 'Broeikaseffect I'.
Kruis aan wat juist is.

1. Dit luisterstuk is een gedeelte van een vrij lang radioprogramma, waarin
   verschillende mensen aan het woord komen. Het blijkt duidelijk in welk
   stadium van het programma dit gedeelte te horen was.
   Dit gedeelte was te horen
   a. aan het begin van het programma.   ✗
   b. halverwege het programma.
   c. aan het eind van het programma, als conclusie.
2. Volgens de presentator bestaat de kans dat de temperatuur op aarde zal
   stijgen. Waardoor zou dat kunnen komen?
   a. Doordat de deken die om de aarde komt te liggen, dikker zou worden.
   b. Doordat er factoren zijn die buiten de menselijke activiteiten om een
      rol zouden spelen.   ✓
   c. Door de gassen die door de verbranding van olie, kolen en gas in de
      dampkring komen.

3. Waar wijst Lucas Reijnders op?
   a. Op de manier waarop het broeikaseffect ontstaat.
   b. Op de ernstige gevolgen die het broeikaseffect heeft.
   c. Op het feit dat het broeikaseffect een proces van jaren is.

4. Welke eigenschap hebben de gassen die het broeikaseffect veroorzaken?
   a. Ze laten te veel zonnewarmte door.
   b. De warmte die de aarde uitstraalt, wordt door deze gassen tegen-
      gehouden.
   c. De gassen vermenigvuldigen zich.

5. Het broeikaseffect ontstaat voor 80 procent door kooldioxide.
   a. Dat is waar.
   b. Dat is niet waar.

6. Hoe ontstaat lachgas?
   a. Door onder andere het gebruik van aardgas.
   b. Door onder andere omzetting van mest in de bodem.
   c. Door onder andere het gebruik van piepschuim.

7. De temperatuur op onze aardbol heeft in het verleden ook geschommeld.
   Dat werd veroorzaakt door
   a. natuurlijke omstandigheden.
   b. menselijk handelen.
   c. een combinatie van a en b.

8. Dit programma was (meerdere antwoorden zijn juist)
   a. een onderwijsprogramma.
   b. een kinderprogramma.
   c. een programma waarin luisteraars vragen mogen stellen.
   d. een actualiteitenprogramma.
   e. een cultureel programma.
   f. een programma over het klimaat.

22 LUISTEREN *Meerkeuzevragen*

Hieronder staat een aantal vragen en beweringen bij het luisterstuk 'Broeikaseffect II'.
Kruis aan wat juist is.

1. Wie, zegt de presentator, zijn zich vooral de laatste tientallen jaren
   voor het broeikaseffect gaan interesseren?
   a. Mensen die zich met de natuur bezighouden.
   b. Mensen die zich met het weer bezighouden.
   c. Mensen die zich met luchtvervuiling bezighouden.

2. Als het broeikaseffect niet zou bestaan,
   a. was de temperatuur op aarde 30 graden lager.

b. was de lucht aanzienlijk minder vervuild.

c. was de temperatuur op aarde beter geregeld.

3. De grote schommelingen van de temperatuur op aarde werden uitsluitend veroorzaakt door het CO2-gehalte in de lucht.

a. Dat is waar.

b. Dat is niet waar.

23 LUISTEREN   *Woorden invullen*

Luister naar de tekst en schrijf de ontbrekende woorden op.

Herinnering aan Holland

Denkend aan Holland
zie ik brede _____
traag door oneindig
laagland gaan,
rijen _____
ijle populieren
als hoge pluimen
aan den einder staan;
en in de _____ ruimte verzonken
de boerderijen
_____ door het land,
boomgroepen, dorpen,
geknotte torens,
kerken en olmen
in een _____ verband.
de lucht hangt er laag
en de zon wordt er _____
in grijze veelkleurige
dampen gesmoord,
en in alle gewesten
wordt de stem van het _____
met zijn eeuwige rampen
gevreesd en _____

Uit: H. Marsman, *Verzameld werk. Poëzie, proza en critisch proza*

1 TEKST

Economie

vage

1   Een gemakkelijke maar vage manier om de economische wetenschap te definiëren is het vak te omschrijven als 'alles waar economen zich beroepshalve mee
  bezighouden'. Wil men het preciezer bepalen, dan zijn er twee mogelijke benaderingen: een algemene en een specifieke.
5   Vanuit een algemene benadering zou men kunnen zeggen dat de economische
  wetenschap bestaat uit het bestuderen van de doelgerichte keuze in situaties
  waarin beperkingen het onmogelijk maken om ten volle het gewenste doel te
  bereiken. Beperkingen betekenen dat er schaarste is en dit brengt met zich mee
  dat men moet afwegen. Grond is bijvoorbeeld schaars in Nederland. Afwegen
10   wat het optimale gebruik van grond is, voor landbouw, huizenbouw of indus-
  trieterrein, is een typisch economisch vraagstuk. Schaarste is onontkoombaar
  voor de samenleving en voor het individu. Een mensenleven is eindig en dus is
  tijd schaars. Er moet gekozen worden hoe die tijd het best besteed kan worden:
  welke opleiding, welke baan, welke partner, al dan niet kinderen nemen, al dan
15   niet deelnemen aan verenigingsactiviteiten. Al deze beslissingen behoren
  volgens de algemene benadering tot het terrein van de economische
  wetenschap. Deze eerste benadering legt nauwelijks beperkingen op aan het
  terrein waarop de econoom zich kan bewegen.
  Meestal echter wordt het terrein inhoudelijk scherper afgebakend. Volgens de
20   specifieke benadering bestudeert de economische wetenschap het doelgerichte
  keuzegedrag in situaties waarin de schaarste betrekking heeft op goederen en
  diensten. 'Goederen en diensten' dient daarbij ruim opgevat te worden als alle
  goederen en diensten die op de markt worden verhandeld (auto's, haar knippen) en die via de overheid worden verzorgd (defensie, onderwijs). Het betreft
25   financiële goederen en diensten (obligaties, aandelen, verzekeringen), immate-
  riële zaken als politiebescherming en rechtspraak en zelfs goederen en diensten
  die in de huishoudelijke kring of via vrijwilligerswerk tot stand komen (bejaar-
  denzorg).

Naar: Floor van Herwaarden e.a., *Economie*, in: *Het Cultureel Woordenboek*

a. Weet u welke zin in deze tekst een indirecte vraagzin is?
b. In deze tekst komen veel vaste combinaties met preposities voor.
   Zoek er ten minste vijf op.
c. Haal het woord 'onontkoombaar' uit elkaar en leg uit wat het betekent.

d. Zijn onderstaande begrippen volgens u 'goederen en diensten' zoals bedoeld in deze tekst?

drinkwater *goed*   onbetaald werk *dienst*
zonne-energie *goed*   zeewater *goed*
stofzuigen *dienst*   *het zand* in:

De invloed van matige wind op kleren

Ga je naar het strand? Mag ik
als je terugkomt het zand
uit je schoenen voor de
bodem van mijn aquarium?

Uit: K. Schippers, *Een leeuwerik boven een weiland*

2   LEZEN   *Meerkeuzevragen*

Hieronder staat een aantal vragen en beweringen. Kruis aan wat juist is.

1. In regel 2 en 3 van deze tekst staat als definitie voor economie: 'alles waar economen zich beroepshalve mee bezighouden.' Vindt de schrijver deze definitie duidelijk?
   a. Ja, dat blijkt uit het woord of de woorden _____ .
   b. Nee, dat blijkt uit het woord of de woorden *vage* ___ .
2. 'Men zou kunnen zeggen dat de economische wetenschap bestaat uit het bestuderen van de doelgerichte keuze in situaties waarin beperkingen het onmogelijk maken om ten volle het gewenste doel te bereiken.' (Regel 5-8) Waarom kan men het gekozen doel niet ten volle bereiken?
   a. Er is niet genoeg grond beschikbaar om te doen wat men wil.
   b. Er moet rekening gehouden worden met schaarste op een bepaald gebied.
   c. Er moet een keuze gemaakt worden om het gewenste doel te bereiken.
3. 'Afwegen' (regel 9) betekent:
   a. Bepalen wat het belangrijkste is.
   b. Weten waarom iets schaars is.
   c. Schaarste brengt beperkingen met zich mee.
4. Wat hebben 'auto's' en 'haar knippen' (regel 23-24) met elkaar gemeen?
   a. Dat ze allebei geld kosten.
   b. Dat je op de markt in een stad of dorp zowel een auto kunt kopen als je haar kunt laten knippen.
   c. Dat ze allebei door de overheid verzorgd worden.

5. Als men het over de economische wetenschap heeft, heeft men het doorgaans
   over
   a. de economische wetenschap in de algemene opvatting.
   b. de economische wetenschap in de specifieke opvatting.
   c. de economische wetenschap in beide opvattingen.

Open vraag

In de tekst staat: 'Er moet gekozen worden hoe (die) tijd het best besteed kan
worden' (regel 13). In de tekst staan voorbeelden. Geef er zelf ook nog een paar.

3 VOCABULAIRE   *Bij de introductietekst*

Gesprek tussen een VWO-er die nog op school zit (a) met een studiekeuzeadviseur (b).

Studiekeuze

afwegen, doel, keuze, omschrijven, overheid, specifiek, ten volle, wetenschap

a. Ik vind het zo moeilijk een _____keuze_____1 te maken. Er zijn zo verschrikkelijk
   veel studiemogelijkheden. Daarom kom ik eens met u praten.
b. Ja, dat begrijp ik ten 2 volle 2. Je moet goed tegen elkaar afwegen 3
   welk doel 4 je voor ogen staat. Wil je de overheid 5 in, bijvoorbeeld
   onderzoek doen bij de universiteit, of wil je een baan bij het bedrijfsleven of
   de wetenschap 6? Kun je enigszins omschrijven 7 wat voor werk je zou ambië-
   ren? Heb je een specifieke 8 belangstelling?

*inhoudelijk, opvatten, precies, samenleving, terrein, vaag, zich bewegen,
zich bezighouden*

a. Ja, ik houd 9 me 9 graag bezig 9 met de rol van de mens
   in de samenleving 10.
b. Wat je nu zegt, is behoorlijk vaag 11. Daar kan ik niets mee.
a. Hoe kunt u dat nou zeggen?
b. Je moet mijn woorden niet verkeerd opvatten 12 maar je moet je iets
   preciezer 13 uitdrukken. Kun je niet wat duidelijker zeggen wat je bedoelt? Op welk terrein 14 zou je je 15 dan willen bewegen 15?
a. Dat is moeilijk te zeggen. Ik zou wel liever inhoudelijk 16 werk willen doen
   dan organisatorisch.

afbakenen, bepalen, beroepshalve, bestaan, bestuderen, gericht,
met zich meebrengen, onontkoombaar, rechtspraak, tot stand komen

a. Neem nou bij voorbeeld de _rechtspraak_ 17. Ik vind vaak dat jonge crimi-
   nelen ten onrechte in de gevangenis gestopt worden, wat allerlei gevolgen
   met 18 _zicht_ 18 _meebrengt_ 18 voor de rest van hun leven.
   Dan hebben zij geen blanco strafregister meer.

b. Ah, nu kunnen wij wat gerichter praten dan zoëven. Met een rechtenstudie
   kun je veel kanten op. Je hebt een brede belangstelling, maar je zult je gebied
   moeten _bestuderen_ 19, dat is _onontkoombaar_ 20. Je zult dus een keuze moeten
   maken. Ik zit _beroepshalve_ 21 in een commissie voor studiekeuze. Via ons is
   er een boekje _tot_ 22 _stand_ 22 _gekomen_ 22. Het _bestaat_ 23
   uit vijftien hoofdstukken, ieder hoofdstuk _is gericht_ 24 op een bepaalde
   studie en de mogelijkheden die deze studie biedt. Dit boekje moet je maar
   eens goed _bestuderen_ 25. Als je je studiekeuze _afgebakend_ 26 hebt, moet je
   maar een nieuwe afspraak maken.

4 GRAMMATICA *Indirecte vraagzinnen*

Voorbeeld:

Hoe kan tijd het best besteed worden?

Er moet gekozen worden *hoe tijd het best besteed kan worden.*

1. Wat is de omschrijving van economie?
   Ik wil weten _wat de omschrijving van economie is._

2. Welke twee benaderingen zijn er van economie?
   In de tekst staat _welke twee benaderingen van economie er zijn._

3. Waarom moeten wij doelgerichte keuzes maken?
   Het is duidelijk _waarom wij doelgerichte keuzen moeten maken._

4. Waar houden economen zich mee bezig?
   Is het mogelijk precies te definiëren _waar economen zich mee bezighouden_?

5. Wanneer is er sprake van goederen en diensten?
   Heeft u een idee _wanneer er sprake van goederen & diensten is_?

6. Wat is schaars in Nederland?
   Kunt u mij vertellen _wat schaars is in Nederland._

7. Hoe moet ik het begrip goederen en diensten opvatten?
   Ik probeer te begrijpen _hoe ik het begrip goederen & diensten moet opvatten._

8. Wat heeft rechtspraak met economie te maken?
   Hier kun je lezen _wat rechtspraak met economie te maken heeft / heeft te maken._

5 GRAMMATICA *Indirecte vraagzinnen*

Bedenk het vraagwoord en maak een indirecte vraagzin.

Voorbeeld:

Dit meisje komt uit Indonesië.

waar

Weet u waar dit meisje vandaan komt?

1. Ze woont nu in Amsterdam. *Weet je waar ze nu woont?*
2. Ze wil naar Frankrijk. *Weet je waar ze naartoe wil*
3. Ze gaat met de trein naar Parijs. *Weet je waarnaartoe ze op vakantie wil gaan.*
4. Ze komt over een maand weer terug. *Weet je wanneer ze weer terug komt,*
5. Het retourtje heeft ze al gekocht. *Weet je of ze het retourtje al gekocht heeft,*
6. Ze gaat een vriendin opzoeken. *Weet je wie ze gaat opzoeken*
7. Haar vriendin heet Louise. *Weet je hoe haar vriendin heet.*
8. Ze neemt de trein van 8 uur. *Weet je welke trein ze gaat nemen.*
9. De trein vertrekt van spoor 5. *Weet je van welke spoor haar trein vertrekt*
10. Ze arriveert op het Gare du Nord. *Weet je aan welke station ze arriveert?*

6 GRAMMATICA *Indirecte vraagzinnen*

Maak aan de hand van het krantenberichtje vraagzinnen met *wie, wat, waar* (+ prepositie), *wanneer, waarom, welk(e), hoe* en *hoeveel.* Maak er daarna indirecte vraagzinnen van door de onderstaande zinnen aan te vullen.

Voorbeeld:

Wat is GFT-afval?

Weet u wat GFT-afval is?

GFT-afval vervuild met 100.000 mesjes

HILVERSUM, 6 JUNI. De Vuil Vervoer Maatschappij (VAM) haalt jaarlijks circa honderdduizend aardappelschilmesjes uit het GFT-afval. Dit groente-, fruit- en tuinafval wordt apart ingezameld en vervolgens verwerkt tot compost. Per ton afval bevindt zich gemiddeld één aardappelschilmesje dat na het schillen van de aardappelen met schillen en al in een krant is weggegooid. De VAM gooit de mesjes niet weg, maar deelt ze tijdens excursies aan de bezoekers uit.

Uit: *NRC Handelsblad*

(In willekeurige volgorde)

Er staat in de krant ——————— .
Weet jij ——————— .
Ik vraag me af ——————— .
In het artikel kun je lezen ——————— .
Ze schrijven ——————— .
Uit het artikel blijkt (niet) ——————— .
Heeft u enig idee ——————— .
Ik zou willen weten ——————— .
Heb je gelezen ——————— .

7 **GRAMMATICA** *Woordvolgorde* H

In onderstaande tekst zijn woorden weggelaten die voorafgaand aan iedere zin tussen haakjes worden gegeven. Vul deze in de tekst in. Begin de zin nooit met het woord of de woorden tussen haakjes.

Van honderd losse guldens tot een briefje van honderd:
de list van een PTT'er. Een anekdote

1. [vroeger] Wie klein geld nodig had, kon bijvoorbeeld met een briefje van honderd naar een bank gaan en het wisselen.
2. [in principe] U kon er dus honderd gulden aan klein geld voor terugkrijgen.
3. [echter] Een slimmerik kwam op een gegeven moment op de gedachte eens uit te rekenen hoeveel tijd aan administratiewerk die handelingen kostten.
4. [naar verwachting] De bankbeambte kwam tot een gigantische kostenpost.
5. [voortaan] Wisselen zou geld moeten gaan kosten.

6. [elke dag] Een man uit Amsterdam stopte alle losse guldens die hij kreeg in een jampot.
7. [helemaal], [ermee] Toen de pot vol was, ging hij naar het postkantoor.
8. [achter het loket], [hem] Hij gaf de beambte honderd losse guldens en vroeg ze te wisselen tegen een briefje van honderd gulden.
9. [eerst]; [namelijk] De beambte zei dat niet te mogen doen; los geld wisselen is niet rendabel voor de PTT.
10. [opeens] Toen kreeg hij een lumineus idee.
11. [misschien] Hij vroeg aan de klant of die een girorekening had.
12. [inderdaad] Dat had de man.
13. [maar even] 'Vult u dit stortingsformulier in', zei de beambte.
14. [nu maar] 'Stort u honderd gulden op uw rekening.'
15. [de beambte] De man gaf de honderd losse guldens.

16. [daarna] Wie namelijk honderd losse guldens op zijn girorekening stort, kan het bedrag er onmiddellijk weer afhalen.

17. [op die manier] Van honderd losse guldens wist de man een briefje van honderd te maken.

18. [zo] Je kunt je afvragen wat er kostenbesparend is aan zulke lokethandelingen.

19. [later] Op het rekeningafschrift dat de man van de PTT krijgt, is er een verschil van twee dagen tussen opname en storting.

20. [tot zijn verbazing] De man ziet dat hij twee dagen eerder geld heeft opgenomen dan gestort.

21. [twee dagen] Hij had dus, in geval van een lege rekening, honderd gulden rood gestaan.

Informatie ontleend aan: *Weekboek Loket, Vrij Nederland*

8 TEKST

Hieronder volgt een stukje dat een Engelsman en een Amerikaan schreven over het koopgedrag van de Nederlander. Moppen over Nederlanders gaan meestal over hun krenterigheid.

Koopjesjacht

1 Hollanders slaan graag hun tijd stuk met kriskras winkelen, om hun voordeel te
   doen met aanbiedingen en koopjes. Ze trekken rustig twee uur extra uit om vijf
   cent op een blik bonen te kunnen besparen. Sommigen besteden zelfs meer aan
   vervoer dan zij met hun koopje verdienen.
5 Bij het kleren kopen grazen zij alle rekken af, panisch op zoek naar een enigszins
   vuil of beschadigd artikel. Want ze vinden dat ze dan korting kunnen eisen. Vinden ze iets dergelijks, dan zullen ze het kopen, of het nu past of niet. Het ding kan
   altijd bewaard worden voor een verjaardag of tot de kinderen er groot genoeg
   voor zijn, of in reserve worden gehouden voor plotseling aankomen of afvallen.
10 In het grootste deel van Europa start de winteruitverkoop begin januari. Jammer
   voor de Nederlanders dat Sinterklaas niet in januari valt, dan zouden ze heel wat
   guldens in hun zak kunnen houden. Winteruitverkoop is in veel landen een
   gewelddadige gebeurtenis. De Hollandse versie is ronduit levensgevaarlijk.
   Het hele jaar door zijn er aanbiedingen in overvloed: 'uitverkopen', 'acties', 'aan-
15 biedingen' en 'reclame'. Maar niets maakt zoveel los als de aankondiging 'Alles
   moet weg!'

— Bij kortingen geldt een doolhof van ingewikkelde en verwarrende regels. Een bui-
— tenlander zou het equivalent van een academische graad nodig hebben om het
— systeem in zijn voordeel te laten werken.
20 Hollanders schijnen met dat vermogen geboren te worden. Om de omvang van
— het probleem te schetsen: wel negentien verschillende soorten van korting staan
— beschreven in het spoorboekje.

Naar: Colin White en Laurie Boucke, *The Undutchables: Leven in Holland*

9   **LEZEN**   *Meerkeuzevragen*

Hieronder staat een aantal vragen en beweringen bij 'Koopjesjacht'. Kruis aan wat juist is.

1. Wat is de toon van deze tekst?
   a. Serieus.
   b. Propagandistisch.
   c. Ironisch.
   d. Onderwijzend.

2. Welke van de volgende beweringen zijn juist?
    a. Hollanders proberen zoveel mogelijk uit te sparen.
    b. Hollanders besteden soms meer geld aan het vervoer dan aan het koopje.
    c. Hollanders hebben er veel voor over om iets met korting te kunnen krijgen.
    d. In Nederland bestaat een winteruitverkoop.
    e. De winteruitverkoop is er speciaal met het oog op Sinterklaas.
3. Als een Nederlander de kans krijgt een vuil of beschadigd artikel te kopen,
    a. meent hij recht te hebben op korting.
    b. is hij zeker van korting.
    c. overweegt hij of hij het zal nemen.
4. Volgens de auteurs moet een buitenlander doctorandus zijn om profijt te hebben van de Nederlandse uitverkoop.
    a. Waar.
    b. Niet waar.
5. In het spoorboekje staan
    a. meer dan 19 verschillende soorten korting.
    b. 19 verschillende soorten korting.
    c. minder dan 19 verschillende soorten korting.

Open vraag

Waarom maakt niets bij de Nederlanders zoveel los als de aankondiging 'Alles moet weg'?

10 VOCABULAIRE   *Bij de tekst (5.8)*

De woorden onder **a** komen in de tekst 'Koopjesjacht' voor.
Welke woorden onder **b** betekenen vrijwel hetzelfde als die in de tekst?
Schrijf ze naast elkaar op. Probeer zo min mogelijk het woordenboek te raadplegen.
Voorbeeld:
afgrazen - langs gaan

  a. afgrazen - doolhof - enigszins - heel wat - ingewikkeld - kriskras - losmaken - omvang - overvloed - panisch - ronduit - schetsen - starten - stukslaan - vermogen
  b. beginnen - capaciteit - een beetje - gecompliceerd - grootte - grote hoeveelheid - hysterisch - illustreren - labyrint - langs gaan - lukraak - teweegbrengen - veel - verdoen - werkelijk

11 TEKST

De Nederlandse gulden

Arie Kooistra
Frederiksstraat 12
1014 KC Amsterdam
Eigen adres / afzender

Aan de Redactie van De Volkskrant
t.a.v. de rubriek 'Geachte Redactie'
→ de geadresseerde

plaats,
28 februari 1995 *de datum → Betreft: klacht*

Geachte Redactie, *(of : Beste)*
graag
Gaarne wil ik het volgende onder uw aandacht brengen.
Ik woon in de buurt van het Frederiksplein in Amsterdam.
Zoals u bekend is, is aldaar de Nederlandse Bank geves-
tigd. Ik maak me de laatste tijd zeer ongerust. Het gaat   *?*
vast niet zo best met de gulden. Wie woont en werkt in
de omgeving van het Frederiksplein in Amsterdam, wordt
namelijk meermalen per dag opgeschrikt door zenuw-
slopend sirenegegil, een wijze waarop de politie geld-
transporten van en naar de Nederlandse Bank meent te
moeten begeleiden.
Voor ambulances kan ik me dat alarmerende geweld
voorstellen, maar is de Nederlandse gulden, 'God zij met
ons', zo zeer in levensgevaar dat een dergelijke
geluidsoverlast te rechtvaardigen valt?
Gaarne zou ik zien dat deze brief in uw krant geplaatst
wordt.

(Inmiddels verblijf ik,*)* *niet nodig*
hoogachtend,

Arie Kooistra

Schrijf zelf een brief aan de redactie van een krant over iets waar u zich aan ergert.

12 GRAMMATICA   *Zinnen van vergelijking*

Maak een zin met '(als)of'.

Voorbeeld:

Zou de gulden in gevaar zijn?

Het lijkt wel (als)of de gulden in gevaar is.

1. Zou het niet goed met de Nederlandse gulden gaan? De politie doet net alsof _____ .
2. Is er in de buurt van het Frederiksplein soms een ziekenhuis? Het lijkt wel alsof _____ .
3. Is de gulden soms in levensgevaar? De Nederlandse bank doet net alsof _____ .
4. Zou er iemand bijna sterven? De sirenes gillen net alsof _____ .
5. Zou er meermalen per dag iemand op de Nederlandse Bank bijna dood gaan? Voor de mensen die wonen en werken in de buurt van het Frederiksplein is het net alsof _____ .
6. Zou de Amsterdammer die de brief schrijft, echt ongerust zijn? De Amsterdammer reageert net alsof _____ .
7. Zou de politie denken dat een geldtransport een ambulance is? De politie doet net alsof _____ .
8. Is een dergelijke geluidsoverlast niet hinderlijk? De mensen bij de Nederlandse Bank doen net alsof _____ .

13 VOCABULAIRE   *Financieel-economische termen*

Vul in de onderstaande zinnen de woorden in. Niet alle woorden komen in eerder aangeboden teksten voor.

aandeel, aflossen, dividend, lening, obligatie, rente

1. Vrienden van mij wilden een nieuwe auto kopen. Ze hebben bij de bank een _lening_ afgesloten tegen een hoge _rente_ . Maandelijks moeten ze een bepaald bedrag _aflossen_ .
2. _Die verdienen_ kopen betekent geld lenen aan de overheid of aan een groot bedrijf.
3. _Aandelen_ kopen betekent mede-eigenaar worden van een N.V.
4. Dit bedrijf heeft weer _obligaties_ uitgekeerd.

de baat - voordeel

balans, baten, credit, debet, investeringskrediet, jaarverslag

5. In een balans staat links het ___credit___, of het tegoed, en rechts
   het ___debet___, of de schuld, genoteerd.
6. Als de lasten hoger zijn dan de ___credit___ is er van winst geen sprake meer.
7. Aandeelhouders zijn zeer geïnteresseerd in het ___baten___ van de desbetreffende onderneming dat meestal in het eerste kwartaal van het nieuwe
   jaar gepubliceerd wordt.
8. Begin januari zijn veel winkels een dag gesloten, dan wordt de ___jaarverslag___
   opgemaakt.
9. Een bedrijf leent geld om bijvoorbeeld machines of vrachtwagens aan te
   schaffen. Zo'n lening heet een ___investerings krediet___

bruto, devalueren, inflatie, koers, netto, prijscompensatie

10. De ___koers___ van de Amerikaanse dollar is aan schommelingen onder-
    hevig.
11. De minister van financiën stelt vast wanneer een munteenheid ___devalueert___.
12. Op een salarisstrookje staan het ___netto___ en het ___bruto___ salaris
    vermeld.
13. In dit land moet je zelfs de kleinste dingen met steeds dikkere stapels bankbil-
    jetten betalen. De ___inflatie___ is enorm.
14. Een loonsverhoging die dient om de prijsverhogingen op te vangen zodat
    de koopkracht van het loon gelijk blijft, noemt men ___prijscompensatie___

consument, failliet, monopoliepositie, privatiseren, producent, protectionisme

15. Dit staatsbedrijf had lang een ___monopoliepositie___, maar nu is het ___privatiseert___.
16. Er worden meer mensen werkloos naarmate er meer bedrijven
    ___failliet___ gaan.
17. Als het slecht gaat met de economie probeert een land de eigen handel te
    beschermen, dat wordt ___protechionisme___ genoemd.
18. De ___producent___ probeert door middel van reclame het koopgedrag van de
    ___consument___ te beïnvloeden.

14 TEKST

Europese definitie van banaan zaait verwarring

Door een onzer redacteuren
ROTTERDAM, 22 SEPT. Een nieuwe Europese kwaliteitsstandaard voor bananen heeft voor commotie gezorgd. Volgens nieuwe voorschriften uit Brussel, die vanaf begin volgend jaar van kracht zijn, moet een banaan minstens 14 centimeter lang zijn, en dikker zijn dan 27 millimeter. Bovendien moet de Euro-banaan 'vrij zijn van een abnormale kromming'.
Latijns-Amerikaanse bananen, die doorgaans groter en rechter zijn dan die uit andere zuidelijke landen, voldoen in de regel aan de nieuwe norm, maar die uit veel andere landen niet. De zuidelijke regio's zoals de Algarve, Kreta of de Canarische Eilanden, waar bananen worden verbouwd, krijgen een ontheffing van de voorschriften 'vanwege speciale weersomstandigheden'.
Het besluit heeft tot klachten geleid over protectionisme van de EU, met name tegenover bananenproducenten uit het Caraïbische gebied waar de bananen kleiner van stuk zijn, en meer gekromd.
Tot vorig jaar was de import van bananen in Europa verdeeld langs geografische scheidslijnen. Het Verenigd Koninkrijk en Frankrijk importeerden voornamelijk uit het Caraïbische gebied, de zuidelijke landen van de EU verbouwden zelf bananen en de rest van de Unie importeerde ze uit Zuid-Amerika. Om een gezamenlijk importbeleid voor bananen door te voeren, moest de banaan eerst worden gedefinieerd.
Met name in het Verenigd Koninkrijk en Duitsland is het bananenbesluit onthaald als het zoveelste bewijs van lachwekkende bureaucratische bemoeienis van Brussel. Een zegsman van de Europese Commissie heeft inmiddels verklaard dat de eisen die Brussel stelt aan de banaan lichter zijn dan die van de bananenindustrie zelf.

Uit: *NRC Handelsblad*

15 PREPOSITIES

Vul in.

Europese definitie van een banaan

Een nieuwe Europese kwaliteitsstandaard ___voor___ [1] bananen heeft ___voor___ [2] commotie gezorgd. De nieuwe voorschriften hebben betrekking ___op___ [3] de lengte, de dikte en de kromming ___van___ [4] de Euro-banaan. De norm is ___tot___ [5] stand gekomen omdat de Europese Unie een gezamenlijk importbeleid wil doorvoeren.
De import ___van___ [6] bananen was ___tot___ [7] nu toe geografisch verdeeld. Engeland en Frankrijk kochten bananen ___uit___ [8] het Caraïbische gebied. De zuidelijke landen die ___tot___ [9] de EU behoren, hadden zelf bananen ___in___ [10] overvloed. De andere EU-landen importeerden bananen ___uit/van___ [11] Zuid-Amerika. Latijns-Amerikaanse bananen voldeden ___in___ [12] de regel ___aan___ [13] de nieuwe norm, maar bananen ___uit___ [14] het Caraïbische gebied niet. Het Brusselse besluit heeft daarom ___tot___ [15] klachten ___over___ [16] protectionisme geleid. 'De EU houdt zich weer eens ___met___ [17] iets lachwekkends bezig', zo luidde ___met___ [18] name het Engelse en Duitse commentaar. Men krijgt de indruk dat de werkzaamheden ___van___ [19] de EU voornamelijk ___uit___ [20] het meten ___van___ [21] bananen bestaan.
'Een gezamenlijk importbeleid brengt zulke besluiten nu eenmaal ___met___ [22] zich mee', aldus een EU-zegsman. 'We zijn voortdurend ___op___ [23] zoek ___naar___ [24] het beste. Dat betekent dat er soms beperkingen opgelegd worden ___aan___ [25] producten maar de bananenindustrie zelf stelt zwaardere eisen ___aan___ [26] de producten dan wij.'

16 UITDRUKKINGEN

Gebruik de volgende uitdrukkingen in de tekst.

[Iets] aan de man brengen *een nieuwe product bv. verkopen*
[Iets] op de koop toe nemen *iets extras geaccepteren (in kauf nehmen)*
Binnen de perken blijven *binnen de grenzen blijven*
Orde op zaken stellen *alles weer netjes maken*
Een dubbeltje op zijn kant *veel risico*
[Zijn] schaapjes op het droge hebben *positief / omdat land lager dan zee, loopt geen risico meer.*
Het gras wordt onder je voeten weggemaaid *een concurrent wil dijk sterker maken*
(Geen) zoden aan de dijk zetten
Op de fles gaan *bankrot zijn*
hebben / geen succes meer hebben
het product zet zoden aan de dijk (het heeft succes gehad)

Als je een nieuw product ___aan de man___ wilt ___brengen___, moet je wel eerst een degelijk marktonderzoek doen. Zonder dat onderzoek _____ het op de markt brengen van een product _____. Zo'n onderzoek brengt hoge kosten met zich mee, maar die moet je _____. Ze moeten natuurlijk wel _____.
Als je eenmaal besloten hebt te gaan produceren, is het nog altijd _____ of je je investeringen eruit krijgt. Geef pas bekendheid aan je nieuwe product, wanneer je _____ wat je verkooporganisatie betreft. Anders gaat iemand je beconcurreren met een product dat bijna hetzelfde is en _____. En dan kan je bedrijf _____.
Het lukt slechts een enkeling iets zo bijzonders te vervaardigen, dat hij al na een paar jaar _____, dus maak je maar geen illusies.

17 SCHRIJVEN   *Aanvullen*

1. Voordat je een nieuw product op de markt brengt, moet je als fabrikant goed afwegen _____. Anders kunnen er grote moeilijkheden ontstaan.
2. Door een dreigend tekort aan aardgas _____.
3. Grond is schaars in Nederland. Dat komt _____.
4. Sommige mensen lukt het helaas niet een eigen bedrijf op te zetten, omdat zij zich er niet voldoende op hadden voorbereid. Anderen daarentegen _____.
5. Wegens bezuinigingen _____. De vakbonden hebben zich hier uiteraard tegen verzet.
6. Ik volg iedere dag nauwlettend de beursberichten. _____. In de tweede plaats wil ik weten hoe hoog de koers van het aandeel is dat ik net bij de bank heb gekocht.
7. De meeste winkeliers houden graag uitverkoop, want _____.
8. De boeren zijn ontevreden. Ze vinden namelijk dat _____.
9. Sommige artikelen worden tegen een sterk gereduceerde prijs verkocht. Je moet echter niet denken _____.
10. De meeste winkeliers stallen hun goederen op een zeer aantrekkelijke wijze uit. Zo worden mensen ertoe verleid _____.
11. Een bedrijf zou gemakkelijk failliet kunnen gaan als _____.

18 SCHRIJVEN *Opstel*

'Europese definitie van banaan zaait verwarring'

U heeft het artikel gelezen over bananen en de Europese Unie. De in Europa verbouwde banaan hoeft niet aan de eisen te voldoen die voor bananen van buiten de Europese Unie gelden. Dit is een vorm van protectionisme. Protectionisme betekent: bescherming van eigen handel en industrie. Protectionisme kan alle producten betreffen.

Hoe denkt u over protectionisme? Schrijf een opstel van minimaal 150 woorden waarin u uw mening geeft en toelicht.

19 SPREKEN *Korte opdrachten*

Lees de tekst en luister naar de cassette. Spreek uw reactie in.

1. U zit aandachtig naar de beursberichten op teletekst te kijken.
   Uw zusje komt de kamer binnen.
2. Een studiegenoot ziet op uw bureau allerlei vakantiefolders liggen.
3. Een vriendin belt u op met een vraag.

20 SPREKEN *Lange opdracht*

U moet spreken over de tabel op de volgende bladzijde.

Lees de titel van de tabel en bekijk de kolommen.
1. Wat wordt in deze tabel vergeleken?
2. Wat valt u op bij de cijfers van de 'veehouderijproducten'? Probeer een uitleg te geven.
3. Welke verklaring kunt u geven voor de cijfers bij 'bosbouw'?
4. Had u andere cijfers verwacht bij 'visserij'? Motiveer uw antwoord.
5. Aan welke producten besteedt Nederland het meest in het buitenland?
   Probeer hier een verklaring voor te geven.

Totale import en export van producten van agrarische herkomst en de visserij

in mld gulden	import	export
	1992	1992
Akkerbouwproducten	19,0	22,4
Tuinbouwproducten	6,5	16,3
Veehouderijproducten	8,6	21,9
Totaal land- en tuinbouwproducten	34,1	60,6
Bosbouw	1,8	0,5
Visserij	1,5	2,4
Totaal agrarische producten	**37,4**	**63,5**

Informatie ontleend aan: CBS, *Feiten en cijfers 1994*

21 SPREKEN *Lange opdracht*

Besteed aandacht aan punt **a** en punt **b**.

a. Vertel waar u in Nederland reclame heeft gezien of gehoord.
Welke vindt u goed en welke vindt u slecht, welke is u speciaal opgevallen?
Is de manier van reclame maken in uw eigen land anders dan in Nederland?

b. Wat is het doel van reclame?
Bereikt reclame altijd zijn doel?
Wanneer vindt u reclame ongeoorloofd?

22 LUISTEREN *Meerkeuzevragen*

Hieronder staat een aantal vragen en beweringen bij het luisterstuk 'Ondernemer worden, ondernemer blijven'. Kruis aan wat juist is.

1. Waarom is de heer Blom in de studio uitgenodigd?
    a. Omdat hij een boek heeft geschreven over ondernemen.
    b. Omdat hij uit eigen ervaring wil vertellen hoe moeilijk het is ondernemer te zijn. ✓
    c. Omdat hij veel te maken heeft gehad met ondernemers die failliet zijn gegaan.
2. In welke sectoren worden er volgens de heer Blom de meeste nieuwe bedrijven opgericht?
    a. In de sector van het bankwezen.
    b. In de adviserende sector. ✓
    c. In de koop- en verkoopsector.
3. Na vier jaar is meer dan de helft van de nieuw opgerichte bedrijven failliet.
    a. Dat is waar. ✓
    b. Dat is niet waar.
4. De heer Blom ziet een duidelijke parallel in de nieuw opgerichte ondernemingen. Die is
    a. dat de ondernemers als adviseur werken.
    b. dat de ondernemers hun bedrijf zonder anderen kunnen runnen. ✓
    c. dat de ondernemers een winkelbedrijf zijn begonnen.
5. Wat kunnen volgens de heer Blom de motivaties zijn van de zogenaamde 'gedwongen ondernemer' om een onderneming te beginnen?
    (Meerdere antwoorden zijn juist.)
    a. Dagdromen over ondernemerschap.
    b. Ruzie met de werkgever. ✓
    c. Op handen zijnd faillissement van de werkgever. ✓
    d. Altijd zelfstandig hebben willen werken.
    e. Dreigend ontslag.
    f. Het werk niet meer kunnen doen, door een kwaal of handicap. ✓
    g. Eigen faillissement.
6. Een van de motivaties voor de 'gedwongen ondernemer' om een bedrijf te beginnen is volgens de heer Blom, dat men er financieel op vooruit wil gaan.
    a. Dat is waar.
    b. Dat is niet waar. ✓
7. Met welk probleem heeft de 49-jarige verkoper van verf te kampen?
    a. De Belgische klanten kopen geen verf meer.
    b. De klanten betalen de rekeningen niet.

WAO
Wet arbeids ongeschiktheid
geen andere keuze

c. Hij beschikt niet altijd over geld om onmiddellijk inkopen te kunnen
doen. ✗

8. Wanneer mag iemand zich ondernemer noemen?
   a. Wanneer hij kan aantonen dat hij zich goed heeft voorbereid.
   b. Wanneer hij zich heeft laten inschrijven bij de Kamer van Koophandel. ✓
   c. Wanneer hij een goede opleiding heeft gevolgd.

9. Volgens de heer Blom is het bij de voorbereiding op het ondernemerschap
   absoluut nodig tijd te investeren in een studie.
   a. Dat is waar. *Je moet een goede studie volgen* ✓
   b. Dat is niet waar.

Luister nog een keer, maak aantekeningen en schrijf de essentie van dit luisterstuk op.

23 LUISTEREN   *Meerkeuzevragen*

Hieronder staat een aantal vragen en beweringen bij 'Nieuwsberichten'. Kruis aan wat juist is.

Nieuwsbericht I
1. Belgische luchtverkeersleiders hebben uit protest tegen hun arbeidsomstandigheden
   a. twee dagen achter elkaar gestaakt.
   b. het luchtverkeer bij Brussel volledig stilgelegd.
   c. hun werk enige tijd onderbroken.

Nieuwsbericht II
2. Waarvan wordt de gearresteerde hulpverlener verdacht?
   a. Hij deed alsof hij voorzitter was van een hulporganisatie.
   b. Hij heeft zeker zeven jaar lang stichtingen failliet laten gaan.
   c. Hij maakte misbruik van zijn functie wat financiën betreft.

Nieuwsbericht III
3. Waarom zijn de twee Nederlanders veroordeeld?
   a. Omdat ze getankt hadden maar niet wilden betalen.
   b. Omdat ze niet konden betalen en daarom gevlucht zijn.
   c. Omdat ze uit Roemenië gevlucht zijn.

Nieuwsbericht IV
4. Waardoor is de brand veroorzaakt?
   a. Door een gasexplosie.
   b. Dat is niet duidelijk.
   c. Doordat iemand in bed had liggen roken.

Nieuwsbericht V

5. Wat zeggen ze over het verkeer op de autowegen rond Utrecht?
   a. Het verkeer had last van de gladheid.
   b. Er waren overal slippartijen die tot botsingen leidden.
   c. Bij aanrijdingen liepen veel auto's blikschade op.

Nieuwsbericht VI

6. Het project in westelijk Zeeuws-Vlaanderen is bedoeld om
   a. langzaam verkeer voorrang te geven.
   b. het rijgedrag van weggebruikers te verbeteren.
   c. het gebruik van de snelweg te stimuleren.

7. Hoeveel maatregelen worden genoemd om de verkeersveiligheid in westelijk Zeeuws-Vlaanderen te verbeteren?
   a. Twee.
   b. Vier.
   c. Dertig.

Nieuwsbericht VII

8. Wat is de reden dat de boerenorganisaties de besprekingen boycotten?
   a. Ze zijn kwaad omdat ze niet aan het recente onderzoek mochten deelnemen.
   b. Ze vinden dat er geen goed beleid gemaakt kan worden zonder wetenschappelijke gegevens.
   c. Ze vinden de uitstoot van ammoniak niet schadelijk voor het milieu.

1 TEKST

Werk

1   Arbeid, dat is de basis waarop onze hele samenleving berust. En talloze spreek-
—   woorden variëren op ditzelfde thema. 'Arbeid adelt', 'ledigheid is des duivels   *eenwheid*
—   oorkussen', 'rust roest' enzovoort.   *Door arbeid wordt je beter*
—   Arbeid is voor de mens inderdaad zeer belangrijk. Hij ontleent er zijn sociale
5   status aan. Iemand die geen werk heeft, wil niets liever dan weer aan het werk.
—   Er zijn voorbeelden van mensen die werkloos zijn, die zich voor de buurt
—   gedragen alsof zij 's morgens naar hun werk gaan, want wie niet werkt, telt niet
—   mee. Kennelijk voelen mensen zich via hun werk nuttiger, en hebben zij het ge-
—   voel dat zij op die manier een bijdrage leveren aan het maatschappelijke proces.
10 Er bestaan veel soorten arbeid. Allemaal moeten zij gedaan worden, of wij dat
—   nu leuk vinden of niet. Niemand gaat elke dag van het jaar, van zijn 20ste tot
—   zijn 65ste, juichend naar zijn werk. Vanzelfsprekend zitten er negatieve kanten
—   aan ieder werk. Wij zouden er hier enige kunnen noemen, zoals routine, verve-
—   ling, tegenwerking en teleurstelling. Men leert daarentegen ook het genoegen
15 kennen zijn werk goed te kunnen doen, omdat men er al zo lang in zit. Men
—   raakt volkomen vertrouwd met de omgeving waar men werkt. Men kent er alle
—   mensen met wie men in aanraking komt. Men doet er routine op die gedeelte-
—   lijk vervelend, gedeeltelijk opwekkend is. Geen enkele functie is alleen maar
—   leuk, stimulerend of indrukwekkend. Er wordt verschillend gedacht over het
20 feit of een lang dienstverband in iemands voor- of nadeel werkt. Een aantal
—   denkt nog altijd dat het prachtig is ergens een gouden jubileum te halen. Er zijn
—   er ook die om de paar jaar van baan willen veranderen. Met andere woorden,   *?*
—   sommigen zien er hun ideaal in jarenlang hetzelfde werk te doen in dezelfde
—   omgeving. Men komt er als jongste medewerker en blijft er hangen. Anderen
25 - het zijn er meer dan vroeger - denken er goed aan te doen af en toe eens iets
        doen / beginnen   *challenge*
—   nieuws te ondernemen, ergens anders terecht te komen, een uitdaging te
—   aanvaarden. Echter in periodes van grote werkloosheid zal de tendens eerder
—   gaan in de richting van het vasthouden aan wat men heeft en het vermijden van
—   risico's.
    accepteren

Naar: A. Goudvis, *Verantwoord solliciteren*, en: J. Dikkers, *Vrije tijd: Wat doe je ermee?*

a. Het adverbium 'er' verwijst in sommige gevallen naar iets wat bekend
    wordt verondersteld.
    Waar verwijst 'er' naar in: *naar de arbeid*
    'Hij ontleent er zijn sociale status aan.' (regel 4-5)

'Wij zouden er hier enige kunnen noemen.' (regel 13)   *negatieve kanten op het werk*
'(...) omdat men er al zo lang in zit.' (regel 15)   *op het werk*
'Men kent er alle mensen (...).' (regel 16-17)   *op het werk*
Het tweede 'er' in: 'Er zijn er ook die (...).' (regel 21-22)   *op de arbeidsmarkt!*
Zoek nu zelf in de tekst nog een paar zinnen, waarin 'er' naar iets verwijst.

b. Probeer de volgende twee zinnen te herschrijven zonder 'er'.
'Sommigen zien er hun ideaal in om jarenlang hetzelfde werk te doen.'
'Ze denken er goed aan te doen af en toe eens iets nieuws te ondernemen.'

c. Wat betekent hier 'juichend'? (regel 12)   *gelukkig / genieten*

d. Wat is volgens u een 'indrukwekkende functie'? (regel 19)

e. Hoe verklaart u dat er gesproken wordt over 'een gouden jubileum'? (regel 21)

Er worden mensen vergeleken, die het leuk vinden lang in een baan te blijven en andere die vaak hun baan veranderen.

2   LEZEN   *Open vragen*

Beantwoord de volgende vragen.

1. Uit welke spreekwoorden in de tekst blijkt dat werk belangrijk is?
2. Hoe kijkt de omgeving er in de meeste gevallen tegenaan als iemand geen werk heeft, volgens deze tekst?
3. Welke positieve kanten van het dagelijks uitoefenen van een beroep noemt de tekst?
4. Welke negatieve kanten van het dagelijks uitoefenen van een beroep noemt de tekst.
5. Zullen mensen in de toekomst sneller of juist minder snel van baan willen veranderen, volgens de auteurs? Wat denkt u?

3   VOCABULAIRE   *Bij de introductietekst*

beschikbaar   *sociaal / offerbaar*

aanraking, baan, gevoel, kennelijk, maatschappelijk, medewerker, meetellen, negatief, talloos, teleurstelling, terecht, vanzelfsprekend, variëren, via, werkloos

Els had al _talloze_ 1 malen geschreven op advertenties. De _banen_ 2 die werden aangeboden, _varieerden_ 3 van verkoopster tot secretaresse bij een instelling voor _maatschappelijke_ 4 dienstverlening. Na haar opleiding dacht zij dat het _vanzelfsprekend_ 5 was dat zij meteen ergens _terecht_ 6 zou komen, maar zij kreeg steeds een _negatief_ 7 antwoord op haar sollicitatiebrieven, wat een grote _teleurstelling_ 8 voor haar was. Zij kreeg het _gevoel_ 9, dat zij niet _____ 10, omdat zij _____ 11 was.   *meetelde*   *werkloos*

Maar op een dag kwam zij _via_ 12 een vriend van haar toevallig in _aanraking_ 13 met een _mediawerker_ 14 van een groot bedrijf. Ze zochten een secretaresse voor de directeur. Ze hadden _kennelijk_ 15 onmiddellijk iemand nodig, want toen zij belde, werd zij meteen uitgenodigd voor een gesprek.

aanvaarden, indrukwekkend, juichend, omgeving, ondernemen, periode, risico, stimulerend, uitdaging, verveling, zich gedragen

Het kantoor bleek een _indrukwekkend_ 16 gebouw te zijn. De directeur vertelde haar dat zij in een drukke _periode_ 17 zaten, dus voor _verveling_ 18 hoefde zij niet bang te zijn. Het bedrijf ging namelijk stappen _ondernemen_ 19 om de productie uit te breiden. Het is een heel nieuw werkterrein, dus voor het bedrijf ook een _uitdaging_ 20. De directeur vertelde dat ze snel moesten zijn, want ze wilden niet het _risico_ 21 lopen, dat een ander op dit terrein zou beginnen. Els kon de arbeidsvoorwaarden _aanvaarden_ 22 en de dag daarna kon ze beginnen. Zij kwam _juichend_ 23 van het sollicitatiegesprek thuis. Het werk leek haar _stimulerend_ 24. Maar haar zusje zei: 'Nu mag je _je_ 25 wel netjes gaan _dragen_ 25 als je in zo'n deftige _onderneming_ 26 werkt.'

4 **GRAMMATICA**   *Er + prepositie*

Maak het laatste gedeelte van de zin af of voeg een zin toe met 'er' + prepositie.
Voorbeeld:

Les geven is niets voor mij, want _____ . [geduld hebben voor]
Les geven is niets voor mij, want *ik heb er geen geduld voor.*

Er is bij de faculteit diergeneeskunde een functie voor een secretaresse beschikbaar.
[solliciteren naar]
Ik ga ernaar solliciteren.

1. Ik weet niet echt veel van computers, maar onze systeemanalist _____ .
   [verstand hebben van]
2. Ik wil beslist nooit administratief werk doen. [zich interesseren voor]
3. Ik hoop maatschappelijk werk te gaan doen. [zich aangetrokken voelen tot]
4. De directeur wil me meer verantwoordelijk werk geven, maar _____ .
   [opzien tegen]
5. Soms staat de telefoon op kantoor de hele dag roodgloeiend. [gek worden van]
6. Sommige mensen vinden het heerlijk als ze de hele dag achter hun bureau kunnen blijven werken, maar _____ . [ergens tegen kunnen]

7. Een bedrijf gaan leiden is niet eenvoudig, maar _____ . [een opleiding volgen voor]

   je moet er een opleiding voor volgen

8. Ik kan een baan krijgen in een plaats die 200 kilometer van mijn woonplaats ligt. [denken over] *ik wil er nog over nadenken omdat dat een beetje te ver weg is*

9. Mijn vriend geeft les aan moeilijk opvoedbare kinderen. [geschikt zijn voor] *Voor zo een baan moet men echt geschikt zijn*

10. Het uitzendbureau heeft een baantje voor me bij de receptie van een groot hotel. [zin hebben in] *Ik heb er echt zin in omdat ik op die manier waarschijnlijk mensen uit de wereld kan ontmoeten.*

11. Het gaat slecht op ons bedrijf. [zich zorgen maken over] *Ik maak me echt zorgen erover.*

12. Sommige collega's weigeren over te werken, maar _____ . [bezwaar hebben tegen] *maar ze hebben er nog niet echt bezwaar tegen gehad.*

5 GRAMMATICA   *Er + prepositie*

Maak de volgende zinnen af en gebruik de aangegeven woorden.

Voorbeeld:

Je doet er goed aan _____ baan _____ .

Je doet er goed aan eens een andere baan te zoeken.

Je doet er goed aan dat je eens een andere baan zoekt.

1. Ik kan er niet tegen _____ boos _____ .
2. Heeft u er bezwaar tegen _____ over te werken?
3. Zie je ertegen op _____ tandarts _____ ?
4. Ik ga ervan uit _____ opleiding _____ .
5. Ik ben er absoluut van overtuigd _____ baan _____ .
6. Ik heb er een hekel aan _____ wachten.
7. Ben je het ermee eens _____ nieuwe auto _____ ?
8. Ik reken erop _____ salaris _____ .
9. Ik herinner u eraan _____ geld _____ .
10. Ik erger me eraan _____ altijd te laat _____ .

6 GRAMMATICA   *Er*

In de volgende tekst is steeds het woordje 'er' weggelaten. De zinnen zijn dus niet allemaal correct. Verbeter ze door 'er' weer in te voegen.

Geef aan welk soort 'er' u bedoelt.

Vergelijk:

1. Er bestaan veel soorten arbeid: 'er' in zinnen met indefiniet subject
2. Men kent er alle mensen: 'er' als plaatsbepaling
3. Men ontleent er zijn sociale status aan: 'er' + prepositie
4. We zouden er hier enige kunnen noemen: 'er' + telwoord
5. Er wordt verschillend gedacht over het feit...:   'er' in passieve zinnen zonder subject

Het probleem van niet werken

1 ___ Zijn veel in de wereld, die werkloos of arbeidsongeschikt zijn. Dat worden steeds
___ meer. Een groot aantal van deze mensen zal mee moeten leren leven dat geduren-
___ de lange tijd, zo niet tot aan hun pensioen, geen werk voor hen gevonden kan
___ worden. Voor deze groep moet iets gebeuren, anders komen grote maatschappe-
5 ___ lijke problemen van. Wordt terecht moeite gedaan voor te zorgen dat meer
___ arbeidsplaatsen komen.

7 **GRAMMATICA**   *Er*   (H
Als 6.

Arbeidsbureau helpt mensen aan werk

1 Er Worden dagelijks veel mensen bij de arbeidsbureaus als werkzoekenden
___ ingeschreven. Worden gegevens van hen opgeschreven. Deze mensen zijn geregi-
___ streerd als werkzoekenden. De arbeidsbureaus maken mensen op attent, als er
___ ergens werk wordt aangeboden. De mensen moeten dan op reageren.
5 Er Zijn echter ook, die nog nooit zijn geweest. Dat zijn niet-geregistreerde werkzoe-
___ kenden, de verborgen werklozen. Daarom moeten wij maar gissen hoeveel men-
___ sen in feite zonder werk zijn.   raden

1 → Er worden | 2 Er worden

8 **GRAMMATICA**   *Er*
Als 6.

Hoe denkt men over werkloosheid?

1 ___ Wordt vaak te negatief over werkloosheid gedacht. Wij moeten naar streven de
___ mensen van te doordringen dat nog steeds teveel vooroordelen bestaan ten
___ opzichte van werklozen en arbeidsongeschikten. Het gaat bij de meeste mensen
___ om wat je bent. Je hoort niet bij als je geen werk hebt.
5 ___ Ook wordt wel eens gezegd dat men geld krijgt, zonder dat men voor hoeft te
___ werken. Lopen natuurlijk hier en daar mensen rond, die misbruik van sociale
___ voorzieningen maken, maar zijn ook, voor wie het slecht uit zou zien, als geen
___ uitkeringen zouden bestaan. Bovendien zijn velen, die alle moeite voor doen weer
___ werk te krijgen.

uitkeren
→ auszahlen
uitkering
Auszahlung

9 GRAMMATICA *Er*

Als 6.

Wat betekent een hobby voor een werkloze?

1 ___ Hobby's zijn leuk, maar je moet geld voor *er* hebben. Zijn velen, die, *Er* zolang zij

___ werkten, geen hobby hadden. Zij hadden *er* geen tijd voor. Nu blijkt dat werklozen *er*

___ moeilijk *er* toe overgaan een nieuwe hobby *er* bij te zoeken. Zij blijven dezelfde dingen

___ doen, maar zij doen *er* langer over. Waarom zou je je *er* druk over maken? Hoeft *er* niets

5 ___ op tijd klaar te zijn.

Oefening 6-9 naar: H. de Graaf, *Lekker niets doen? Vergeet het maar!*

10 GRAMMATICA *Onbepaalde telwoorden*

Vul in.

1. *beide, beiden*

   De personeelschef heeft twee brieven gekregen. _Beide_ 1 zijn sollicitatiebrieven. De ene brief is van een man en de andere brief is van een vrouw. _Beiden_ 2 zijn nu werkloos. De personeelschef heeft _beide_ 3 brieven aan de directeur laten zien.

2. *enige, enigen*

   Het bedrijf had _einige_ 1 malen geprobeerd financiële steun van de overheid te krijgen maar dat is niet gelukt. Toen _einige_ 2 dagen geleden het geldtekort bekend werd, zijn _einige_ 3 werknemers zelf vast ergens anders gaan solliciteren want het is zeker dat er binnenkort _enigen_ 4 van hen ontslagen zullen worden.

3. *meeste, meesten*

   De _meeste_ 1 werkloze mannen hebben het erg moeilijk. In de _meeste_ 2 gevallen gaan zij hun vrouw met het huishouden helpen maar het is te begrijpen dat de _meesten_ 3 er erg aan moeten wennen overdag huishoudelijk werk te doen. Daar komt nog bij dat de _meesten_ 4 van hun vrouw te horen krijgen dat zij de _meeste_ 5 dingen nog verkeerd doen ook!

4. *sommige, sommigen, andere, anderen*

   Sommige 1 mensen hebben helemaal geen ervaring op de arbeidsmarkt, terwijl _anderen_ 2 al een ruime ervaring hebben. Van degenen met ervaring zijn _sommigen_ 3 tegen hun wil ontslagen, maar _anderen_ 4 willen om de één of andere 5 reden zelf van baan veranderen. In sommige 6 gevallen eist de toekomstige werkgever veel ervaring, maar aan de andere 7 kant nemen sommige 8 werkgevers juist liever mensen aan, die zij vanaf het begin kunnen opleiden.

5. *veel, vele, velen*
Ik heb vele 1 malen gehoord dat er vele 2 mensen zijn, die geen volledige baan willen hebben. Velen 3 willen veel 4 meer tijd voor ontspanning overhouden. Mogelijkheden voor ontspanning? Er zijn er vele 5.

11 GRAMMATICA   *-e of -en*
Vul *e* of *en* in.

Werk zoeken

Als werkzoekend_____1 zal men meestal enig_____2 malen moeten solliciteren, voordat men erin slaagt een baan te vinden. Bij werkzoekend_____3 denkt men niet alleen aan schoolverlaters en pas afgestudeerd_____4, maar ook aan diegen_____5, die reeds enig_____6 jaren aan het arbeidsproces hebben deelgenomen. Er zijn er enkel_____7, die na de eerste keer solliciteren meteen slagen, maar de meest_____8 zullen enig_____9 malen de lastige procedure van het solliciteren moeten ondergaan. Het is niet mogelijk uitvoerig op de verschillend_____10 aspecten van solliciteren in te gaan. Daarom worden er hier slechts enkel_____11 genoemd.
Er zijn enkel_____12 banen, waarvoor slechts weinig_____13 zich aanbieden. Dat zijn banen, die wij geen van all_____14 graag willen hebben. Bij de meest_____15 vacatures geldt echter dat vel_____16 erop reageren. De concurrentie met ander_____17 is daarom in vel_____18 gevallen nogal groot. Talloz_____19 werkzoekend_____20 zullen dan ook verschillend_____21 malen ondervinden dat zij met al diegen_____22 moeten concurreren, die dezelfde baan willen hebben. Als een werkgever uit al die verschillend_____23 kandidaten moet kiezen, kiest hij niet altijd diegen_____24, die de meest_____25 ervaring heeft.
Sommig_____26 mensen beweren dat er bij het solliciteren bepaalde trucjes te pas komen, maar ander_____27 zeggen dat solliciteren een kwestie van geluk is.
Natuurlijk zijn er zeker_____28 regels. All_____29 die solliciteren, moeten weten dat zij niet alleen goed voorbereid hun sollicitatiebrief moeten schrijven, maar ook moeten zij zich goed op het sollicitatiegesprek voorbereiden.

Dit geldt zowel voor jonger————30 als voor ouder————31. Een
ouder————32, die over meer ervaring beschikt, schrijft gewoonlijk een uit-
gebreidere sollicitatiebrief. Hij heeft tevens enig————33 ervaring in het
voeren van sollicitatiegesprekken, wat de jonger————34 meestal niet heeft.
Maar er komt ook een beetje geluk aan te pas, evenals bij all————35
ander————36 dingen in het leven.

[handwritten: poging tot moord →
pogen versuchen Mord-versuch
poging Versuch]

Naar: A. Goudvis, *Verantwoord solliciteren*

[handwritten: solliciteren (naar) → to apply for ; de sollicitatie → Bewerbung
sollicitatiebrief ; sollicitant → Bewerber]

12 GRAMMATICA   *Woorden van hoeveelheid en graad*

Vul in: *al, alle, allemaal, allen, alles, heel, hele, helemaal, iedereen*

Een _heel_ 1 jaar ben ik werkzoekend geweest, maar nu heb ik ten slotte
een baan gevonden. Natuurlijk heb ik _al_ 2 die tijd niet stil gezeten.
De mensen in mijn omgeving zeiden _allemaal_ 3 tegen mij: 'Niet werken is
toch _helemaal_ 4 niet erg, want je hebt _alle_ 5 tijd om _alles_ 6 te
doen, waar je als werkend mens geen tijd voor hebt.' Maar dat is _helemaal_ 7
niet waar. Wij willen geen van _allen_ 8 graag werkloos zijn, _al_ 9 je
vrienden en kennissen zijn de _hele_ 10 dag weg. _Iedereen_ 11 heeft zijn
eigen bezigheden, dus overdag zie je _helemaal_ 12 niemand.
Allen 13 die werk zoeken, moeten _alles_ 14 doen om een baan te krijgen.
Ik heb ook _al_ 15 het mogelijke gedaan om te slagen. Het _heel_ 16
afgelopen jaar heb ik niets anders gedaan dan solliciteren. Ik keek iedere dag in
alle 17 kranten en ik vroeg _iedereen_ 18 of zij iets voor mij wisten.
_Al_ 19 dat gesolliciteer gaf vaak veel teleurstelling. Ik had er _helemaal_ 20
geen idee van dat het _alles_ 21 zo lang zou duren. Op een gegeven moment
had ik bijna _alle_ 22 hoop verloren.
Toch zijn _al_ 23 deze pogingen niet voor niets geweest. Van _alle_ 24
sollicitaties heb ik wel iets geleerd. Wij maken _allen_ 25 fouten bij het solliciteren. Van _al_ 26 mijn sollicitatiebrieven heb ik kopieën gemaakt, die ik
allemaal 27 bewaard heb. Van _alle_ 28 sollicitatiegesprekken heb ik
aantekeningen gemaakt. _Iedereen_ 29 mag _alles_ 30 wat ik bewaard heb,
inzien.
Soms zijn sollicitatiegesprekken _helemaal_ 31 niet plezierig. Een keer werd ik
een _heel_ 32 uur door de _heel_ 33 staf van het bedrijf waar ik sollici-
teerde, ondervraagd. Zij zaten daar met zijn _allen_ 34 en vroegen mij van
alles 35 en nog wat. Daar heb ik geleerd dat je niet net moet doen alsof je
alles 36 weet.

13 VOCABULAIRE *Er*

a. Onderstaande zinnen zijn voorbeeldzinnen, waarin het adverbium 'er' voorkomt dat niet altijd duidelijk te verklaren is. In deze en in de volgende oefening worden dezelfde uitdrukkingen gebruikt. In de onderstaande oefening staan ze *cursief* gedrukt.

1. Laat dat kind toch niet met die mooie vaas spelen. Straks *gaat* hij *eraan*! *gaat ze kapot*
2. Wat heeft dat lang geduurd! Eindelijk! De bus *komt eraan*. *nadert zich*
3. Het is een hele klus om die 500 brieven te versturen. *Ga er* maar *aan staan*! *Probeer het maar*
4. Mijn vader heeft een zware operatie gehad. Eerst *was* hij *er* slecht *aan toe*, *voelde hij zich heel* maar gelukkig gaat het nu wat beter.
5. *Hoe kom* je *erbij* dat ik in Den Haag woon! Ik heb mijn hele leven in *Hoezo denk je* Amsterdam gewoond!
6. Waarschijnlijk krijgt mijn broer een baan in Rotterdam. Het *zit er* dus *in* dat *?* hij daar gaat wonen. *er is een kans*
7. Ik moet morgen examen doen. Het is mijn laatste kans tot de opleiding te worden toegelaten. *Het is erop of eronder*. *Of ik word toegelaten of niet*
8. Als het mooi weer is, *trekken we eropuit*. *maken we een uitstapje*
9. Jammer, de vakantie *zit er* weer *op*. Ik moet morgen weer aan het werk. *is bijna tot het eind gekomen / is afgelopen*
10. We hebben een week vrij. We *gaan er* even *tussenuit*. We gaan een paar dagen naar Friesland. *We gaan even ... op vakantie (voor korte tijd)*
11. Op 1 april probeerde mijn zus me *ertussen te nemen* toen ze me vertelde dat ik een ton had gewonnen in de staatsloterij. *100.000* *een grapje met me te maken*
12. Wat *zie* jij *er* fantastisch *uit* in die trui! *Pullover* *Hij is weg en hij heeft nog steeds*
13. De inbreker was de politie te snel af. Hij *is er* nu met het geld *vandoor*. *het geld*
14. Toen mijn broer uren later dan was afgesproken van het schoolfeest thuiskwam, *kreeg* hij *er* vreselijk *van langs*. *hij kreeg een straf* *?*
15. Was je van plan in de vakantie lekker te gaan werken? Doe toch niet zo stom! *Neem het er* toch eens *van*! *Geniet eens*

b. Vul een van de onderstaande uitdrukkingen met 'er' in.
Zet, waar nodig, het werkwoord in de juiste vorm.

(In volgorde van de voorbeeldzinnen in **13a**)
eraan gaan, eraan komen, er aan gaan staan, er aan toe zijn, hoe komt (iemand) erbij, erin zitten, erop of eronder, eropuit trekken, erop zitten, ertussenuit, (iemand) ertussen nemen, eruit zien, ervandoor gaan, er van langs krijgen, het ervan nemen

1. a. Ben ik de eerste? Is het feest nog niet begonnen? Ik dacht dat ik al laat was.
   b. 1 april! We hebben je _____ ertussen genomen .
2. a. Blijf toch nog even gezellig zitten. Het is nog niet zo laat.
   b. Ik weet het, maar ik moet _____ nu echt _____ .
3. a. Kom je? We gaan aan tafel.
   b. Ja, ik ___ neem ___ er ___ zo van .
4. a. Het _____ _____ weer _____ voor deze week.
   b. Ja, gelukkig wel, prettig weekend!
5. a. Zal ik die glazen in de afwasmachine zetten?
   b. Nee, alsjeblieft niet, want in de afwasmachine _gaan_ ze _eraan_ .
6. a. Leuk feest gehad?
   b. Ja, maar ik was pas om vier uur thuis, en toen heb ik __er__ van mijn ouders ontzettend _van_ _langs_ _gekregen_ !
7. a. Wat _zie_ je __er__ slecht _uit_ ! Je wordt toch niet ziek?
   b. __Hoe__ __kom__ je _erbij_ ? Ik ben zo gezond als een vis!
8. a. Ik werk me kapot en ik heb het gevoel dat ik er niets mee opschiet.
   b. Je moet niet zo hard werken. Je moet _ervan_ eens wat vaker _nemen_ .
9. a. Is het nou heus zo moeilijk om dat rapport te schrijven?
   b. Nou, _____ _____ maar _____ _____ , het valt zwaar tegen!
10. a. Onze baas is weer eens met vakantie. Hij _is_ _eropuit_ _getrokken_ .
    b. Nee, dat is niet waar. Wist je niet dat hij ernstig ziek was? Hij __was__ _er_ heel slecht _aan_ _toe_ .
11. Met al die vrije dagen in het vooruitzicht maken we nu al plannen _eropuit_ te _trekken_ .
12. a. Het _zit_ _erin_ dat wij het bedrijf van onze concurrent gaan opkopen.
    b. We zullen wel moeten, want het is _erop_ _of_ _eronder_ !

14 VOCABULAIRE   *Substantiva op -ing*

Van welke infinitieven zijn de substantieven op '-ing' een afleiding?

Voorbeeld: vorming   →   vormen

afleiding   →   afleiden

Staking

1   De regering heeft de vergaderingen met de werknemers en werkgevers over de
   dreigende stakingen stop gezet. Over voortzetting van het overleg kon nog geen
   beslissing worden genomen. In een verklaring heeft de minister van sociale zaken
   de verwachting uitgesproken dat in de verhouding tussen de partijen verbeterin-
5   gen zullen optreden na de verkiezingen. In regeringskringen wordt daarom aan-
   genomen dat de onderhandelingen direct na de verkiezingen zullen worden her-
   opend.
   De invoering van nieuwe automatiseringssystemen voor de administratieve afde-
   lingen zijn aanleiding geweest tot spanning tussen diverse groepen werknemers
10   onderling. Bij één bedrijf hebben tegenstanders van de vernieuwingen de verdie-
   ping waarop de administratieve afdeling zich bevindt, bezet. De voorstanders
   hebben weinig waardering voor de houding van hun collega's.
   Het is de opvatting van de regering dat, indien er binnen de bedrijven een opleiding wordt verzorgd, de voorgestelde veranderingen verbeteringen kunnen zijn.
15   In tegenstelling hiermee wil de vakbeweging daarvoor speciale instellingen in het
   leven roepen, om zodoende extra werkgelegenheid te scheppen. De kans dat de
   werkgevers hiermee akkoord zullen gaan, wordt gering geacht.

Van welke werkwoorden in deze tekst kunt u ook een substantief op '-ing' afleiden? Gebruik
deze substantieven in een zin.

15　SCHRIJVEN　　　*Formulier*

U wilt zich inschrijven bij een uitzendbureau. Daarvoor moet u een uitgebreid vragenformulier invullen. Neem er de tijd voor, want het is belangrijk dat u alle vragen zorgvuldig beantwoordt, het gaat tenslotte om een baan!

---

* Strikt vertrouwelijk*

INSCHRIJFFORMULIER KANDIDATENBESTAND

WERKERVARINGSPROFIEL
Kruis aan met welk soort werk u ervaring heeft.

0 leidinggeven	0 onderhandelen	0 teksten schrijven
0 coördineren	0 kennis overdragen	0 presentaties verzorgen
0 plannen	0 adviseren	0 ontwerpen
0 organiseren	0 (beleids)notities opstellen	0 acquireren
0 verkopen	0 onderzoeken	0 coachen
0 inkopen	0 automatiseren	0 personeelszaken
0 budgetteren	0 vergaderen	
0 administreren	0 interviewen	

IN WELKE SECTOR HEEFT U ERVARING OPGEDAAN: schrijf een E
IN WELKE SECTOR WILT U WERKZAAM ZIJN: schrijf een W

automatisering	marketing / pr	commercie
management	onderwijs	vrije beroepen
financieel	techniek	onderzoek
juridisch	logistiek veiligheid en milieu	
gezondheidszorg	personeelsbeleid	

ERVARING

Wilt u, indien van toepassing, uw laatste twee uitgeoefende functies hier omschrijven in taken, verantwoordelijkheden, bevoegdheden en resultaten.*

1.　Laatste functie:

2.　Voorlaatste functie:

3.　Bestuurlijke en / of organisatorische ervaring, nevenactiviteiten

*　Pas afgestudeerden, zonder werkervaring, kunnen in deze ruimte ook stages, vakantiewerk of andere banen naast studie vermelden.

PERSOON

Kunt u een korte persoonsbeschrijving geven? (in termen van eigenschappen en vaardigheden)

Als u terugkijkt op uw loopbaan* tot nu toe, wat beviel u het best / vond u het leukst?

Wat vond u minder plezierig?

Wat vond u belangrijke ervaringen?

Op welke van uw vaardigheden werd met name een beroep gedaan?

* Pas afgestudeerden kunnen hieronder ook hun onderwijsloopbaan verstaan.

---

16 SPREKEN OF SCHRIJVEN   *Samenvatting*

a. Als u de krantenkop leest, waarover denkt u dan dat het krantenbericht zal gaan?
b. Lees nu het bericht.
c. Is de kop in overeenstemming met de tekst? Waarom wel of waarom niet?
d. Vertel of noteer in niet meer dan vijf zinnen waar het krantenbericht over gaat.

Kamermeisje hoeft geen Nederlands te kennen

Door een onzer redacteuren

DEN HAAG, 2 AUG. De Commissie Gelijke Behandeling heeft bezwaar gemaakt tegen de advertentie van een uitzendbureau, waarin voor de functie van kamermeisje een goede beheersing van de Nederlandse taal werd geëist.

De commissie, die 21 maart van dit jaar aan de slag ging, kan worden gevraagd een onderzoek in te stellen als burgers, bedrijven of instellingen menen dat handelingen of uitspraken in strijd zijn met de Algemene wet gelijke behandeling. Taaleisen bij vacatures voor kamermeisjes zijn volgens de com-missie discriminerend, omdat het voor die functie niet nodig is om goed Nederlands te spreken. Dit soort eisen treft etnische minderheden en mensen met een andere nationaliteit. De commissie heeft het oordeel bij de Algemene Bond van Uitzend-organisaties gedeponeerd. Deze bond is het met de commissie eens dat de eis niet van belang was voor het vervullen van de vacature. Het uitzendbureau zal ervoor zorgen dat deze eis niet meer wordt gesteld. Het bureau liet weten geenszins de bedoeling te hebben gehad om onderscheid te maken.

De Commissie Gelijke Behandeling geeft een openbaar oordeel over een ingediende klacht en kan aanbevelingen doen om het onrechtmatige onderscheid ongedaan te maken. Als de zaak ernstig is, kan de commissie de zaak aan de rechter voorleggen. De klacht over de advertentie van het uitzendbureau werd ingediend door een Meldpunt discriminatiezaken.

De Algemene wet gelijke behandeling stelt regels ter bescherming tegen discriminatie op verschillende maatschappelijke terreinen, zoals misstanden op het gebied van werk, of de toelating tot een school.

Uit: *NRC Handelsblad*

Werknomaden

IRENE VAN DER LINDE

1. Welke zinnen van de inleiding geven de essentie weer?

Werknemers worden werknomaden die werken waar en wanneer het hun het beste uitkomt. 'Werken in de toekomst gaat weer lijken op werken in de Middeleeuwen', voorspelt hoogleraar ondernemingsbeleid J.G. Wissema, verbonden aan de Universiteit Nijenrode. Evenals in het middeleeuwse gildensysteem zal het werken in teams, integraal, zelfstandig, thuis en productgericht de arbeidsvorm van de toekomst zijn. Het onderscheid tussen privé en werk dat sinds de industriële revolutie bestaat, zal verdwijnen. En ook 'gewone' arbeidstijden zullen in het jaar 2000 niet meer bestaan. In hetzelfde jaar zullen er een miljoen telewerkers in Nederland zijn, schat de vakcentrale voor het midden en hoger personeel (MHP) en volgens onderzoeken van TNO en de Universiteit Twente zullen ongeveer twee miljoen banen zich voor telewerk lenen.

Maar voorlopig is het nog niet zo ver. Telewerken neemt een veel minder grote vlucht dan velen een aantal jaren geleden hoopten.

2. Wat vinden werknemers de belangrijkste nadelen van telewerken?
3. Wat vinden jongere werknemers de voornaamste voordelen van telewerken?

Naar het strand

Voor werknemers blijken er in de praktijk nogal wat nadelen te zitten aan telewerken. Zo dreigt het sociale isolement. Contacten met collega's, de sfeer op kantoor, de taart bij een verjaardag en een grapje tussendoor, dit alles moet een telewerker voor een groot deel missen. Het spookbeeld van een eenzame thuiswerker die af en toe nog via een e-mailtje met mensen communiceert, is weinig aantrekkelijk. Op kantoor gebeurt veel 'even tussendoor'. Terloopse toetsing - bij de koffieautomaat even iets navragen - wordt minder makkelijk. Ook geeft de 'onzichtbare' telewerker zijn informele invloed binnen het bedrijf op met alle negatieve consequenties voor zijn carrière.

Toch blijkt er onder jongere werknemers wel animo te bestaan voor telewerk. De flexibele werknemer kan naar eigen inzicht zijn of haar dag indelen. Het biedt betere mogelijkheden gezinstaken te combineren met werken. Boodschappen kan een telewerker even tussendoor doen en als de kinderen uit school gehaald moeten worden, neemt de telewerker even pauze. De reistijd, die voor velen toch al snel twee uur per dag bedraagt, verdwijnt, evenals de frustratie van de file of de overvolle trein. En als het mooi weer is, kan de telewerker 's ochtends naar het strand en werkt dan 's avonds wat langer door.

4. Wat is de reden van de weerstand van werkgevers tegen telewerken?
5. Waarom is Geerdink het niet met de werkgevers eens?
6. Hoe is het probleem op te lossen volgens hem?

Weerstand

Werkgevers willen flexibele werknemers en welke werknemer is flexibeler dan de telewerker? Toch blijken zij moeite te hebben met personeel dat uit het zicht verdwijnt. Volgens het Platform Telewerken Nederland ligt de geringe groei van het aantal telewerkers voor een groot deel aan het management. Er bestaat onder leidinggevenden nog te veel weerstand.

Managers zijn bang de controle over hun medewerkers te verliezen. 'Ik zie niet meer wat mijn werknemers doen', luidt de veelgehoorde klacht, volgens M. Geerdink van organisatieadviesbureau Overmars en Partners. Hij verzorgt cursussen voor leidinggevenden die te maken hebben met de invoering van telewerken. 'Ik vraag altijd of ze nu wel weten wat hun werknemers doen', zegt Geerdink. 'Als personeel van negen tot vijf aanwezig is, betekent dat nog verder niets. De vrees voor controleverlies is gebaseerd op een ouderwets idee van management. Telewerken moet gepaard gaan met een verandering van leidinggeven. Het gaat niet alleen om de keuze tussen thuis werken of op kantoor.'

7. Wat zijn de praktische problemen voor een bedrijf dat op telewerken wil overgaan?
8. Welke belangrijke voordelen staan daar tegenover?

Erg enthousiast

De manager die het wel aandurft, komt echter ook nogal wat praktische problemen tegen. De investeringskosten zijn hoog: de interne organisatie moet worden aangepast, de technische infrastructuur moet worden aangelegd en de werkplek thuis bij de werknemer moet worden ingericht. De Arbowet maakt het werkgevers niet gemakkelijk.

Bovendien is nog niet duidelijk hoe ver de verantwoordelijkheid van de werkgever strekt voor het welzijn van zijn telewerker. De veronderstelde risico's weerhoudt hen ervan telewerk in te voeren.

Daar staan volgens Platform Telewerk Nederland voor werkgevers grote voordelen tegenover. De productiviteit blijkt toe te nemen als werknemers thuis werken. Opmerkelijk is ook, dat de bereikbaarheid toeneemt. Werknemers zitten thuis niet 'in vergadering', ze staan niet 'bij het kopieerapparaat' of zijn niet 'elders in het gebouw'; ze zijn vaker 'op hun plek'. Bovendien neemt het ziekteverzuim af. Ten slotte kan een bedrijf per jaar zes à achtduizend gulden besparen op huisvestingskosten, zo blijkt uit cijfers van de vakbond MHP. En dit was nog 'een conservatieve schatting'.

9. Vat de tekst samen aan de hand van de antwoorden op bovenstaande vragen.

Uit: *Intermediair* (ingekort)

N.B. TNO: Toegepast Natuurwetenschappelijk Onderzoek; Arbowet: Wet op de arbeidsomstandigheden

18   **SPREKEN**   *Middellange opdrachten*

1. Een vriend attendeert u op een advertentie waarin een kantinemedewerker wordt gevraagd. U bedankt hem, maar u vertelt hem waarom u zo'n baan niet leuk vindt.
2. Bij de drogist hangt een briefje waarop staat dat ze een verkoper zoeken voor vijf dagen per week. U wilt die baan graag hebben, alleen bent u slechts vier dagen beschikbaar. Vertel de eigenaar van de winkel waarom.
3. Uw assistent wil in een drukke periode een vrije dag opnemen. Vertel haar waarom dat niet goed uitkomt.
4. U woont in **a**, u werkt in **b**. Tot nu toe ging u met de bus, maar de busmaatschappij heft binnenkort de onrendabele lijn op. U moet nu zelf uw transport regelen. Iemand die bij u in de buurt woont, moet iedere dag met de auto naar **b**. Wat vraagt u hem?
5. U krijgt plotseling een baan aangeboden en u kunt volgende week beginnen. U heeft alleen net een vakantie geboekt. U belt de personeelschef op en u legt hem het probleem voor.

Lees de tekst en luister naar de cassette. Spreek uw reactie in.

6. U werkt bij een bedrijf. U heeft overuren gemaakt. U meent recht te hebben op uitbetaling. Het hoofd van uw afdeling meent van niet. U gaat naar de directeur met wie u een afspraak heeft gemaakt.
7. Uw chef roept u bij zich. Dat komt voor u onverwacht.
8. U bent bij een uitzendbureau omdat u tijdelijk werk zoekt.
9. U wordt opgebeld door het arbeidsbureau waar u ingeschreven staat.

19   **SPREKEN**   *Discussie*

Bert de Vries (CDA) bracht het volgende naar voren in een interview met Sonja Barend.

'Ik geloof dat we op een moment in de geschiedenis zijn aangeland waarop we niet allemaal werk meer zullen hebben. En ik vind dat we daar blij mee moeten zijn. Er was zo verschrikkelijk veel mensonwaardig werk. Erg veel werk is niet leuk en daar raken we nu van af. We gaan het paradijs in, maar we gaan er fout in. Omdat we bezig zijn het niet-werken te discrimineren. Veel werklozen hebben het niet leuk. Waarom hebben ze het in de eerste plaats niet leuk? Omdat we steeds maar weer stellen dat dat werken zo leuk zou zijn. Maar uiteindelijk is het natuurlijk veel beter zinvol niet aan het werk te zijn dan zinloos wel aan het werk.'

U kunt de volgende punten in de discussie betrekken:

- overbodig werk verrichten; bijvoorbeeld een rapport moeten schrijven dat niemand leest.
  Of geen vaste baan hebben maar een cursus volgen of vrijwilligerswerk doen.
- gebonden zijn aan vaste werktijden.
  Of iets doen wanneer het jou schikt.
- niet toekomen aan wat je graag zou willen doen.
  Of gelegenheid hebben te doen wat je zinvol, interessant of leuk vindt.
- salaris krijgen.
  Of geen inkomsten uit werk hebben.

20 LUISTEREN *Meerkeuzevragen*

Hieronder staat een aantal vragen bij het luisterstuk 'Werken met beeldscherm'. Kruis aan wat juist is.

1. Wat blijkt volgens de Bedrijfsgezondheidsdienst ongezond te zijn in het werk in verband met licht?
   a. Het werken achter een beeldscherm.
   b. 24 Uur achter elkaar werken achter een beeldscherm.
   c. Een verkeerde verhouding tussen licht en beeldscherm.

   cruciaal
   van buitengewoon belang
   niet licht ... goed geregeld zijn

2. Wat gebeurt er als de luminantie niet goed is?
   a. Dan kan de ruimte te donker zijn om in te werken.
   b. Dan moet het oog zich onophoudelijk aanpassen.
   c. Dan kunnen alle vlakken te helder zijn.

   wat merken ze niet

3. Wat hebben mensen die naar een beeldscherm kijken niet in de gaten?
   a. Dat hun ogen vermoeid raken.
   b. Dat hun ogen steeds bezig zijn met scherp stellen op het beeldscherm.
   c. Dat het beeld niet scherp genoeg is.

4. Wat bekijkt de heer Ponsioen op de werkplek na een klacht over oogvermoeidheid?
    a. Of de reflex van bijvoorbeeld het overhemd de oorzaak kan zijn.
    b. Of bijvoorbeeld de ruimte waarin iemand werkt te klein is.
    c. Of er een verandering van werkplek gevonden kan worden.
5. Heeft volgens de heer Ponsioen het vaak televisie kijken en computerspelletjes doen invloed op het ontstaan van oogvermoeidheid bij het werken met een beeldscherm?
    a. Ja, want hij zegt dat spelletjesjunks beter met een beeldscherm in het werk overweg blijken te kunnen.
    b. Nee, want hij zegt dat het totaal geen invloed op de mensen heeft, zelfs niet op de jongere generatie.
    c. Nee, want hij denkt dat veel televisie kijken en computerspelletjes doen niets te maken hebben met oogvermoeidheid bij het werken met een beeldscherm.

Haring

Hij staat in zijn tentje te graten,
de haringen worden verkocht!
De uitjes geperst in de vaten,
verzonken in 't zurige vocht.

Zijn vrouw staat de centen te tellen,
ze schuift je het wisselgeld toe.
De man trekt de graten en vellen
van de vissen en wordt niet moe.

's Avonds om zes uur veegt hij zijn handen
af aan een vunzige doek. De ingewanden
gooit hij onder de bomen neer.

Zijn vrouw heeft het eten al klaargezet,
ze eten en gaan om tien uur naar bed
en morgen staan ze er weer.

Uit: Nico Scheepmaker, *De Gedichten*

Welke zinnen uit de introductietekst zijn volgens u van toepassing op dit gedicht?

1 **TEKST**

Ontspanning

1 De werkende mens werd in de jaren zeventig lekker gemaakt met de profetie
van de vrijetijdssamenleving. Dat we minder zouden werken en meer vrije tijd
zouden hebben, daar waren futurologen van overtuigd. Toen geloofde men
dat het enorme veranderingen in een samenleving als de onze teweeg zou bren-
5 gen. Het enige waar we ons het hoofd over zouden breken was, wat we met al
die vrije tijd moesten beginnen.
Inmiddels is voor degenen die betaald werk verrichten het Utopia van de vrije
tijd geen stap dichterbij gekomen. De 20- tot 55-jarigen onder hen houden beduidend minder vrije tijd over dan tien jaar geleden, zo blijkt uit een rapport
10 van het Sociaal en Cultureel Planbureau (SCP). Waar ligt dat aan? Overwerk,
nevenfuncties, langere reistijden en huishoudelijke taken worden als oorzaak
genoemd. Wie tot deze groep behoort, moet nadrukkelijker dan ooit kiezen
tussen alle variaties van vermaak en ontspanning. Er heerst, zeker vergeleken
met, pakweg, twintig jaar geleden, een fikse concurrentiestrijd op de vrijetijds-
15 markt.
Het SCP constateerde over een periode van tien jaar verschuivingen in de
vrijetijdsbesteding. Er wordt nu bijvoorbeeld minder gelezen. Waar komt dat
door? Volgens een onderzoeker van de Vakgroep Vrijetijdswetenschappen
van de Katholieke Universiteit Brabant kan dat een gevolg zijn van minder
20 vrije tijd en van de voorkeur voor een andere vorm van vrijetijdsbesteding.
'Een boek lezen kost al gauw vijftien uur. Het kijken naar een verfilmd boek
op de televisie neemt maar twee uur in beslag en hier kiest men kennelijk voor.
Bovendien is lezen een solitaire bezigheid en televisiekijken een sociale.
Nergens wordt namelijk zoveel over gepraat als over tv-programma's. Over
25 het laatste boek van die of die auteur, daar heeft men het zelden over.'

Werkenden hebben een schaarste aan vrije tijd en een (relatieve) overvloed aan
geld, bij werklozen is het omgekeerde het geval. Wat betekent vrijetijdsbesteding voor mensen die in principe overal tijd voor hebben, maar die over veel
30 minder geld beschikken? Iedereen heeft ten gevolge van zowel de toegenomen welvaart als de technische
en industriële ontwikkelingen meer middelen dan ooit ter beschikking. Er is
een hele industrie ontstaan ten behoeve van de vrijetijdsbesteding. Maar activiteiten kosten geld en geld is het probleem voor wie zonder werk zit.
35 Wie iets om handen wil hebben, ergens mee bezig wil zijn, moet daarom zijn
toevlucht tot andere hobby's nemen. Hij is minder vaak lid van een vereniging.

37 Hij doet - vaak intensief - aan sport, maar ongeorganiseerd. Hij reist minder ver
___ en gaat dan vaak op de fiets. Hij verdient eventueel zwart bij met klussen of volgt
___ een cursus.   *de kleus -) Arbeit, kleinkram*
40 Uit onderzoek is gebleken dat een relatief grote groep zich zelden of nooit
___ verveelt. De groep die zich stierlijk verveelt is wel veel groter, maar verveling
___ hangt samen met meer dan werkloosheid alleen.

                                    stierlijk -) terrible / furchtbar

Naar: Aart Lensink, *Meer werk, minder vrije tijd*, en: Hein Kroft e.a., *Een tijd zonder werk. Een
onderzoek naar de levenswereld van langdurig werklozen*

a. Wat wordt bedoeld met het volgende idioom:
    Iemand lekker maken (regel 1).
    Zich het hoofd breken (regel 5).
    Geen stap dichterbij komen (regel 8).
    Iets om handen hebben (regel 35).
b. Waarnaar verwijst
    'daar ... van' (regel 3)?
    'waar ... over' (regel 5)?
    'hier ... voor' (regel 22)?
    'daar ... over' (regel 25)?

2   **LEZEN**   *Meerkeuze- en open vragen*

1. In de jaren zeventig zagen we de komende vrijetijdssamenleving zonder enige
    restrictie als een verbetering.
    a. Dat is waar.   b. Dat is niet waar.
    Uit welke woorden blijkt dat?   *de profetie*
2. De futurologen spraken over enorme maatschappelijke gevolgen omdat
    a. er minder mensen zouden hoeven werken.
    b. er minder gewerkt zou hoeven worden.
    c. mensen steeds minder vrije tijd voor zichzelf hebben.
Alle mensen die een betaald baan hebben
3. Wie wordt er in deze tekst met 'de werkende mens' (regel 1) bedoeld?
4. Als je tot deze groep werkenden behoort, moet je nadrukkelijker dan ooit
    kiezen tussen alle variaties van vermaak en ontspanning (tweede alinea).
    Dat is zo, volgens de tekst,
    a. omdat je in je vrije tijd minder wilt doen.
    b. omdat je vrije tijd beperkt is en ook de keuzemogelijkheden hoe je je vrije
        tijd kunt besteden, beperkt zijn.
    c. omdat je vrije tijd beperkt is, waardoor ook je keuze wat ontspanning
        betreft beperkt is, terwijl de keuzemogelijkheden enorm zijn.

5. 'Iedereen ... beschikking.' (regel 31-32) Wat wordt bedoeld met 'middelen', denkt u? ~~goal~~ *mogelijke leden voor vrijetijdsbesteding*

6. Iemand zonder werk moet zijn toevlucht nemen tot 'andere' hobby's (regel 35-36). In welke zin zijn die hobby's 'anders'? *als iemand zonder werk sport doet, is het misschien meer ongeorganiseerd, een reis is minder veer* Discussievragen *een met de fiets in plaats van het vliegtuig, zulke mensen verdienen soms zwaar geld.*

1. Bent u het ermee eens dat huishoudelijke taken er de oorzaak van zijn dat er minder vrije tijd is? (regel 11)
2. Bent u het ermee eens dat lezen een solitaire en televisiekijken een sociale activiteit is? (regel 23)
3. '... verveling hangt samen met meer dan werkloosheid alleen.' (regel 41-42) Waar hangt verveling nog meer mee samen, denkt u?

3 **VOCABULAIRE** *Bij de introductietekst*

Met middagslaap meer mens

beduidend, behoren, in beslag nemen, bezigheid, gevolg, heersen, huishoudelijk, kiezen, overtuigd zijn, teweegbrengen, verrichten, zelden

Aan het eind van een werkochtend kun je je _*beduidend*_[1] minder goed concentreren dan aan het begin, ongeacht of je _*huishoudelijk*_[2] of ander werk _*verricht*_[3]. Tijdens de middagpauze wordt die concentratie nog minder. Bovendien is eten dan je belangrijkste _*bezigheid*_[4]. Een volle maag onttrekt bloed aan de hersenen en dat _*brengt*_[5] slaperigheid _*teweeg*_[5]. Geen wonder dat je lichaam tussen twee en drie _*kiest*_[6] voor een dutje. Hoewel zo'n middagslaapje niet veel tijd _*in*_[7] _*beslag*_[7] _*neemt*_[7], wordt het _*zelden*_[8] gedaan. In Zuidoost-Azië _*is*_[9] men er al eeuwen van _*overtuigd*_[9] dat er productiviteitsverlies optreedt als _*gevolg*_[10] van slaperigheid. Daar _*heerst*_[11] de opvatting dat even slapen goed is voor het welzijn van het individu en dus ook voor de economie. Jammer genoeg _*behoort*_[12] een 'siësta' in de noordelijke landen nog niet tot de traditie.

Informatie ontleend aan: H.J.A. Hofland, in: *NRC Handelsblad*

4   SPREKEN   *Lange opdracht*

Spreek naar aanleiding van de volgende afbeeldingen.

5 GRAMMATICA   *Adverbiaal pronomen*

Wie/waar + prepositie.

Maak vragen naar aanleiding van onderstaande tekst en gebruik hierbij de *schuin*gedrukte prepositions. Geef ook de antwoorden.

Voorbeeld:

tekst	Wij luisteren *naar* de muziek.
vraag	Waar luisteren wij *naar*? / Waar*naar* luisteren wij?
antwoord	*Naar* de muziek.
tekst	Wij luisteren *naar* de leraar.
vraag	*Naar* wie luisteren wij?
antwoord	*Naar* de leraar.

[handwritten] 4) Waarin stond dat het repertoire van het koor onder meer uit de Mondschein Sonate van Beethoven bestaat?

5) Door wie werd het koor opgeleid?

Kanariekoor

Vogelkenners in de Oekraïne zijn er kort geleden *in* geslaagd kanaries te fokken, die zelfs de baspartij *in* een kanariekoor kunnen zingen. Het repertoire van het koor bestaat onder meer *uit* de Mondschein Sonate van Beethoven en een aantal Russische volksliederen. Dit stond *in* het dagblad 'Moskous Nieuws'.
Het koor werd *door* Fedo Fomenko opgeleid. *Tot* het kanariekoor behoorden al sopranen, alten en tenors. Nu er ook baskanaries zijn gefokt, kan het koor bogen *op* volledige harmonie.
De kanaries hebben al uitvoeringen verzorgd *voor* twee miljoen mensen. Soms worden zij begeleid *door* menselijke stemmen. Bij andere gelegenheden worden zij *door* violisten begeleid.

Uit: *Algemeen Dagblad*

[handwritten] gelaagd → gelungen, erfolgreich
fokken → züchten, (fokkerij → Züchtung)

bogen op

voor sich rühmen

1) Waar zijn Vogelkenners in de Oekraïne kort geleden in geslaagd? Waarin zijn.. gelaagd?

2) Waarin kunnen de kanaries zingen?

3) Waaruit bestaat het repertoire van het koor onder meer?

[handwritten] 6) Tot wie behoorden al sopranen...

6 GRAMMATICA   *Adverbiaal pronomen*

Als 5. *[handwritten]* 7) Waarop kan het koor bogen?

Door kruit worden muziekminnaars verwond

Het kanon dat gebruikt moest worden *voor* de uitvoering van de Ouverture 1812 van Tsjaikowski, schoot per ongeluk *op* mensen. Op een bepaald moment in de ouverture moeten er namelijk een paar schoten *met* een kanon worden gelost. Kanonschoten spelen dus *in* deze ouverture een belangrijke rol. De realistische uitvoering vond plaats ergens in Canada, waar het plaatselijk symfonieorkest *voor* enige honderden mensen in de open lucht optrad.
De verwondingen bleven beperkt *tot* oppervlakkige snijwonden.

Naar: *Utrechts Nieuwsblad*

[handwritten] 8) Voor wie hebben de kanaries al uitvoeringen verzorgd?

9) Door wat worden ze soms begeleid?

10) Door wie worden ze bij andere gelegenheden begeleid?

7 GRAMMATICA   *Adverbiaal pronomen*

Daar + prepositie.

Maak een constructie met *daar*.

Voorbeeld:

Met een boek lezen ben je uren bezig.

Een boek lezen, *daar* ben je uren *mee* bezig.

[handwritten: Een encyclopaedie daar kun je allerlei w. in opzoeken]

1. In een encyclopedie kun je allerlei wetenswaardigheden opzoeken.

[handwritten: Een luchtbed daar kun je heerlijk mee op het water drijven]

2. Met een luchtbed kun je heerlijk op het water drijven.

3. Van kunst kun je moeilijk een definitie geven. *[handwritten: Kunst, daar kun je]*

[handwritten: Een karton, daar kun je leuke]

4. Met karton kun je leuke dingen maken. *[handwritten: dingen moeilijk een definitie me maken geven]*

5. In een gymnastiekzaal kun je sport beoefenen.

6. Door het nemen van muziekles kun je je muzikaliteit ontplooien.

[handwritten: Een gymnastiekzaal daar kun je sport in beoefenen]

[handwritten: Het nemen van muziekles, daar kun je muzikaliteit door ontplooien]

8 TEKST

Vriendschap groeit op straat

Van onze redactie Vrouw

Het schijnbaar doelloze gehang op straat, waarover vooral ouders van tieners zich zo bezorgd maken, blijkt een basis te zijn voor hechte vriendschappen. Dit ontdekte de psycholoog dr. Colin Brydon, verbonden aan de universiteit van Lancaster.

Hij hield een grootscheeps onderzoek over vriendschap en ondervroeg daarbij 1000 jongeren tussen 10 en 17 jaar om hun te vragen wat dit woord voor hen betekende.

Leeftijdsfase

Dat vriendschap belangrijk is, is bekend, maar vriendschap blijkt in deze leeftijdsfase ook sterk te veranderen. De tienjarigen verstonden onder vriendschap: 'samen buitenspelen zonder ruzie', de veertienjarigen: 'kletsen en wat rondslenteren met z'n allen.' Pas nadat de leeftijd van 16 jaar bereikt was, kreeg het woord meer inhoud: 'vertrouwen, loyaliteit, eerlijkheid.'

Juist die verandering in opvatting over zoiets belangrijks als vriendschap, maakt dat ook alle fasen van het toegroeien naar die vriendschap doorlopen moeten worden. En dit geldt zowel voor jongens als voor meisjes. Ze zijn op die manier bezig zich los te maken van het huisgezin om langzaam maar zeker op eigen benen te gaan staan.

Jammer

Dr. Colin Brydon: 'Het is jammer dat ouders vaak met zoveel wantrouwen tegenover die straatbijeenkomsten staan. Het is beslist niet waar dat zo'n clubje maar doelloos hangt. Er wordt vaak heftiger gediscussieerd dan in de familiekring waar de jongere vaak bakzeil moet halen tegenover ouders of familieleden en zich dan afsluit voor verdere gesprekken. Rondhangen wordt pas kwalijk als dat gebeurt in een dubieuze omgeving.'

[handwritten: zubel, abbeelt]

[handwritten: bakzeil halen → kleinzei geven]

[handwritten: kwalijk → euvelnemen lemich]

9 GRAMMATICA   *Adverbiaal pronomen*

Ergens / nergens / overal + prepositie.

Voorbeeld:

_____ wordt zoveel _____ gepraat als over tv-programma's.

Nergens wordt zoveel over gepraat als *over* tv-programma's.

1. Hij vergeet alles. Hij denkt __nesgens__ __aan__.
2. Als je _____ iets _____ wilt weten, kun je het in een encyclopedie opzoeken.
3. Als je aan de informatiebalie zit, moet je _____ een antwoord _____ zien te geven.
4. Hoewel hij gepensioneerd is, zegt hij _____ tijd _____ te hebben, zoveel hobby's heeft hij.
5. Mijn collega maakt zich _____ druk _____ ; ik vind hem erg gestrest.
6. Ik heb het zo druk, ik kom _____ _____ toe.
7. Onze chef is verschrikkelijk lastig, hij heeft _____ iets _____ aan te merken.
8. Piet heeft Radi beledigd, maar Piet is zich _____ _____ bewust.
9. Als ik me nou _____ kwaad _____ kan maken, dan is het wel over vandalisme.
10. Mijn huisbaas bemoeit zich _____ _____ , daar erger ik me mateloos aan.
11. Het geeft niet hoe je je vrije tijd invult, als je maar _____ _____ bezig bent.
12. Een politicus wordt geacht _____ een mening _____ te hebben.

10 GRAMMATICA   *Adverbiaal pronomen*

Vul in: *daar, hier, ergens, nergens, overal* + prepositie en bepaal de plaats van de prepositie (soms meer dan één mogelijkheid). Volg zo nauwkeurig mogelijk het artikel 'Vriendschap groeit op straat'. Voorbeeld:

Doelloos 'rondhangen' schijnt een probleem. _____ houdt dr. Colin Brydon zich bezig.

Daar houdt dr. Colin Brydon zich *mee* bezig.

Vriendschap groeit op straat

Tieners hangen vaak schijnbaar doelloos rond op straat. __Daar__[1] maken hun ouders zich zorgen. *over* De psycholoog dr. Colin Brydon, verbonden aan de Universiteit van Lancaster, ontdekte echter dat __daardoor__[2] *hierdoor* hechte vriendschappen ontstaan. Hij deed __daar__[3] *hieraan* een grootscheeps onderzoek. __Daarvoor__[4] *over* ondervroeg hij ✓

heatheid → stabiliteit

(✓)   duizend jongeren tussen de tien en zeventien jaar. De vraag, die hij _hierbij / daarbij_ overal

stelde, was: 'Vriendschap, wat bedoel je _daar_ 6 nu eigenlijk precies?' _mee_

Leeftijdsfase

Dat vriendschap belangrijk is, _daar(aan)_ 1 over bestaat geen twijfel, maar vriendschap

blijkt in deze leeftijdsfase ook sterk te veranderen. Vriendschap, _daar_ 2 aan ver-

staan tienjarigen: 'Samen buiten spelen en _nergens_ 3 ruzie maken'. De veertien- over

jarigen zeggen: 'Vriendschap betekent _overal_ 4 kletsen en wat rondslenteren

met zijn allen'. Nadat de leeftijd van zestien jaar bereikt is, geeft men een diepere

betekenis aan dat woord, _hieraan_ 5 wordt dan pas meer inhoud gegeven, nl.

vertrouwen, loyaliteit, eerlijkheid. _nl. namelijk_

De opvatting over zoiets belangrijks als vriendschap wijzigt zich dus. Juist de ver-

andering _(hierover)_ 6 maakt dat alle fasen van het groeien _daarnaar_ 7 doorlopen

moeten worden. _Hieraan_ 8 ontkomen zowel jongens als meisjes niet. Het gezin

speelt _hier_ 9 op dat moment nog een belangrijke rol. _Hiervan_ 10 maken de

jongeren deel uit, maar _daardoor_ 11 maken zij zich ook los om langzaam maar

zeker op eigen benen te gaan staan.

Straatbijeenkomsten

wantrouwen (het)

Dr. Colin Brydon vindt het jammer dat ouders _daar_ 1 met zoveel wantrou-

mistrust _tegen over_

wen staan. Sommige mensen menen dat zo'n clubje maar doelloos rondhangt, _wantrouwig_

maar _daar_ 2 is dr. Brydon het niet eens. Hij heeft ontdekt dat er op straat _mee_ _not being_

overal 3 wordt gediscussieerd. _Hier_ 4 biedt de familiekring lang niet _trustworthy_

dezelfde mogelijkheden, immers jongeren beschikken nog niet over de kennis en

ervaring, die de ouders en oudere familieleden hebben en _daar_ 5 wordt dan

soms geen rekening gehouden. Verdere gesprekken zijn zinloos voor de jongeren, _mee_

dus _hier_ 6 sluiten zij zich dan af. Rondhangen wordt pas kwalijk in een dubi-

euze omgeving. Dat mag niet gebeuren. _Daar_ 7 moet men waken. over _waken_

---

11 GRAMMATICA   *Possessief*

Geef het bezit aan. Denk hierbij aan de volgende mogelijkheden:

mijn boek / het mijne / van mij / dat van mij / moeders boek / van moeder /

van wie / wiens boek / je boek / jouw boek / Ina's / Hans' / Jans

  a. *Jan*   In _____1 kamer zullen wij gaan zitten, in de _____2 of in

             de _____3 ?

      Piet   In _____4 kamer is het altijd koud, maar hij is wel lekker groot.

             _____5 kamer is klein, maar wel warmer.

      Jan   Waarom gaan wij niet in _____6 kamer zitten. Marjan is toch

             niet thuis.

b. Otto en Els gaan samen naar het spreekuur van de dokter. Otto heeft
    _____[1] vinger aan een spijker verwond. Els heeft pijn in _____[2]
    rug. De dokter verbindt _____[3] vinger en kijkt naar _____[4] rug.

c. *Jan*   Mag ik _____[1] tennisracket lenen?
    Piet Jawel, maar waarom speel je niet met _____[2] eigen racket?
           _____[3] racket is toch net zo goed als _____[4] ?
    Jan   Jawel, maar _____[5] wordt opnieuw bespannen.

d. Dames en heren, over enkele minuten gaat het examenonderdeel schrijfvaar-
    digheid beginnen. U mag _____[1] woordenboek gebruiken. Wij hebben
    ook nog enkele woordenboeken ter beschikking, dus als u het _____[2]
    niet bij zich heeft, mag u er een _____[3] gebruiken.

e. Wij gaan _____[1] huis helemaal opknappen. _____[2] slaapkamer
    moet opnieuw behangen worden en wij willen de muur tussen de zitkamer en
    de keuken doorbreken. Natuurlijk doen wij alles zelf. Klussen is _____[3]
    hobby.

12 GRAMMATICA   *Possessief*
Als **11**.

Ina en Hans hebben dezelfde hobby. _____[1]
hobby is zendamateurisme. _____[2] ontvanger is
vrij klein en hij kan daarom op de _____[3] alleen
met mensen in Nederland contact krijgen. _____[4]
toestel heeft meer mogelijkheden, want zij kan op het
_____[5] zelfs signalen van buiten Europa ontvangen.
Een paar dagen geleden voerden Ina en Hans via de radio
het volgende gesprek:

Ina   Ik kan op _____[6] toestel amateurs in het buitenland ontvangen.
        Kun je die op _____[7] toestel ook krijgen?
Hans Op _____[8] niet, maar op _____[9] wel. _____[10] vader is
        namelijk ook zendamateur. Hij heeft _____[11] toestel zelf gebouwd.
Ina   Wat knap! Is radio's bouwen het beroep van _____[12] vader?
Hans Nee, dat niet. Hij is psycholoog. En de _____[13], wat doet die?
Ina   _____[14] vader is elektricien. Hij heeft _____[15] eigen bedrijf.
Hans O, misschien kan hij ons helpen! _____[16] videorecorder doet het niet
        en we wilden een bepaald programma opnemen. Zou _____[17]

vader misschien bij ons kunnen komen? Volgens mij kun je die video niet goed op _____ [18] televisietoestel aansluiten. Wij hebben dat toestel ook al heel lang en misschien is het verouderd.

Ina   Nee, jammer, hij is niet thuis en ik weet dat hij er ook morgen niet is, want hij gaat de hele dag naar _____ [19] oma. Die heeft ook een bedrijf en zij wil met de hulp van _____ [20] vader _____ [21] administratie in orde brengen. Maar bij ons staat nog wel een klein televisietoestel met een videorecorder. Wij gebruiken ze op dit moment niet. Die mogen jullie wel lenen. Ik kom ze wel even brengen. Dan zie ik meteen _____ [22] gezicht. Ik ken tenslotte alleen _____ [23] stem.

Hans   Als we _____ [24] apparatuur mogen gebruiken dan zijn wij ook uit de problemen. Dank je wel.

13   VOCABULAIRE   *Bij de teksten*

In twee van de drie zinnen kan het erboven staande woord worden ingevuld.
Welk woord zou u in de overgebleven zin kunnen invullen?

1. *overtuigen*
    a. De ballonvaarder trachtte ons ervan te _____ dat een reis met een ballon echt niet zo gevaarlijk is.
    b. Ik kan u _____ dat wij alles zullen doen om u van dienst te zijn.
    c. Ze kunnen mij er maar niet van _____ dat betaald werk meer bevrediging geeft dan vrijwilligerswerk.

2. *inmiddels*
    a. Het schaaktoernooi gaat wegens gebrek aan belangstelling niet door. Diegenen die zich hiervoor hadden opgegeven, zijn _____ op de hoogte gesteld.
    b. Tijdens onze fietstocht werden wij plotseling door een hevige regenbui overvallen. Na een uur in een café te hebben geschuild, konden wij onze tocht vervolgen, want het was _____ droog geworden.
    c. Toen de supporters tijdens de voetbalwedstrijd met elkaar gingen vechten, kwam de politie _____ tussenbeide.

3. *beduidend*
    a. Het aantal doelpunten dat Ajax dit jaar heeft gescoord ligt _____ lager dan vorig jaar.
    b. De professor hield een _____ betoog over een nieuwe benadering van het leren van een vreemde taal.
    c. Sinds ik tennisles heb, is mijn backhand _____ vooruitgegaan.

4. *oorzaak*
   a. Gisteravond is de stroom uitgevallen. De _____ was blikseminslag.
   b. De duizenden toeschouwers op weg naar de interland Nederland-Brazilië waren de _____ van de verkeersopstopping rond Amsterdam.
   c. Ze zegt dat ze geen tijd heeft mee te gaan naar de disco, maar de echte _____ is dat ze niet kan dansen.

5. *bezig*
   a. Ik ben nu nog even _____ . Straks zal ik je helpen.
   b. Ik heb het de laatste tijd zo _____ . Ik heb nergens tijd voor.
   c. Wij zijn _____ allerlei nieuwe planten in onze tuin te zetten.

6. *gebeuren*
   a. Deze romanschrijver laat dezelfde personen in al zijn boeken opnieuw

      _____ .

   b. Het kan _____ dat jongeren die vaak op straat rondhangen verkeerde vrienden krijgen.
   c. Dat er bij een sport als zweefvliegen een ongeluk kan _____ , is een risico dat je moet aanvaarden.

7. *doelloos*
   a. Zit niet zo _____ voor je uit te staren! Heb je niets beters te doen?
   b. Er wordt soms veel vergaderd, terwijl die vergaderingen weinig resultaat opleveren. Alle tijd die mensen eraan besteden, is dus vaak _____ .
   c. Zomaar _____ wat rondwandelen in een oud stadje of dorpje vind ik het leukste van de hele vakantie.

14 PREPOSITIES
Vul in.

Als het KNMI __in__[1] het weekeinde mooi weer voorspelt, kiest bijna iedereen __voor__[2] ontspanning __in__[3] de open lucht. Dat blijkt __uit__[4] de overvolle wegen die __naar__[5] de kust, de recreatiegebieden en pretparken leiden. Stel je voor, je bent __op__[6] weg __naar__[7] het strand, je staat al uren __in__[8] de file en je breekt er je hoofd __over__[9] of het nog wel zulk lekker weer is __aan__[10] de kust.
__Op__[11] een bepaald moment bel je de strandadvieslijn op __voor__[12] behulp __met__[13] je mobiele telefoon. Het weer blijft gelukkig mooi, maar je uitzicht blijft voorlopig beperkt __met__[14] blik. Je hebt verder niets __in__[15] handen; je neemt je toevlucht __tot__[16] de krant __op__[17] het moment

zijn toevlucht nemen tot (force)
→ resort to / have recourse to

dat er weer beweging komt __in__ 18 de file. Als je er ten slotte __in__ 19
slaagt de plek __om__ 20 je keuze te bereiken, kun je alleen nog maar __van__ 21
de zonsondergang genieten.

Informatie ontleend aan: ANWB Kampioen

15 SCHRIJVEN   *Aanvullen*

1. Mijn vriend besteedt bijna al zijn tijd aan computerspelletjes. Ik houd er niet
   van. Ik vind namelijk _____ .
2. Ik hoorde van Christine dat _____ . Daar keek ik van op.
3. De gemeente heeft besloten de kinderspeeltuin in onze buurt te sluiten,
   aangezien _____ .
4. Hoewel er op de begroting van de gemeente een bedrag voor de uitbreiding
   van recreatiemogelijkheden is opgevoerd, _____ .
5. Volgende week treedt hier de beroemde popgroep 'De Dijk' op. Ik heb er nu
   al kaartjes voor gekocht, want _____ .
6. Ik denk erover een volkstuin te huren. _____ . Aan de andere kant weet ik
   dat het heel veel tijd kost.
7. Jan stelde voor _____ , maar daar heb ik helaas geen geld voor.
8. Als Jeroen en Els me vragen of ik naar de vakantievideo's kom kijken,
   _____ . Ik vind er niets aan, want die video's zijn allemaal hetzelfde.
9. Sommige mensen zijn niet weg te slaan van de televisie. Dat is jammer, want
   _____ .
10. Mijn buurvrouw vroeg me _____ , maar daar moest ik natuurlijk wel
    even over nadenken.

16 SCHRIJVEN   *Memo*

U woont in een studentenhuis. Met een van uw huisgenoten had u afgesproken te gaan
zwemmen. Er gebeurt plotseling iets, waardoor u zich niet aan de afspraak kunt houden.
U moet weg voordat u dit aan uw huisgenoot kunt vertellen.

Schrijf nu een memo van maximaal vijftig woorden aan uw
huisgenoot waarin u zich in de eerste plaats verontschuldigt
dat u zich niet aan de afspraak kunt houden. In de tweede
plaats legt u uit wat er gebeurd is. Stel ook een andere dag
voor het zwemmen voor.

17 SPREKEN   *Korte opdrachten*

1. U wilt gaan squashen. U hebt een tegenspeler nodig. U belt een vriend op. Wat zegt u tegen hem?
2. U wilt met een huisgenoot naar het theater. U belt de schouwburg om kaartjes te reserveren voor de afgesproken dag. Wat zegt u?
3. Een collega van u heeft meegedaan aan een televisiequiz. Ze heeft een reis naar New York gewonnen. U hebt het programma gezien. Wat zegt u de volgende dag tegen haar?
4. U heeft met uw buren afgesproken naar de sauna te gaan. U verheugt zich erop. Een half uur voor vertrek bellen ze af. Wat zegt u tegen ze?
5. Uw buurmeisje nodigt u uit mee te gaan naar de kermis. Ze wil samen met u in de achtbaan. U vindt dat eng, maar dat wilt u haar niet zeggen. Wat zegt u tegen haar?
6. U stelt een collega voor één keer in de week voor werktijd met u te gaan zwemmen. Uw collega ziet dit absoluut niet zitten. U probeert hem over te halen. Wat zegt u?
7. Op een feest wordt goede muziek gedraaid, maar niemand danst. U wilt daar verandering in brengen. Wat zegt u tegen de persoon met wie u net in gesprek bent?
8. U hebt afgesproken met een medestudent te gaan schaken. U voelt zich niet zo lekker, maar u gaat toch. U staat binnen tien zetten mat. Uw tegenstander vraagt wat er aan de hand is. Wat zegt u tegen hem?

18 SPREKEN   *Middellange opdrachten*

1. Er is een film gemaakt van een boek dat u erg mooi vindt. Gaat u naar de film kijken of niet? Motiveer uw antwoord.
2. Voor welk soort vakantie zou u nooit kiezen? Motiveer uw antwoord.
3. U hebt met een vriendin een afspraak gemaakt de molentocht in de provincie Utrecht te gaan fietsen. Het regent. U wilt een andere afspraak maken. Bel haar op en stel haar voor iets anders te gaan doen.
4. U gaat elke dag joggen. Als een vriend dit hoort, reageert hij verbaasd. Leg hem uit waarom u dat doet.
5. U bent samen met iemand naar de bioscoop geweest. Na afloop blijkt dat de ander de film erg slecht vond terwijl u juist heel enthousiast bent. Leg de ander uit waarom.

19 SPREKEN *Lange opdracht*

Iedereen besteedt zijn vrije tijd anders. Dat heeft niet alleen te maken met de hoeveelheid
vrije tijd die je ter beschikking hebt, maar het is ook een kwestie van smaak, geld en cultuur.
Er is in Nederland bijvoorbeeld veel water te vinden en daarom zijn watersporten
in Nederland erg populair.

Besteed aandacht aan punt **a** en punt **b**.

a.   Vertel iets over een veel voorkomende vorm van ontspanning in uw land en probeer een
     verklaring te geven waarom die vorm van ontspanning zo populair is.
     Vertel bovendien op welke manier u zelf uw vrije tijd indeelt.

b.   Er zijn ongetwijfeld vormen van ontspanning waar u tegen bent. Welke zijn dat?
     Motiveer uw antwoord.

20 LUISTEREN *Meerkeuzevragen*

Hieronder staat een aantal vragen en beweringen bij het luisterstuk 'Fotografie'.
Kruis aan wat juist is.

1.   Wat is het verschil in benadering tussen het creatief centrum en de fotoclub?
     a.   Bij de fotoclub is de gezelligheid minstens zo belangrijk als de eind-
          prestatie.
     b.   Bij het creatief centrum is de gezelligheid minstens zo belangrijk als de
          eindprestatie.
     c.   Er is nauwelijks verschil in benadering.

2.   Wat brengt mensen ertoe bij de heer Lensink een fotografiecursus te gaan
     volgen? (Meerdere antwoorden zijn juist.)
     a.   Ze willen als gepensioneerde iets om handen hebben.
     b.   Ze willen contact met andere mensen.
     c.   Ze willen de fotocursus voortzetten die ze in een andere stad begonnen
          zijn.
     d.   Ze willen graag lid van een fotoclub worden.
     e.   Ze willen zich voorbereiden op hun pensioen.
     f.   Ze willen een avond van huis zijn.

3.   Moeten de cursisten volgens de heer Lensink iets van camera's weten?
     a.   Ja, ze moeten een klein beetje op de hoogte zijn van het functioneren
          van een camera.
     b.   Ja, ze moeten weten dat foto's gemaakt met grote glimmende rolreflexen
          in het algemeen beter zijn.
     c.   Nee, ze hoeven niets van camera's te weten.

4. De heer Van der Meulen spreekt over 'deze foto'. Hoeveel mensen staan
erop?
   a. Twee.
   b. Drie.
   c. Dat is onbekend.

5. Voor de heer Van der Meulen betekent het inhoudelijke van de foto
   a. dat de personen herkenbaar zijn.
   b. dat het dynamische van nu herkenbaar is.
   c. dat er flits is gebruikt.

21 LUISTEREN *Meerkeuzevragen*

Hieronder staat een aantal vragen en beweringen bij het luisterstuk 'Yoga'.
Kruis aan wat juist is.

1. Niemand doet aan yoga uitsluitend omdat hij het leuk vindt.
   a. Dat is waar.
   b. Dat is niet waar. *ontspanning*

2. Is de doelstelling van yoga voor mensen uit het westen dezelfde als die voor
mensen uit India? *je prett - voele in j. lislaan*
   a. Ja, die is dezelfde.
   b. Nee, want de westerse mens is in het algemeen materialistischer.
   c. Nee, want de westerse mensen hebben meestal andere klachten dan
   mensen uit India.

3. Wat houdt hatha yoga volgens Isabelle Plomp in?
   a. Het zich helemaal kunnen ontspannen.
   b. Het goed leren ademhalen.
   c. Het vinden van een evenwicht tussen contrasten als spanning en
   ontspanning.

4. Sommige mensen die lichamelijke klachten hebben, gaan naar yoga nadat ze
eerst bij een fysiotherapeut zijn geweest. Dat doen ze omdat ze bij een
fysiotherapeut geen lichamelijke oefeningen kregen.
   a. Dat is waar.
   b. Dat is niet waar. *wordt niet gezegd*

5. Waarom is volgens Isabelle Plomp yoga geschikt voor iedereen?
   a. Omdat het er niet om gaat wat iemand presteert.
   b. Omdat blijkt dat mensen van 94 jaar net zoveel bereiken in de yoga
   als mensen van een jaar of 20.
   c. Omdat iedereen de yogaoefeningen kan begrijpen als zij ze voordoet.

6. Hoe is Isabelle Plomp ertoe gekomen yoga professioneel te gaan doen?
   a. Omdat ze via yogalessen van haar verslaving is afgeholpen.
   b. Omdat zij anderen wil laten ervaren wat zijzelf ervaren heeft.
   c. Omdat zij van dans te moe werd.
7. Hoe beschrijft Isabelle Plomp de cobrahouding? Je ligt op je buik en je duwt
   a. je hoofd zo ver mogelijk omhoog.
   b. je hoofd, borst en billen zo ver mogelijk omhoog.
   c. je hoofd en je bovenlichaam zo ver mogelijk omhoog.
8. Wat denkt Isabelle Plomp dat ze kan voorkomen door zo intensief met yoga bezig te zijn?
   a. Rug- en schouderklachten.
   b. Spanningen door het dagelijks leven.
   c. Hoofdpijn.

sores → aches & pains

In het park

Niet de agent met de fiets
hij staat bij het blauwe theehuis
niet de man bij de vijver
wat hij ziet weet ik niet
ook niet de vrouw met de kinderwagen
die in deze richting loopt
maar de oude man op de bank
en ik op de andere bank
wij kijken beiden
hoe mijn tapijt van broodkruimels
een tapijt van mussen wordt

Uit: K. Schippers, *De waarheid als De koe*

1 TEKST

oef. 5 , 11
2 , 3
8 9 (2 & 3)

Sport

kleben

1 Wat kluistert miljoenen landgenoten tegelijkertijd aan de beeldbuis, overdag,
_ 's avonds, ja, zelfs 's nachts? Wat voert ons in wind en regen met honderd-
_ duizenden naar de waterkant of drijft ons naar velden, banen, zalen en hallen?
_ Wat verenigt ons met tienduizenden op de Coolsingel, of op het Leidseplein?
5 Waar zie je vreugde en verdriet zo dicht naast elkaar? Waar schrijven ze zo
_ bloemrijk over in kranten en tijdschriften? Wat wordt te berde gebracht als het
_ gaat om conditie, gezondheid en sociale contacten? Over welk onderwerp dis-
_ cussiëren we zo vaak en zo heftig?
_ Dat is sport. Het zijn namelijk niet alleen de sportbeoefenaars maar ook de toe-
10 schouwers die door sport geboeid worden. Die kunnen ervan genieten zonder
_ zich te hoeven inspannen. Zo verwoordt Th. Manders de betekenis van sport in
_ onze samenleving.

_ In zijn artikel in NRC Handelsblad onderstreept R. Lubbers onder andere de
15 economische waarde van sport. Grofweg de helft van de bevolking doet eens
_ per week aan sport, ruim vier miljoen sporters doen dat in verenigingsverband.
_ Sportkleding, attributen, sportieve vakanties, dat zijn voorbeelden van zaken

18 waar we veel geld aan uitgeven. Verder spelen televisierechten voor bepaalde uit-
___ zendingen en sponsoring een belangrijke economische rol. Bovendien zeggen ze
20 wel dat er geen betere Nederland-promotie denkbaar is dan een gouden medaille.
___ Wie er een gewonnen heeft, is het visitekaartje van ons land. Sport is, kortom,
___ een bedrijfstak waar miljarden mee gemoeid zijn, aldus Lubbers.

___ De Consumentengids sluit zich daarbij aan, zij het om een andere reden. In een
25 artikel over sportblessures schrijft het blad dat je van sporters minder vaak
___ klachten hoort over verhoogde bloeddruk, vetzucht of stress en dat van hen
___ bekend is dat zij sneller herstellen van ziektes of operaties. Sportbeoefening is
___ goed voor lijf en leden, merkt het blad op, tenzij je geblesseerd raakt. En het zijn
___ die blessures, zo'n twee miljoen per jaar, waar Lubbers niet bij stilstaat.
30 Als iemand last heeft van een sportblessure, heeft ook de samenleving er last van.
___ Je realiseert je eigenlijk nooit zo goed hoeveel ziekteverzuim er te wijten is aan
___ sporten en hoeveel beslag blessures leggen op de medische voorzieningen, zo valt
___ te lezen in de Consumentengids.
___ Eén voorbeeld van blessurepreventie dat het blad geeft, mag u niet missen:
35 'Doet u zelden aan sport, ga dan niet op het jaarlijkse sportevenement van uw
___ personeelsvereniging de jonge hond uithangen die wel even alle getrainde binken
___ achter zich zal laten. Ten eerste lukt zoiets zelden, ten tweede is het vragen om
___ problemen met uw lijf.'

Naar: Th.G.W.M. Manders, *Vormen van Sportbeoefening*, R.F.M. Lubbers, *Sport is mede een
spiegel van maatschappelijke ontwikkelingen*, en: De Consumentengids, *Sportblessures: preventie
èn behandeling taak voor huisarts*

a. Welke functie heeft 'namelijk' in regel 9?
b. Welke functie heeft 'kortom' in regel 21?
c. 'De Consumentengids sluit zich daarbij aan' (regel 24).
    Waar sluit de Consumentengids zich bij aan?

2 **LEZEN**   *Meerkeuze- en open vragen*

1. Welke sporten voeren ons naar de waterkant?
    Welke naar velden?
    Welke naar banen?
    Welke naar zalen?
    Welke naar hallen?
    Welke naar stadions?
    Wat hebben de Coolsingel en het Leidseplein met sport te maken?

2. Verklaar wat bedoeld wordt met: 'Waar zie je vreugde en verdriet zo dicht naast elkaar?' (regel 5) *Een sporter heeft soms groot succes en soms niet wat verdriet met zich mee brengt*

3. De heer Lubbers zegt in zijn artikel dat
   a. iets meer dan de helft van de bevolking in verenigingsverband aan sport doet.
   b. iets meer dan vier miljoen mensen als lid van een sportvereniging sport beoefenen.
   c. iets meer dan vier miljoen mensen twee keer per week sporten.

4. Wat heeft het winnen van een gouden medaille te maken met de promotie van een land? *Het is goed voor de reputatie voor een land (in dit geval Nederland) als spelers een gouden medaille winnen.*

5. Welk voorbeeld noemt de Consumentengids van evenementen waarop je vooral niet 'de jonge hond moet uithangen'? *Veranstalting*
   a. Sportevenementen georganiseerd door een bedrijf.
   b. Sportevenementen georganiseerd door een sportvereniging.
   c. Sportevenementen waar goed getrainde sporters laten zien wat ze kunnen.

6. In hoeverre leggen sporters beslag op de medische voorzieningen volgens de Consumentengids? *beanspruchen Ze leggen heel veel beslag op de medische voorzieningen*

7. Waarom noemt de heer Lubbers sportblessures niet in zijn artikel?

8. Zijn sportblessures alleen maar ongunstig voor de economie? Waarom wel of waarom niet? *Nee ! de samenleving heeft er ook veel last van* *Misschien omdat die veel ziekte - verzuim met zich mee brengen.*

3 VOCABULAIRE   *Bij de introductietekst*

Honderdjarige bungee jumper

geblesseerde → Verletzte daar valt niet mee te lachen / fallen, stürzen

aldus, boeien, doen, gaan, geblesseerd, heftig, toeschouwer, vallen, vreugde, zelden

In Amerika __valt__¹ er altijd wel iets bijzonders te beleven. Deze keer __gaat__² het om een spectaculaire bungee sprong. Vrienden en familie stonden __boeiend__³ toe te kijken hoe de 100-jarige S.L. Potter uit San Diego van een 63 meter hoge toren sprong, vier keer opveerde en vervolgens stil bleef hangen, __aldus__⁴ het dagblad Trouw.

Een buurman uit het verzorgingscentrum waar hij woonde, schreeuwde: 'O jee, hij is vast __geblesseerd__⁵! Hij is misschien wel dood!' Maar tot grote __vreugde__⁶ van de __toeschouwers__⁷ begon Potter te bewegen. Hij zwaaide __heftig__⁸ met zijn knokige arm. Potter hoopt met deze sprong de geschiedenis in te gaan als de oudste bungee jumper ter wereld. Een honderdjarige die aan bungee jumping __doet__⁹, zoiets zie je toch __zelden__¹⁰.

aan sport doen → sport treiben / daar is niets meer aan te doen / ik kan er niets aan doen / Ik heb met hem te doen → er tut mir leid eigenlijk, genieten, herstellen, klacht, last, lukken, te berde brengen, zich realiseren

Zijn bejaarde kinderen en zijn voormalige arts hadden nooit gedacht dat het hem zou _____lukken_ 11. Ze hadden als argument om het niet te doen _te_____ 12 _berge_ 12 _gebracht_ 12 dat hij het niet zou overleven. Ze hadden _____zich_ 13 kennelijk niet _gerealizeerd_ 13 hoe vitaal Potter _eigenlijk_ 14 nog was.

Na afloop zei Potter nergens _last_____ 15 van te hebben. Hij voelde zich alleen een beetje moe maar daar _herstelde_ 16 hij snel van. Hij _genoot_____ 17 van zijn succes. Zijn enige _klacht___ 18 was dat hij zijn gebit niet in had, maar dat was logisch: springen met een kunstgebit is namelijk verboden.

Informatie ontleend aan: *Trouw*

4   GRAMMATICA   *Voorlopig subject*

Vul *dat* of *het* in en zet het werkwoord tussen haakjes in de juiste vorm.

Voorbeelden:

Wat kluistert miljoenen landgenoten aan de buis? _____ [zijn] sport.

Dat is sport.

Wat zijn 'getrainde binken'? _____ [zijn] kerels die veel aan sport doen.

Dat zijn kerels die veel aan sport doen.

Wat voor een blad is de Consumentengids? _____ [zijn] een tijdschrift. _____ [geven] voorlichting aan consumenten.

Dat is een tijdschrift. *Het geeft* voorlichting aan consumenten.

1. Wat is de Coolsingel? _Dat is__ [zijn] een bekende straat in het centrum van Rotterdam.
2. Hoe ziet de Coolsingel eruit? _Dat is__ [zijn] een vrij brede straat met veel groen en grote gebouwen.
3. Wie is die man met dat grijze haar en dat koffertje? _Dat is_ [zijn] de clubarts. _Het is__ [zijn] een stille man met veel geduld.
4. [Zijn] _____ nou topschaatsers? _____ [lijken] wel huis-, tuin- en keukenrijders zoals ze nu schaatsen!
5. Wat is het Nederlands Elftal? _____ [zijn] een selectie uit de beste voetballers van Nederland.
6. Deze week zijn de namen van de spelers van het Nederlands Elftal bekend gemaakt. _____ [worden] een heel nieuw elftal.
7. Wie was de 'vader' van de Olympische Spelen? _____ [zijn] De Coubertin.

Die kan geen onderwerp zijn

8. Wat voor een artikel [zijn] _____? _____ [zijn] een artikel over de economische aspecten van sport.
9. Wie zie je urenlang aan de waterkant zitten? _____ [zijn] de echte sportvissers.

5 **GRAMMATICA** 🔲 *Pronomen personale*

Vul in: *jij/je*, *zij/ze* en geef aan of het persoonlijk of onpersoonlijk is gebruikt.
Voorbeeld:

Heb _____ ooit een sportblessure opgelopen?
Heb *jij* (persoonlijk) ooit een sportblessure opgelopen?
_____ hoort van sporters minder vaak dat _____ klachten hebben over hun gezondheid.
Je (onpersoonlijk) hoort van sporters minder vaak dat *ze* (persoonlijk) klachten hebben over hun gezondheid.

Mooie wedstrijd, of toch niet …   ○ onpersoonlijk

'_Ze_¹ schrijven in de krant dat het een mooie wedstrijd was. Vond _jij_² het eigenlijk een mooie wedstrijd?'
'Wat bedoel _je_³ met mooi? Mooi in de betekenis van mooi?'
'Ja, mooi in de ouderwetse betekenis, zal ik maar zeggen.'
'Nee, mooi vond ik hem niet. Als wedstrijd dan.'
'Nee, ik ook niet. Maar als voetbalwedstrijd had hij, hoe zal ik het zeggen, toch wel zijn eigen soort schoonheid.'
'Vond _jij_⁴? Het was wel wat _jij_⁵ noemt een echte wedstrijd, dat is waar.'
'Precies! Dat bedoel ik. En daar kom _je_⁶ toch voor, bij voetbal. Een echte wedstrijd!'
'_Je_⁷ had geen moment het idee dat er niets op het spel stond, bedoel _jij_⁸ dat soms?'
'Ja, dat bedoel ik. De wedstrijd had zijn inzinkingen, _ze_⁹ wisten af en toe niet wat _ze_¹⁰ er mee aan moesten, de spelers, maar er ging toch de volle anderhalf uur een soort dreiging van de wedstrijd uit, in de richting van de toeschouwers. Ook tijdens de windstille momenten in de wedstrijd had _je_¹¹ toch steeds het gevoel dat er meer op de loer lag dan _je_¹² zag. Dus dat had _jij_¹³ ook?'
'Ja. En het was natuurlijk wel een geluk dat de arbitrage helemaal in orde was. Want bij zulke wedstrijden hoeft er maar dat te gebeuren of _je_¹⁴ hebt de poppetjes aan het dansen.'

'En de uitslag gaf de verhouding wel goed weer, vond ik. _____15 weet nu
eenmaal dat _____16 niet automatisch wint, ook al val _____17 het
meeste aan. Dat is nu ook wel weer gebleken.'
'Dat is het aardige van voetbal, dat zeggen _____18 altijd, dat het zo onrecht-
vaardig is, en zo onvoorspelbaar. Nou ook weer. Eerst die bal op de paal en even
later is het opeens aan de andere kant raak!'
'Hoe kom _____19 daar nou bij? Het was eerst raak, en daarna kwam pas
die bal op de paal aan de andere kant.'
'Nee, hoor!'
'Ik weet het zeker.'
'Maar ik weet het nog zekerder, eerst schoot Guyt tegen de paal... .'
'Kaltz zal _____20 bedoelen, wat zeur _____21 nou over Guyt. Over
welke wedstrijd heb _____22 het eigenlijk?'
'Ik? Over SC Cambuur-Volendam natuurlijk! _____23 dan niet?'
'Nee, natuurlijk niet. Ik had het over Nottingham tegen HSV Hamburg.
Dat leek me nogal duidelijk!'

6   **GRAMMATICA**   *Pronominale aanduiding*

Sommige woorden/woordgroepen worden herhaald. Vervang deze door een pronomen
personale of een zelfstandig gebruikt demonstratief pronomen.
Voorbeeld:
Hoewel toeschouwers niet aan het spel deelnemen, kunnen *toeschouwers* wel van het
spel genieten.
Hoewel toeschouwers niet aan het spel deelnemen, kunnen *ze* wel van het spel genieten.

1. De verslaggever moet de uitslag van de wedstrijd doorgeven, want de uitslag
   moet vanavond nog in de krant.
2. Toen mevrouw De Vries naar het tennissen van haar dochter keek, zag
   mevrouw De Vries dat haar dochter ging verliezen.
3. Jan vroeg de dokter of hij weer aan de trainingen mee mocht doen, maar de
   dokter zei dat Jan dat nog niet mocht.
4. Ik sprak met een hoogleraar die trachtte een definitie van sport te formu-
   leren. De hoogleraar had de definitie opgeschreven, maar de definitie klopte
   niet.
5. Veel mensen hebben een mening over agressie in de sport, hoewel de agressie
   in de sport nog weinig wetenschappelijk is onderzocht.
6. De toeschouwers hinderen de topsporters weleens met hun lawaai, waardoor
   de topsporters hun concentratie verliezen.
7. De scheidsrechters proberen zo objectief mogelijk in conflictsituaties te
   beslissen, maar de scheidsrechters maken ook weleens een vergissing.

8. Mijn been wordt door de sportmasseur gemasseerd, maar de sportmasseur zegt dat mijn been nog wel een poosje stijf zal blijven.

7 TEKST

Gehoord en ongehoord

Hoe gevaarlijk is de autosport? Deze vraag wordt mij na praktisch elke televisie-uitzending van een Grand Prix gesteld. Mijn antwoord is dan steevast: 'Welke autosport?' want er bestaan zo veel verschillende vormen van.

Het valt natuurlijk niet te ontkennen, dat de autoracerij gevaarlijk is, weliswaar minder gevaarlijk dan men over het algemeen aanneemt, maar het blijft een sport vol risico's en er zullen ook altijd mensen zijn, die het leven pas waardevol vinden als ze risico's kunnen nemen.

Waar ik echt niet goed van word, dat is van die televisiecollega's in binnen- en vooral buitenland, die over de 'racewaanzin' praten, de 'autosport, die geen sport is' en die vervolgens in hun sportprogramma een dodelijk raceongeluk brengen en liefst zes keer herhalen, met vertraagde beelden en al. En die

dan na een uitzending onder elkaar bij een gezellig drankje zeggen: 'Dat was mooi voor de mensen, een lekker brokje televisie, wat een klapper!'

Zondag, in de Grand Prix van Monaco met dat sensationele slot, hebben de tv-kijkers twee keer kunnen zien hoe een coureur zijn wagen opvouwde. Eerst Arnoux, daarna Prost. Beiden mogen van geluk spreken, want zij kwamen er goed af, maar hun opvallend sterke Renaults waren niet meer geheel in staat van nieuw. Overigens houden die twee ongelukken ook een les in voor ons huis-, tuin- en keukenrijders. Namelijk om in de auto de gordels echt om te doen, want wat zou er met Arnoux en Prost gebeurd zijn als ze niet zo stevig in hun speciale racegordels hadden gezeten en uit de wagen waren geslingerd? Het is trouwens onbegrijpelijk, dat er tijdens de Grote Prijzen van Monaco, zo lang er om de

wereldtitel gestreden wordt - en dat is sinds 1950 - maar twee dodelijke ongelukken zijn gebeurd. Een bochtig circuit van 3312 meter, waarin gemiddeld 26 keer per ronde geschakeld moet worden, dat is tijdens een twee uur durende race zo'n 1800 maal of wel elke vijf seconden. Stelt u zich dat eens voor, zittend in een brullende bolide, één bocht al bocht, ontkoppelen, schakelen, sturen, door een tunnel flitsen, in de achteruitkijkspiegels kijken, remmen, en dat twee uur lang in een razende cadans, terwijl de wagen als gevolg van een gebrek aan vering om het grondeffect te bevorderen toch al weinig comfort biedt. Monaco is een van de circuits waarin de lichamelijke conditie van de coureur een grote rol speelt.

Frans Henrichs

Uit: *Utrechts Nieuwsblad*

8   LEZEN   *Meerkeuzevragen*

Hieronder staat een aantal beweringen. Kruis aan wat juist is.

1. De autoracerij is volgens de schrijver
    a. helemaal niet gevaarlijk.
    b. niet zo gevaarlijk als je zou denken.
    c. gevaarlijker dan de meeste mensen denken.
2. De schrijver zegt dat sommige mensen
    a. het leven zonder gevaar niet de moeite waard vinden.
    b. het niet leuk vinden om spannende dingen te doen.
    c. het leven pas waardevol vinden als ze geen risico's hoeven te nemen.
3. De mening van de schrijver over het laten zien van een dodelijk ongeluk
    op de tv is de volgende.
    a. Hij vindt het nodig om zo'n ongeluk zes keer te laten zien om de mensen
        te demonstreren hoe waanzinnig de racesport is.
    b. Hij vindt het niet goed dat men het op tv laat zien, maar wel mooi:
        voor de mensen een lekker brokje tv.
    c. Hij vindt dat op die manier de autosport ten onrechte als waanzinnig en
        sensationeel wordt voorgesteld.
4. De coureurs Arnoux en Prost deden aan het eind van hun race het volgende:
    a. ze verzorgden de auto's in de garage.
    b. ze reden de auto's in elkaar.
    c. ze klapten de uitstekende delen in.
5. a. Aan het eind van de race waren Arnoux en Prost er beter aan toe dan hun
        auto's.
    b. Aan het eind van de race waren de auto's nog zo goed als nieuw, daarom
        waren de coureurs gelukkig.
    c. Aan het eind van het tv-programma over de race zag je de coureurs
        gelukkig naast hun nieuwe auto's staan.
6. Huis-, tuin- en keukenrijders zijn
    a. mensen die alleen in de buurt van hun huis mogen rijden.
    b. mensen die met een woonwagen achter hun auto rijden.
    c. mensen zoals u en ik.
7. De schrijver vindt
    a. dat er weinig dodelijke ongelukken voorkomen tijdens wedstrijden om de
        Grote Prijs van Monaco.
    b. dat de autosport gevaarlijk is, maar twee dodelijke ongelukken tijdens
        één wedstrijd, dat begrijpt hij niet.
    c. het onbegrijpelijk dat er al zo lang om de wereldtitel gestreden wordt.

8. a. Eén race in Monaco gaat over 26 rondes.

   b. Eén keer schakelen duurt 5 seconden.

   c. Men moet per uur ongeveer 900 keer schakelen.

9. Volgens de auteur

   a. brullen de coureurs.

   b. brullen de auto's.

   c. brullen de toeschouwers.

10. De wagens hebben

   a. een goede vering, maar weinig comfort.

   b. weinig vering om te zorgen dat ze goed contact met de grond houden.

   c. zo'n goede vering dat ze vaak van de grond komen.

9   GRAMMATICA   *Pronominale aanduiding*

Vul in.

De autosport. _____¹ is een gevaarlijke sport. Hoe gevaarlijk is _____²?
_____³ kan _____⁴ niet zeggen. _____⁵ hangt af van het soort auto
waarmee _____⁶ rijdt.

_____⁷ bestaan races in open-formulewagens (_____⁸ zijn de echte
raceauto's, _____⁹ gebruiken _____¹⁰ bij de wedstrijden om het
wereldkampioenschap voor autocoureurs) en _____¹¹ bestaan races in gesloten toerwagens (_____¹² zijn 'gewone' auto's, _____¹³ mogen ook
op de openbare weg rijden). Verder heb _____¹⁴ nog rally's en rallycrosses.
_____¹⁵ valt niet te ontkennen, dat de racerij gevaarlijk is, en duur.
De formule-I-wagens, _____¹⁶ zijn de duurste, en races met zulke auto's,
_____¹⁷ zijn het gevaarlijkst, maar _____¹⁸ zijn niet zo gevaarlijk als
_____¹⁹ meestal denkt.
In de autosport moet _____²⁰ risico's nemen. 'Het rijden met hoge snelheid,
_____²¹ geeft _____²² een kick', zeggen de coureurs. _____²³
houden van risico's nemen, _____²⁴ maakt het leven pas waardevol, zeggen
_____²⁵. Zonder risico's vinden _____²⁶ _____²⁷ niet spannend
genoeg, _____²⁸ vinden _____²⁹ niets aan. 'Autosport, _____³⁰ is
geen sport en autocoureurs, _____³¹ zijn geen sportmensen, en _____³²
zijn zeker geen topsporters.' Die opmerking hoor _____³³ vaak. Maar
_____³⁴ is absoluut niet terecht. _____³⁵ blijkt toch duidelijk als
_____³⁶ de verrichtingen van een coureur tijdens de race om de Grote Prijs
van Monaco bekijkt.

10 GRAMMATICA   *Pronominale aanduiding*

Vul in.

In Monaco hebben _____¹ een beroemd circuit, _____² is 3312 meter
lang, en _____³ heeft verschrikkelijk veel bochten. _____⁴ moet per
ronde gemiddeld 26 keer geschakeld worden, _____⁵ is 1800 keer in één race.
(_____⁶ duurt ongeveer twee uur, dus _____⁷ betekent dat _____⁸
als coureur elke vijf seconden moet schakelen!)
Stelt _____⁹ _____¹⁰ _____¹¹ eens voor! _____¹² zit in zo'n
ongemakkelijke auto – comfortabel kunnen _____¹³ _____¹⁴
niet noemen, _____¹⁵ heeft bijvoorbeeld vrijwel geen vering – _____¹⁶
hoort niets dan brullende motoren, _____¹⁷ zit in een pak dat _____¹⁸
moet beschermen tegen vuur, _____¹⁹ kijkt onophoudelijk in je spiegel,
_____²⁰ bestuurt de wagen, _____²¹ stuurt _____²² haarscherp
door de bochten (_____²³ zijn talrijk, _____²⁴ zijn _____²⁵ heel veel,
_____²⁶ weet _____²⁷), _____²⁸ bent tot het uiterste geconcen-
treerd want _____²⁹ weten _____³⁰ allemaal: als _____³¹ één
seconde verslapt, kan _____³² _____³³ je leven kosten, en niet alleen
_____³⁴ eigen leven maar ook _____³⁵ van anderen! Moet _____³⁶
dan niet de lichamelijke conditie van een topsporter hebben, en worden _____³⁷
dan niet dezelfde eisen aan _____³⁸ gesteld als aan _____³⁹ ?

11 SPELLING
Vul in.

Het auto-ongeluk   *kneuzen → quetschen (kneuzing (noun))*

1 Mijn vrienden Jan en Els liggen met zware verwondingen in het ziekenhuis.
_ Jan heeft gekneusde ribben en Els' beiden benen zijn op ver-
_ schillende plaatsen gebroken. Zij hebben een vreselijk auto-ongeluk gehad.
_ Het werd veroorzaakt door een dronken automobilist. Doordat Jan en
5 Els stevig in hun veiligheidsgordels zitten, hebben zij het ongeluk
_ overleefd.
_ Natuurlijk leidde dit alles tot een proces. De rechter stelde de beklaagde
_ allerlei vragen, die deze soms op een wat vage manier beantwoordde.

10 rechter: Ik heb begrepen dat u op het moment van het ongeluk met
_   een vaart van 140 kilometer langs de weg raagde. Is dat zo?
_ beklaagde: Waarschijnlijk wel.
_ rechter: Rijdt u altijd zo hard?

——	beklaagde:	Nee, mee normaal niet.
15	rechter:	Waarom rijt u dan nu zo hard, terwijl het u bekende
——		was dat het zo miste e?
——	beklaagde:	Wij reden op een zojuist verbrekende weg. Het was ook een
——		goed verlichtte weg, met drie rijbanen nen.
——	rechter:	Waarom zagt u dan uw tegenligger niet?
20	beklaagde:	Zowel mijn voor als achter uit waren beslagen. Wij
——		vlugen in volle vaart uit de bocht t.
——	rechter:	Waarom trachtte u er na het ongeluk vandaar te gaan?
——	beklaagde:	Ik wist in de opwinding niet wat er gebeurde .
——	rechter:	Door de bloedproeb en is bewie zen dat u z even borrel
25		of acht op moet hebben gehad. Vindt u niet, dat u grote te
——		risico s loopt, wanneer u in een dergelijke toestand
——		achter het stuur gaat zitten en?
——	beklaagde:	Ik voelde mij helemaal l fit.
——	rechter:	Met zijn hoevele len zat u in de auto?
30	beklaagde:	Wij waren en met zijn drie en n.
——	rechter:	Degenen die reden was u en niet één van de andere ?
——	beklaagde:	Ja.

—— De beklagde gde schie n niet welijks geïn teresseerd te zijn in
35 degene die door zijn toedoen gewond waren geraakt . Ik heb mij
—— dood geërgerd aan zijn onsportieve houding. Iemand anders in de
—— rechterz aal zei dat het zo tragisch was dat zijn jongeman zo
—— weinig emotie toonde.

ergernis → Ärger
ergeren → ärgern

12 SPELLING

Vul in. *iemand last bezorgen → jdm Ärger machen*
wrevelig / boos / ärgerlich

Enige beschouwingen over sport

1 Zowel in binnen als buite nland werd vroeger sport, zelfs in
—— internationa le wedstrijden, door amateurs beoefend . Er bestonden
—— wel beroepss porters, maar die werkten hoofd zakelijk als trainers.
—— Sinds de televisie in ons leven van alle dag geï ntegreerd is,
5 verwacht de kijker op allerlei ei gebied iets bijzonders . Dus ook op
—— het gebied van sport.
—— Trainen kost veel tijd. Iedereen die zelf sport beoefent weet
—— dit. Natuurlijk kostte het trainen voor de amateur vroeger ook veel tijd,
—— maar hij had andere bezighe den, hij nl. moest in zijn eigen

10 levens_onderhoud voorzien. Kan beroeps_port dus uitsluitend
— als vooruitgang beschouwd worden? Alles heeft zijn voor - en
— nadelen. Men beweert weleens dat een amateursporter veel meer
— vreugde aan sport beleeft. Voor een amateur heeft winnen of
— verliez en geen financiële gevolgen. Winst of verlies zijn alleen
15 mee - of tegenvallers. Men speelt meer om het spel. Maar voor

Enerzijds — de beroeps_porter ligt dat anders. Enerzijds beleeft hij
— ook plezier aan het zo goed mogelijk verrichten van fantastische pres-
— taties, evenals iedereen die een beroep uitoefent. Maar anderzijds
— is de beroeps_porter financieel afhankelijk van zijn prestaties, meer
20 dan wie dan ook. Er worden gigantische bedragen in de sport
— verdiend. Er wordt weleens beweerd dat een sporter veel meer
— verdient dan een directeur van een groot bedrijf. Maar de sporters

nemen *het* *kwalijk* — verwijten het publiek op hun beurt dat het vergeet dat hun inkomen
— ophoudt, zodra zij voor de sport te oud worden.
25

— Onze krant meldde gisteren een illustratief voorbeeld van een
— oude topsporter. Een voormalig bokskampioen wilde om finan-
— ciële redenen nog eens proberen een wedstrijd te spelen. Het publiek
— verwachtte een spannende wedstrijd, maar de verwachte spanning
30 bleef uit. Voordat het hoogtepunt bereikt was, verwondde
— de tegenstander hem zo ernstig dat hij met een gebroken neus de
— wedstrijd moest opgeven. Wat voor plezier heeft hij er nu aan beleefd?

13 UITDRUKKINGEN

Gebruik de volgende uitdrukkingen in de tekst.

Elkaar de bal toespelen *elkaar helpen*   [Iets] op de lange baan schuiven *iets uitstellen / iets niet meteen doen*
[Iemand] buiten spel zetten *iemand negeren / paraat*   Touwtrekken *concurrentie / competitie*
[Iemand] in het zadel helpen *iemand helpen in de carrier*

Hoe verlopen de onderhandelingen over het vormen van een regering, als niet één
partij duidelijk de meerderheid in het parlement heeft?
Eerst gaan alle politieke partijen _____ om te zien welke partijen deel van
de regering kunnen gaan uitmaken. Het is duidelijk dat iedere partij zijn eigen
mensen _____ wil _____ .
Na onderhandelen blijven er misschien twee partijen over, die moeten trachten
een regering te vormen. Deze partijen _____ om de andere partijen
_____ te _____ , maar ook die twee partijen zijn het dan weer
onderling oneens over een regeerakkoord, waardoor de indruk gewekt wordt
dat het vormen van een regering _____ wordt _____ .

6) Ondanks alle voorzorgsmaatregelen in verband met de
Europacupfinale, was er weer
chaos op de straten naar ~~het~~ de
wedstrijd. Sommige fans hebben
'herrie geschopt'. De schade loopt in de
honderdduizenden.

7)
Ik ga een keer per week
voleyballen. In de eerste plaats
blijf ik op die manier / zodoende
fit, gezond & actief.
In de tweede plaats ontmoet ik
er aardige mensen.

8) Sport is gezond, tenzij men het
niet overdrijft.

9) Sommige mensen beweren dat
sport tijdsverspilling is, maar
daar ben ik het niet mee eens.

10) U moet 100 hfl betalen om
bij de spot vereniging lid te kunnen
worden. Anders kunt u niet aan de training deelnemen

14) Schrijven

1) Toen de uitslag van de wedstrijd bekend werd, was Paul blij de winnaar te zijn

2) De gemeente wil bij ons in de buurt sportvelden aanleggen. Dat betekend wel dat ~~er~~ enkele ~~bomen~~ moeten verdwijnen

3) Sommige mensen vinden boksen een afschuwelijke sport om naar te kijken Anderen daarentegen zijn gek op.

4) Ons elftal heeft helaas verloren, hoewel iedereen ~~dachte~~ dat ~~~~ we zouden winnen. Ik weet zeker dat we de volgende keer weer zullen winnen.

5) Je moet wel weten wat je doet als je je voor een bungee-jump inschrijft. Het is namelijk een sport, die niet zonder risico's is.

14 SCHRIJVEN   *Aanvullen*

1. Toen de uitslag van de wedstrijd bekend werd, _____ .
2. De gemeente wil bij ons in de buurt sportvelden aanleggen. Dat betekent (wel *negatieve betekenis* dat _____ .
3. Sommige mensen vinden boksen een afschuwelijke sport om naar te kijken. Anderen daarentegen _____ .
4. Ons elftal heeft helaas verloren, hoewel _____ . Ik weet zeker dat we de volgende keer wel zullen winnen.
5. Je moet wel weten wat je doet als _____ . Het is namelijk een sport die niet zonder risico's is.
6. Ondanks alle voorzorgsmaatregelen in verband met de Europacupfinale _____ . De schade loopt in de honderdduizenden.
7. Ik ga één keer per week volleyballen. _____ . In de tweede plaats ontmoet ik er aardige mensen.
8. Sport is gezond, tenzij _____ .
9. Sommige mensen beweren dat sport *beweren* _____ , maar daar ben ik het niet mee eens.
10. U moet _____ . Anders kunt u niet aan de training deelnemen.

15 SCHRIJVEN   *Opstel*

Onderstaande stelling komt uit de dissertatie van Dr. R. van Hal, Universiteit Twente.

STELLING

Er is geen verband tussen het aantal uren dat iemand actief sport en de sportiviteit van deze persoon.
R. van Hal
Universiteit Twente

Uit: *NRC Handelsblad*

Schrijf een opstel over deze stelling en gebruik daarvoor niet meer dan 200 woorden.

16   SPREKEN   *Korte opdrachten*

Luister naar de cassette. Spreek uw reactie in.

17   SPREKEN   *Middellange opdrachten*

1. U heeft uw enkel geblesseerd bij het sporten. U gaat naar de dokter.
    U vertelt haar wat er is gebeurd.
2. U bent net naar een andere plaats verhuisd. U wilt zich oriënteren op de
    sportmogelijkheden in uw nieuwe woonplaats. Uw buren doen veel aan
    sport. U gaat naar ze toe. Wat zegt u?
3. Uw neef belt op en vraagt of u mee gaat surfen. Hij surft veel beter dan u.
    Daarom verzint u een smoes niet mee te hoeven. Wat zegt u tegen hem?
4. Een vriend van u is de laatste tijd nogal moe en ook een beetje gedeprimeerd.
    U wilt hem overtuigen aan sport te gaan doen. Wat zegt u tegen hem?
5. Iemand vraagt of u mee gaat fietsen. U vertelt waarom u jammer genoeg
    niet mee kunt.
6. Uw buurkinderen zijn op straat aan het voetballen. Voor de derde keer gaat
    bij u de bal door de ruit. U stapt woedend naar hun ouders. Wat zegt u tegen
    ze?

7. U heeft uw broertje met schaken verslagen.
    Hij kan niet goed tegen zijn verlies. Wat zegt
    u tegen hem?

18   SPREKEN   *Lange opdracht*

Besteed aandacht aan punt **a** en aan punt **b**.

a. Hoe is uw ervaring met sport: passief en/of actief? Wat zijn de verschillen tussen sport in
    Nederland en sport in uw eigen land?
b. Geef uw mening over verschillende soorten sport. Denk hierbij aan: gevaar, gezondheid,
    prestatie, geld e.d.

19 SPREKEN   *Discussie*

1. Wat is interessanter om naar te kijken: voetbal of atletiek?
2. Topsporters krijgen vaak heel veel geld voor hun prestaties. Bent u het daarmee eens?
3. Mensen zeggen weleens: 'Voetbal is oorlog'. Wat vindt u van deze stelling?
4. Zou u graag scheidsrechter bij een sportwedstrijd willen zijn?

20 LUISTEREN   *Meerkeuzevragen*

Hieronder staat een aantal vragen en beweringen bij het luisterstuk 'Feyenoord-Estudiantes'.
Kruis aan wat juist is.

1. Hoeveel toeschouwers bevinden zich op het moment van de wedstrijd in het stadion?
   a. Minder dan 65.000.
   b. 65.000.
   c. Meer dan 65.000.
2. Waarom is deze wedstrijd zo belangrijk?
   a. Feyenoord kan officieus wereldkampioen worden.
   b. Feyenoord moet de officieuze wereldtitel verdedigen.
   c. Nederland kan de officieuze wereldtitel veroveren.
3. De verdediging is volgens de verslaggever het zwakke punt van Estudiantes.
   a. Waar.
   b. Niet waar.
4. Het doelpunt van Van Hanegem is niet toegekend.
   a. De verslaggever heeft geen idee waarom.
   b. De verslaggever vermoedt dat Van Hanegem een overtreding heeft begaan.
   c. De verslaggever is het niet met de beslissing van de scheidsrechter eens.
5. Wanneer werd het doelpunt gemaakt?
   a. Twintig minuten na aanvang van de wedstrijd.
   b. Na een kleine twintig minuten in de tweede helft.
   c. Nadat er na de pauze precies twintig minuten en achttien seconden was gespeeld.
6. Joop van Daele is
   a. reservespeler bij Feyenoord.
   b. aanvoerder van Feyenoord.
   c. de beste speler van Feyenoord.

7. Waarom konden de voetballers na het eerste doelpunt niet meteen verder spelen?
   a. Omdat er supporters op het veld waren.
   b. Omdat er allerlei rommel op het veld was gegooid.
   c. Omdat de keeper geblesseerd was.

8. Eef Brouwers
   a. zegt in het kort hoe Feyenoord drager werd van de wereldcup.
   b. feliciteert Feyenoord met zijn overwinning.
   c. spreekt zijn verbazing uit over het resultaat.

Gymles

Op het klimrek moet je,
aan de ringen,
dat soort dingen,
maar ik houd veel meer
van zingen.

Ik kan heel hoog.
Bijna tot de derde do.

Toneel en zingen kan ik best,
maar aan het vogelnest
heb ik de pest.

Uit: Wiel Kusters, *Het veterdiploma*

1 TEKST

Techniek en technologie

1 Waar hebben Nederlanders het over als zij over techniek spreken? In een recent
consumentenonderzoek werd de vraag gesteld of bepaalde apparaten of systemen
veel of weinig met techniek te maken hebben. De meningen zijn samengevat in de
grafiek hieronder. De consumenten hebben bijna feilloos de voorwerpen naar
stijgende complexiteit (meer 'high-tech') gerangschikt. Onderin de figuur zijn de
voorwerpen genoemd die het meest in verband kunnen worden gebracht met fysieke kracht of lichamelijke arbeid, terwijl ingewikkelde of ontastbare systemen,
die slechts intellectueel benaderd kunnen worden, zich bovenin de figuur bevinden.

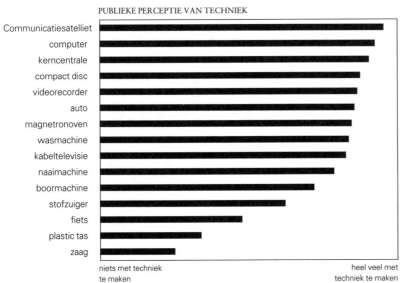

PUBLIEKE PERCEPTIE VAN TECHNIEK

Communicatiesatelliet
computer
kerncentrale
compact disc
videorecorder
auto
magnetronoven
wasmachine
kabeltelevisie
naaimachine
boormachine
stofzuiger
fiets
plastic tas
zaag

niets met techniek te maken — heel veel met techniek te maken

respons

Rangschikking door Nederlandse consumenten van 15 apparaten en systemen naar hun vermeende relatie met techniek.

Bron: *Stichting Wetenschappelijk Onderzoek Consumenten Aangelegenheden, in opdracht van de Nederlandse Maatschappij voor Handel en Nijverheid.*

10 Kennelijk hebben ingewikkelde systemen - satellieten, computers en kerncentrales - volgens de consumenten veel meer met techniek te maken dan alledaagse ge-
bruiksvoorwerpen zoals fietsen en stofzuigers. Driekwart van de ondervraagden
kan zich niet voorstellen dat bijvoorbeeld een gewone zaag iets met techniek te
maken heeft - ondanks de metaalkundige inzichten waarop de huidige massapro-
15 ductie van dit gereedschap berust. Men brengt techniek meer in verband met ingewikkelde consumentenelektronica, zoals cd-spelers en videorecorders.
De gemiddelde consument meent dus minder met techniek te maken te hebben
naarmate hij of zij meer direct gebruik maakt van een bepaald praktisch product!

ontgegengesteld

20 Dit staat haaks op de oorspronkelijke betekenis van het (Franse) woord technologie, namelijk 'de leer van die technieken waarmee de mens natuurlijke materialen verandert in kunstproducten tot bevrediging van zijn behoeften'. Klassieke
voorbeelden hiervan zijn het construeren van gebouwen, voertuigen, machines,
wegen en havens en de ontwikkeling en vormgeving van materialen en gereed-
schappen.
25 Naast de grote machines en wolkenkrabbers zijn er nu 'high-tech'-gebieden bij-
gekomen, met name informatietechnologie, nieuwe materialen en genetische ma-
nipulatie. Innovatie maakt zodoende gebruik van een veel grotere technisch-we-
tenschappelijke kennis en abstracter inzicht dan voorheen, maar heeft tegelijk
ook veel verder strekkende consequenties in de samenleving. Zo kan men zich via
30 omroepsatellieten overal ter wereld onmiddellijk op de hoogte stellen van het
laatste nieuws. Een ander aspect is de automatisering van arbeidsprocessen in allerlei bedrijven en instellingen die mogelijk is gemaakt door de computer met alle
gevolgen van dien *daarvan* voor de werknemers.
In plaats van de oorspronkelijke (Franse) betekenis manifesteert zich het Angel-
35 saksische begrip van technologie steeds meer. Dit beperkt zich namelijk niet
alleen tot de leer van de technische processen, maar het richt zich ook op de bijbehorende maatschappelijke, psychologische en organisatorische processen.

verwijst naar automat.

Naar: Jens Arnbak, *Techniek en technologie*, in: *Het Cultureel Woordenboek*

a. 'Ingewikkelde systemen bevinden zich bovenin de figuur.' (regel 7-9)
   Zich bevinden is een reflexief werkwoord. Welke andere reflexieve werkwoorden staan er in de tekst?
b. 'Zo kan men zich ... laatste nieuws.' (regel 29-31)
   Wat probeert de schrijver door middel van dit voorbeeld duidelijk te maken?

2   LEZEN   *Meerkeuzevragen*
Hieronder staat een aantal vragen en beweringen. Kruis aan wat juist is.

1. Wat wordt er in de grafiek weergegeven?
   a. De mate waarin het vervaardigen van een bepaald apparaat met techniek
      te maken heeft.
   b. De antwoorden op een enquête betreffende de verhouding van apparatuur
      en systemen tot techniek.
   c. De verschillende meningen van degenen die het consumentenonderzoek
      hebben opgezet.

2. Minder dan een derde van de ondervraagden denkt dat een zaag iets te maken heeft met techniek.
   a. Dat is waar. *(aangekruist)*
   b. Dat is niet waar.
3. Volgens de tekst staat de mening van de meeste ondervraagden dat een gewone zaag vrijwel niets met techniek te maken heeft, haaks op de betekenis van het (Franse) woord technologie.
   a. Dat is niet waar, want het grootste deel van de ondervraagden interpreteert de betekenis van het (Franse) woord verkeerd.
   b. Dat is niet waar, want om een zaag te kunnen produceren, is techniek nodig.
   c. Dat is waar, want het grootste gedeelte van de ondervraagden interpreteert de betekenis van het (Franse) woord verkeerd.
   d. Dat is waar, want om een zaag te kunnen produceren is techniek nodig. *(aangekruist)*
4. De Angelsaksische betekenis van het begrip 'technologie' is in de plaats gekomen voor de Franse betekenis.
   a. Dat is waar. *(aangekruist)*
   b. Dat is niet waar.
5. Welke van de volgende beweringen geeft het best de strekking van de introductietekst weer?
   a. De tekst is een beschrijving van de relatie van alledaagse gebruiksgoederen tot techniek.
   b. De tekst is een beschrijving van een consumentenonderzoek.
   c. De tekst is een beschrijving van de verhouding van gebruiksgoederen tot automatisering.
   d. De tekst is een beschrijving van een veranderende inhoud van het begrip techniek. *(aangekruist)*
   e. De tekst pleit voor de Angelsaksische betekenis van het woord 'technologie'.
   f. De tekst wijst op de gevolgen van het invoeren van computers voor de maatschappij.

3 **VOCABULAIRE**   *Bij de introductietekst*

Vul op de plaats van de woorden tussen haakjes het woord uit de introductietekst in dat vrijwel dezelfde betekenis heeft. De volgorde van de woorden uit de introductietekst komt overeen met de volgorde van de woorden in de oefening.

spreken
1. Wij [praten] nu over de gevolgen die de automatisering met zich meebrengt.
2. De leraar weet nog alle namen van zijn oud-leerlingen [zonder zich te vergissen] op te noemen. *feilloos (zonder fouten)*

3. Er kwam geen enkele cursist opdagen. Iedereen dacht [blijkbaar] dat er geen
les was. *kennelijk*

4. Dit nieuwe computerprogramma is zo [gecompliceerd] dat het voor de
meeste mensen onbruikbaar is. *ingewikkeld*

5. De meeste mensen moeten naast [doodgewone] dingen doen, zoals schoon-
maken en eten koken, zich ook met meer intellectuele zaken bezighouden. *alledaagse*

6. De [geënquêteerden] moesten in de enquête het antwoord omcirkelen dat
volgens hen het juiste was. *ondervraagden*

7. De [eigenlijke] bewoners van dit gebied zijn verjaagd door kolonisten. *oorspronkelijke*

8. Een auto is wel een handig [transportmiddel], maar erg milieuonvriendelijk. *vervoer-*

9. De buren maakten erg veel lawaai; [op die manier] kon hij zich niet concentreren op zijn werk. *zodoende / namelijk*

10. De werkloosheid groeit nog altijd, bedrijven blijven [immers] op grote
schaal automatiseren. *(ja / doch)*

4 GRAMMATICA *Reflexief*

Zet het reflexieve werkwoord tussen haakjes in de juiste vorm en zet het reflexief pronomen
op de juiste plaats.

Ik herinner me morgen
Morgen herinner ik me

Voorbeeld:

[zich manifesteren] Het Angelsaksische begrip van technologie steeds meer.
Het Angelsaksische begrip van technologie *manifesteert zich* steeds meer.

Herinner je je je oude vriend

1. Als jullie andere lestijden willen hebben, kan dat. [zich aanpassen] Ik zal wel.
2. Ken je me niet meer? [zich herinneren] Je je oude vriend Piet dan niet meer?
3. Ik heb geen technisch inzicht. [zich beperken] Daarom ik bij het werken op
de computer tot de meest noodzakelijke handelingen.
4. [zich voorstellen] U eens dat iedereen via een computer vanuit zijn eigen huis
aan het arbeidsproces deelneemt. [zich zorgen maken] Dan hoeven wij minder te over het verkeersprobleem.
5. [zich verdiepen] Ik heb nooit echt in technologie, maar [zich verdiepen]
ik wil er wel in gaan .
6. [zich verbazen] Ik er steeds weer over dat computerprogramma's zo snel
achterhaald zijn.
7. Ik heb het gevoel dat de videorecorder niet meer zo goed opneemt, [zich ver-
beelden] maar misschien ik het maar.
8. Ouders constateren dat [zich amuseren] kinderen steeds meer met computerspelletjes.
9. [zich neerleggen] De leerkrachten van de basisschool kunnen er niet bij dat
kinderen hun huiswerk met rekenmachientjes maken.
10. [zich ontwikkelen] Ik ben benieuwd hoe de biotechnologie verder.

5   **GRAMMATICA**   *Reflexief*

Als 4.

a: Interviewer
b: Mijnheer De Vries

Digitale revolutie

De heer De Vries houdt zich al enige jaren bezig met communicatietechniek.
Hij heeft zich vrij kunnen maken voor een interview.

a. Meneer De Vries, ik begrijp dat [zich bezighouden] u met name met het
    vraagstuk van de digitale revolutie. [zich interesseren] Wij ook voor dat
    onderwerp. [zich voorstellen] Wat moeten wij er precies bij?

b. [zich voordoen] Met digitale revolutie bedoel ik de mogelijkheden die op
    dit moment. Iedereen die dat wil, [zich in verbinding stellen] kan bijvoor-
    beeld via een netwerk van computers met iemand anders door [zich aanslui-
    ten] bij zo'n netwerk te. [zich bevinden] Wij in een tijdperk [zich op de
    hoogte stellen] waarin iedereen overal van kan.
    Er zijn natuurlijk ook risico's aan verbonden. [zich vermaken] Sommige
    mensen zullen er zodanig mee, dat het zelfs verslavend werkt. [zich ergeren]
    Bovendien kun je er behoorlijk aan als er ongewenste teksten op je scherm
    verschijnen. [zich bemoeien] Of als je merkt dat iemand ongevraagd met je
    privézaken.

a. [zich zorgen maken] Moeten wij geen over de kloof die zal ontstaan tussen
    'informatierijken' en 'informatiearmen'?

b. [zich afvragen] Ik of dat zo is. [zich indenken] Ik kan zelfs dat de kloof
    tussen rijk en arm, d.w.z. tussen mensen met veel en weinig geld, minder
    wordt. [zich aansluiten] Je kunt immers voor niet zo veel geld bij zo'n
    netwerk, [zich rekenen] waardoor iedereen tot de 'informatierijken' kan.
    [zich realiseren] Je moet wel, [zich beschermen] dat je tegen inbreuk op je
    privacy moet. Hoe dat in de praktijk moet, [zich buigen] daar zal men nog
    over moeten. In ieder geval is het goed [zich bewust zijn] dat iedereen ervan.
    [zich ontwikkelen] Deze revolutie sneller dan men denkt. [zich vergissen]
    U er niet in! [zich manifesteren] De gevolgen nu reeds, [zich beperken] de
    ontwikkelingen namelijk niet alleen tot de technische processen, maar ze
    hebben ook consequenties op psychologisch en organisatorisch vlak in de
    maatschappij.

Informatie ontleend aan: *VPRO-Gids*

8L.8 → 14

6   GRAMMATICA   *Conjuncties en adverbia*

Kies het juiste woord.

Voorbeeld:

Ze strooien pekel [als/hoewel/totdat] de weg glad begint te worden.

Ze strooien pekel *als* de weg glad begint te worden.

Pekelen per computer

Een compleet meetstation:
Op de gebogen paal staat de weerhut die de temperatuur en vochtigheid van de lucht meet. Wegdeksensoren meten behalve temperatuur en vochtigheid ook het zoutgehalte.

1. Door het klimaat hebben we in Nederland in de wintermaanden veel te maken met opvriezende natte weggedeelten bijvoorbeeld [als/dan/dat] sneeuw zich aan het wegdek hecht.

2. Deze vorm van gladheid kan vandaag de dag goed bestreden worden [daarom/omdat/zodat] Rijkswaterstaat langs vrijwel alle snelwegen een zogenaamd 'gladheid-meldsysteem' heeft aangelegd.

3. Dit systeem bestaat uit een aantal meetstations op paaltjes, op plaatsen waar het wegdek snel opvriest. Deze meetstations [als/en/maar] sensoren in het wegdek meten de temperatuur en de vochtigheid van de lucht en van het wegdek [naarmate/omdat/terwijl] ze ook de neerslag meten.

4. Een centrale computer verzamelt al deze gegevens en rekent uit [dat/of/zodra] het glad kan worden.

5. [als/doordat/sinds] dat zo is, waarschuwt de computer ongeveer drie uur [totdat/voordat/voorzover] het glad wordt automatisch de wegbeheerder.

6. [totdat/wanneer/zodat] deze het wegenkaartje op zijn computer bestudeert, weet hij hoe gevaarlijk de toestand is.

7. [hoewel/tenzij/zodra] hij besloten heeft [dat/of/toen] er gepekeld moet worden, rukken de strooiwagens uit.

8. [indien/omdat/sinds] er gepekeld moet worden, moet dat binnen een uur gebeuren om gladheid en ongelukken te voorkomen.

9. Twee uur [nadat/voordat/zolang] de weg glad dreigt te worden, moet er een laagje pekel op de weg liggen.

10. De kosten van het hele systeem bedragen zo'n 25 miljoen gulden.

11. Dat lijkt veel, maar [als/hoewel/omdat] je pas gaat strooien [als/nadat/toen] de weg al glad is, heb je 20% meer zout nodig.
12. Bovendien kunnen de sensoren in het wegdek ook meten hoeveel zout er op het wegdek ligt.
13. [daardoor/doordat/zolang] wordt er nu niet meer zoveel zout gestrooid.

Informatie ontleend aan: *ANWB Kampioen*

---

7 **VOCABULAIRE** *Werkwoorden*

Vul in: zetten, zitten, staan, liggen, leggen, stoppen, doen.
Zet het werkwoord, zo nodig, in de juiste vorm.
Voorbeeld:
De auto van Jan _____ in de garage.
De auto van Jan *staat* in de garage.

[handwritten: zetten - staan / leggen - ligt / doen / stoppen - zit (2x)]

[handwritten: teleurstellen]

Opgeknapt of afgeknapt?

[handwritten: netjes maken]

Jan gaat zijn oude auto opknappen die al een hele tijd in de garage __stond__ 1.
Hij rijdt hem naar buiten en __zet__ 2 hem voor het huis. Hij had van te voren alles wat er gedaan moest worden op een briefje __gezet__ 3. Er moesten nodig nieuwe wielen onder de auto worden __gezet__ 4. Er __zaten__ 5 al weken wat draadjes los en gisteren zag hij dat er bijna geen water meer in de accu __zat__ 6. Vorige maand had hij al ontdekt dat er kleine roestplekjes op de lak __zaten__ 7. Bovendien ziet hij, nu de zon op zijn auto schijnt, dat er een dunne laag stof op de auto __ligt__ 8.
Hij pakt het gereedschap dat hij alvast in de auto had __gestopt__ 9 en gaat aan het werk. Hij verwisselt de banden en __doet__ 10 er wat lucht bij. Hij __doet__ 11 water in de accu. Hij verbindt de draadjes. Hij __legt__ 12 nieuwe matjes op de vloer en __zet__ 13 de spiegeltjes weer recht. Hij __doet__ 14 er nieuwe bougies in en __stopt__ 15 enkele reservelampjes in het handschoenenvakje. Met een schuurpapiertje dat hij in de zak van zijn overall had __gestopt__ 16, verwijdert hij voorzichtig de roest. Hij pakt het blik rode verf uit de kast en __zet__ 17 het op het dak van de auto. Heel secuur werkt Jan alle plekjes bij. Nadat hij nog even een nieuwe dop op zijn benzinetank heeft __gedaan__ 18, is de auto klaar. Hij gaat achter het stuur zitten en start de motor. Hij __zet__ 19 hem in de eerste versnelling, hij geeft gas en toetert naar de buurvrouw die verschrikt naar hem staat te gebaren. Als hij de eerste bocht neemt, hoort hij een bonk. Hij __zet__ 20 zijn auto langs de kant en gaat uit het raampje hangen. Er druppelt wat rode verf op zijn haar. De wind blaast het schuurpapiertje weg dat naast de pot verf op het dak van de auto had __gelegen__ 21.

[handwritten margin notes: iets op papier zetten; stof kan zitten (klein stuk); doet / stopt; top; ligt - lag - gelegen]

8 TEKST

KNMI ziet Pinkpop als aardbeving

Door onze kunstredactie

DE BILT, 1 JUNI. Het KNMI heeft op Tweede Pinksterdag trillingen geregistreerd die werden veroorzaakt door het Pinkpopfestival in Landgraaf, Zuid-Limburg. Het gedans van de 70.000 aanwezigen veroorzaakte volgens H. Haak, hoofd van de seismologische afdeling van het KNMI trillingen in de aardkorst die even sterk waren als een aardbeving met de kracht van 1 op de logaritmische schaal van Richter. De recente aardbeving in Roermond had een kracht van 5.7. Volgens Haak veroorzaakte het Pinkpoppubliek 'een zeer kleine beving.' De metingen van het KNMI werden gedaan door een seismograaf in het Lim-

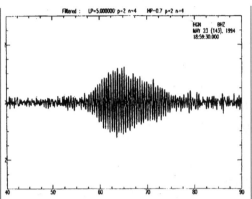

'Rage against the machine' op de schaal van Richter (Bron: KNMI)

burgse Epen, zestien kilometer van het Pinkpopterrein. Door vergelijking tussen de seismogrammen en het programma van Pinkpop kon Haak ook vaststellen welke groepen het meeste enthousiasme veroorzaakten en welke

het meest maatvast zijn. Haak: 'Die 120 beats per minuut, die ook op de cd's van mijn zoon Martijn staan kunnen wij hier op onze apparatuur zien. En wij kunnen ook vaststellen hoeveel coupletten een nummer heeft.' *Rage*

Against The Machine veroorzaakte de grootste uitslag en bracht dus de meeste dansers op de been. *Urban Dance Squad* bleek het meest maatvast. *De Smashing Pumpkins* waren minder maatvast en veroorzaakten ook een lagere frequentie. Ook het optreden van de *Breeders* werd door het KNMI geregistreerd.

Volgens Haak bieden de onmiskenbaar aan Pinkpop toe te schrijven geregistreerde trillingen een nieuwe verklaring voor de al jaren vastgestelde incidentele 'ruis' van trillingen rond 2 Hz. Eerder werden die toegeschreven aan elektriciteitscentrales of vliegwielen.

Uit: *NRC Handelsblad*

9 GRAMMATICA   *Congruentie*

(pres. = presens; imp. = imperfectum; perf. = perfectum; pp. = plusquamperfectum)

Voorbeeld:

Het publiek [veroorzaken, imp.] een kleine beving.

Het publiek *veroorzaakte* een kleine beving.

De trillingen [veroorzaken, imp.] door het popfestival.

De trillingen *werden veroorzaakt* door het popfestival.

1. Een enorme massa mensen [bezoeken, imp.] gisteren het Pinkpopfestival.
2. Het bezoekersaantal [zijn, imp.] veel groter dan vorig jaar.
3. 70.000 bezoekers [zijn, imp.] meer dan de organisatoren [verwachten, pp.].
4. Honderd gulden [lijken, pres.] een hoop geld voor een kaartje maar op de zwarte markt [betalen, imp.] massa's jongeren er dat grif voor.
5. Het festival [kenmerken, imp.] door een goede sfeer.

6. De politie [hebben, imp.] amper wat te doen en op de EHBO-post [zitten, imp.] ze ook duimen te draaien.

7. Een bezoeker [zeggen, imp.] na afloop: 'Onze hele familie [zijn, imp.] er. Iedereen, van jong tot oud, [genieten, imp.]. We [blijven, perf.] allemaal tot het laatst toe.'

8. Toen op een gegeven moment zo'n 80% van de aanwezigen [beginnen, imp.] te dansen, [veroorzaken, imp.] dat iets wat op een aardbeving [lijken, imp.].

9. Meer dan één beving [zijn, imp.] zichtbaar op de seismogrammen.

10. Die [vertonen, imp.] trillingen van de kracht 1 op de schaal van Richter.

11. Men [vergelijken, imp.] de seismogrammen met het festivalprogramma.

12. De metingen [aantonen, imp.] welke groep het meest maatvast [zijn, imp.].

13. Geen van de medewerkers van de seismologische afdeling [hebben, imp.] tot dan toe een sluitende verklaring voor de trillingen rond 2 Hz.

14. De afdeling [denken, pres.] nu dat een bepaald aantal b.p.m.* die trillingen [veroorzaken, pres.].

* b.p.m.: beats per minute, slagen per minuut, het ritme.

10 VOCABULAIRE   *Werkwoorden*

Voeg aan de volgende substantieven een passend werkwoord toe (soms meerdere mogelijkheden) en maak de zin af.

Voorbeeld:

Consumentenonderzoek naar [iets] ——————— .

Consumentenonderzoek naar *technische apparatuur verrichten*.

1. Een mening over [iets] ___hebben / geven___
2. Een samenvatting van [iets] ___maken / geven___
3. Een voorbeeld van [iets] _____ . geven
4. Zich een voorstelling van [iets] ___maken___
5. Zich op de hoogte van [iets] _____ stellen (iemand op de hoogte van iets brengen)
6. Vragen over [iets] ___stellen___
7. Een verklaring voor [iets] ___geven___
8. Metingen van [iets] ___verrichten___

11 VOCABULAIRE

Hieronder volgen steeds drie woorden.
Eén van de drie hoort er niet bij.
Voorbeeld:

testen - proeven - uitproberen

proeven

1. ontastbaar - onzichtbaar - onschatbaar
2. namelijk - met name - vooral
3. zich realiseren - zich indenken - zich voorstellen
4. informeren naar - zich op de hoogte stellen van - op de hoogte zijn van
5. toewijzing - aanwijzing - instructie
6. uiteindelijk - eventueel - misschien
7. voorschrift - regel - voorbereiding
8. voorwerp - onderwerp - ding
9. aanraken - contact opnemen - ergens aan komen
10. opbreken - construeren - aanleggen

12 LEZEN   *Omschrijven*

Hieronder staan instructies voor het gebru
Zoek bij iedere instructie de juiste omschri

Aanwijzingen voor veilig verband met wasautoma

Voorbeeld:

0. Lees voordat u het apparaat in gebruik neemt het bijgesloten drukwerk nauwkeurig door. U vindt daarin belangrijke aanwijzingen voor het installeren, het gebruik en de veiligheid van het apparaat. De fabrikant aanvaardt geen aansprakelijkheid als de aanwijzingen in het drukwerk niet in acht worden genomen. Bewaar het drukwerk zorgvuldig voor een eventuele latere bezitter van het apparaat.
X. Houdt u zich uitsluitend aan de instructies.

1. Verpakkingsmateriaal zoals voorgeschreven verwijderen en volgens de eventueel bestaande milieuvoorschriften afvoeren, door het bijv. op een inzamelpunt af te geven of aan de leverancier terug te geven.
   Verpakkingsmateriaal is geen speelgoed voor kinderen.
2. Een (bijv. tijdens het transport) beschadigd apparaat niet installeren. In twijfelgevallen eerst contact opnemen met de servicedienst of de leverancier.
3. Het apparaat uitsluitend volgens het installatievoorschrift plaatsen en aansluiten.
   Het aardingssysteem van de huisinstallatie moet volgens de geldende elektrotechnische voorschriften geïnstalleerd zijn.
4. Kinderen nooit met het apparaat laten spelen. Huisdieren uit de buurt van het apparaat houden.
5. Niet op het apparaat klimmen. Het apparaat niet als opstapje gebruiken om bijv. ergens bij te kunnen komen.
6. Het apparaat niet met vochtige handen bedienen.

...asautomaat.

waarschuwingen in

7. In het apparaat uitsluitend wasgoed dat in de machine gewassen mag worden met water en in de handel verkrijgbare wasmiddelen wassen. Geen chemische oplosmiddelen in de wasautomaat gebruiken.
8. Controleer voordat u de trommel met wasgoed vult of er in de trommel geen vreemde voorwerpen aanwezig zijn of misschien dieren zitten opgesloten.
9. Wasmiddel en wasverzachter zodanig bewaren dat kinderen er niet bij kunnen. Wasmiddelen en wasverzachter niet eten of drinken.
10. Tijdens het wassen bij hoge temperaturen de vuldeur niet aanraken.
11. Niet in de draaiende trommel grijpen.
12. Na afloop van het programma het apparaat altijd uitschakelen.
13. Bij alle onderhoudswerkzaamheden de stekker uit het stopcontact trekken resp. de zekering in de meterkast uitschakelen of losdraaien.
14. Reparaties, ingrepen of veranderingen aan elektrische apparaten mogen alleen door een vakkundig monteur worden uitgevoerd. Als u een storing niet zelf kunt verhelpen: apparaat uitschakelen, stekker uit het stopcontact trekken, kraan dichtdraaien en de servicedienst inschakelen.
15. Afgedankte apparaten onbruikbaar maken, d.w.z. stekker uit het stopcontact trekken, aansluitkabel doorknippen en slot van de vuldeur onklaar maken. Het apparaat daarna door de vuilnisdienst laten afvoeren.

a. Alleen tijdens het wassen mag het apparaat zijn ingeschakeld.
b. Alle handelingen verrichten met droge handen.
c. Bij ernstige storing water- en stroomtoevoer afsluiten en een deskundige raadplegen.
d. Niet aan de deur van de wasautomaat komen als er wordt gewassen bij 60° C of meer.
e. Een apparaat dat beschadigd blijkt, niet aansluiten.
f. Afgeschafte wasautomaten mogen niet meer operationeel zijn en ze moeten worden opgehaald door de gemeentereinigingsdienst.
g. Het apparaat alleen aansluiten op een geaard elektriciteitsnet.
h. Het apparaat is geen speelgoed.
i. Het apparaat niet als trapje gebruiken.
j. Niet alles kan zomaar in de machine worden gewassen en gebruik alleen wasmiddelen die geschikt zijn voor wasautomaten.
k. Stroom uitschakelen als het apparaat wordt schoongemaakt of gerepareerd.
l. Verpakking volgens voorschrift inleveren.
m. De trommel moet stilstaan als u het wasgoed erin stopt of eruit haalt.
n. Wasmiddelen en wasverzachters zijn niet geschikt voor consumptie.
o. De trommel moet leeg zijn voordat u het wasgoed erin stopt.

13 PREPOSITIES

Vul in.

Ongevraagde reparaties

Heeft u wel eens iets te maken gehad _____[1] ongevraagde reparaties?
Stel dat de koppen _____[2] uw cassettedeck _____[3] vervanging toe
zijn. U brengt het apparaat _____[4] de reparateur _____[5] het verzoek
alleen die koppen te vervangen. _____[6] plaats _____[7] alleen dat te
doen, vervangt hij ook de motor. Hij had u _____[8] die vervanging niet
_____[9] de hoogte gesteld. Bovendien, hij had u toestemming moeten
vragen. _____[10] uw verontwaardiging is de rekening dan ook veel hoger
dan u verwacht had.
Natuurlijk gaat u onmiddellijk _____[11] de reparateur om te klagen.
De verklaring die hij _____[12] de hoge rekening geeft, is dat de motor bijna
versleten was en dat de onderdelen binnenkort niet meer _____[13] de handel
zullen zijn. Niettemin zegt u de reparateur nogmaals _____[14] duidelijke
bewoordingen dat hij zich had moeten beperken _____[15] de afgesproken
reparatie.
De reparateur heeft dus de regels niet _____[16] acht genomen. _____[17]
de Consumentenbond kunt u _____[18] zo'n geval eisen dat de reparateur
het apparaat _____[19] de oude staat terugbrengt. Kan hij dat echter niet,
dan moet u de rekening toch eerst betalen, want dan alleen is er een kans dat u
het te veel betaalde geld terugkrijgt. Vermeldt u er echter wel _____[20] dat
u het betwiste deel _____[21] protest betaalt.
Mocht de reparateur het te veel betaalde geld niet terugstorten, neem dan contact
_____[22] de Consumentenbond op.

Informatie ontleend aan: *De Consumentengids*

14 SCHRIJVEN   *Aanvullen*

1. Als er bij ons thuis iets kapot is, _____ . Ik vind het namelijk leuk om me
   daarmee bezig te houden.
2. Ik maak me er kwaad over dat er bij dit drukke kruispunt nog steeds geen
   stoplichten zijn. Het wordt tijd dat de gemeente _____ .
3. Als je net aan een bepaald systeem gewend bent, _____ , dus dan moet
   je je weer helemaal aanpassen.
4. Hoe langer een apparaat op de markt is, _____ . Het is dus niet verstandig een apparaat te kopen dat pas in de handel is.

5. _____ . Daarom wil zij aan de Technische Universiteit gaan studeren.
6. Faxen is relatief goedkoper dan telefoneren; toch _____ .
7. Ik verbaas me er steeds weer over _____ . Zouden die mensen zich niet voor computers interesseren?
8. Sommige mensen kunnen heel begrijpelijk uitleggen hoe een apparaat werkt. Anderen daarentegen _____ .

15 SCHRIJVEN   *Memo*

U heeft op het bedrijf waar u werkt tot laat op de computer gewerkt. Omdat er een probleem was met de computer heeft u geprobeerd de technische dienst te bereiken, maar tevergeefs. Morgen komt u niet op uw werk.
Schrijf een memo van 30 tot 50 woorden aan uw collega, waarin u vermeldt wat er aan de hand is. Vraag uw collega het probleem op te lossen.

16 SCHRIJVEN   *Opstel*

Automatisering heeft veel veranderingen teweeggebracht, zowel technisch als maatschappelijk.
Schrijf een opstel over beide aspecten en de gevolgen ervan. Gebruik hiervoor 250 tot 300 woorden. Denk daarbij onder andere aan: werkgelegenheid - communicatie - productiviteit - milieu - industrie - dienstensector - welvaart - psychologische en organisatorische gevolgen - landbouw en veeteelt.

17 SPREKEN   *Korte opdrachten*

Luister naar de cassette en spreek uw reactie in.

18 SPREKEN   *Middellange opdrachten*

ten eerste, ten tweede

1. Een nichtje van buiten de stad komt onverwachts bij u langs, maar u moet zelf weg. U bent over een uurtje terug. Ze wil alvast koffie zetten. U heeft een koffiezetapparaat. Leg haar uit hoe dat werkt.
2. U belt een vriendin op om te zeggen dat uw afspraak niet doorgaat. Ze is niet thuis, maar u krijgt haar antwoordapparaat. Wat zegt u op het apparaat?
3. Een tante van u is secretaris van een vereniging met zo'n 300 leden. Ze doet haar administratie nog steeds zonder computer. U probeert haar van het nut van een computer te overtuigen. Wat zegt u tegen haar?
4. U heeft een wasmachine gekocht. Bij het uitpakken ziet u dat de machine beschadigd is. U belt de winkel. Vertel wat er aan de hand is.

19 SPREKEN *Lange opdracht*

Besteed aandacht aan punt **a** en punt **b**.

a. Welke vakken op uw middelbare school hadden met techniek te maken en in hoeverre?
Denk hierbij bijvoorbeeld aan de apparatuur die op school werd gebruikt.
b. Wat moeten de huidige middelbare scholieren volgens u over techniek leren
en waarom?

20 LUISTEREN *Meerkeuzevragen*

Hieronder staat een aantal vragen bij het luisterstuk 'Stoplichten'. Kruis aan wat juist is.

1. Waaruit blijkt dat de interviewer zich afvraagt of het onderzoek van TNO
naar de kleuren van stoplichten eigenlijk wel iets heeft opgeleverd?
   a. Hij zegt dat men het resultaat misschien wel van tevoren wist.
   b. Hij zegt dat het onderzoek over kleuren ging.
   c. Hij zegt dat rood, oranje en groen niet voldoen.
2. Wat is het probleem als de kleur rood van een stoplicht dieprood is?
   a. Dan kunnen gehandicapten niet weten wanneer ze kunnen oversteken.
   b. Dan denken sommige mensen dat het stoplicht op oranje staat.
   c. Dan kan een bepaalde categorie kleurenblinden meer gehandicapt zijn.
3. Wat is het vak van de heer Ponsioen?
   a. Advies geven over de werking van stoplichten.
   b. Advies geven over het optimaal gebruik maken van licht voor een zo breed
   mogelijk publiek.
   c. Advies geven aan mensen die slecht kunnen zien.

N.B. TNO: Toegepast Natuurwetenschappelijk Onderzoek

21 LUISTEREN *Meerkeuzevraag en open vragen*

Vragen bij het luisterstuk 'De klok'.

U hebt in dit luisterstuk gehoord waarom een klok zo'n belangrijk historisch document
kan zijn, dat het repareren ervan dilemma's met zich meebrengt.
U hoort nu nogmaals dit luisterstuk, maar in fragmenten verdeeld. Ieder fragment hoort u
twee keer. Schrijf daarna het antwoord op de bijbehorende vraag op.

1. Hoe functioneert een klok?
2. Prof. Van de Wetering maakt een hypothese over een klok in een museum.
Waar kiest het museum voor?

3. Wat kan er onder andere in een klok kapot gaan?
4. Naast de gewone functie die iedere klok heeft en de opstelling in het museum, vervult de klok ook andere functies. Welke zijn dat?
5. Welke feiten kunnen er bijvoorbeeld aan het licht komen?
6. Tot welke conclusie kom je dan ineens?
7. Wat kan er volgens prof. Van de Wetering gebeuren als een oude klok gerepareerd wordt?
   a. Het uurwerk kan minder goed gaan lopen.
   b. De klok kan een deel van haar historische waarde verliezen.
   c. De klok zou een andere plaats in het museum moeten krijgen.

Twee koningskinderen

Als alle mensen op hun handen liepen
En ankers bleven drijven op de Rijn,
Als oesters ongehoorde dingen riepen
En naalden ons doorstaken zonder pijn,

Als kangoeroes in hemelbedden sliepen
En mummies konden zingen in hun schrijn,
Als pyramiden soepel zouden zwiepen
En modderbaden geurden naar jasmijn,

Als reuzen gingen zwemmen in 't ondiepe
En er geen einde kwam aan dit refrein,
Dan hoorde ik een raamkozijn zacht piepen
En kuste jij me, dwars door het gordijn.

Uit: Gerrit Komrij, *De os op de klokketoren*

N.B. De titel verwijst naar een middeleeuws gedicht waarin twee geliefden elkaar niet kunnen bereiken, omdat een diepe rivier hen scheidt.

Probeer naar aanleiding van dit 'technisch ongerijmde' gedicht (ankers die blijven drijven) zelf vier regels (een strofe) te schrijven in de sfeer van het gedicht.

1 TEKST

Gezondheid

1 Een legende uit het oude China verhaalt dat de artsen daar slechts betaling ontvingen zolang hun patiënten gezond bleven. Werden ze ziek, dan kreeg de arts
geen beloning meer. Het ziek worden van zijn patiënten werd hem als een
kunstfout aangerekend.
5 Als wij dit wijze gebruik in Europa zouden gaan invoeren, moesten de artsen
zich veel meer dan tot dusver op het voorkomen van ziekten gaan toeleggen.
Tegenwoordig hebben de doktoren hun handen vol aan het genezen van
zieken. In het oude China was het de voornaamste taak der artsen de mensen
gezond te houden.
10 Wat kan men eigenlijk doen om de mensen gezond te houden? Het eenvoudig-
ste zou zijn hun een juiste leefwijze voor te schrijven, opdat ze niet ziek zullen
worden. Helaas is zo'n leefwijze niet voor te schrijven, omdat men daarvoor de
oorzaken van alle ziekten zou moeten kennen. Wij kennen echter betrekkelijk
weinig ziekteoorzaken.
15 Daardoor wordt ieder van ons vroeg of laat met ziekte geconfronteerd. Of we
rijk zijn of arm, slim of dom, rechts of links, het maakt geen verschil: ziekte
overvalt ons zonder aanzien des persoons.
Vaak zal dit gepaard gaan met onzekerheid, en zelfs angst. Wat zou ik eigenlijk
hebben? Wat zou de dokter met al die ingewikkelde termen bedoelen? Ik zal
20 wel niet weer beter worden ... . Wat had ik kunnen doen om niet ziek te
worden? Allemaal gedachten die de mensen door het hoofd spelen. Daarom is
het noodzakelijk dat de medische kennis niet het exclusieve bezit vormt van een
klein groepje deskundigen.
Er is een opvatting die zegt, dat verbreiding van medische kennis de angst bij de
25 mensen zou vergroten. Een andere opvatting is dat het juist onwetendheid is,
die angst veroorzaakt. Voorlichting zou die angst kunnen verminderen, maar
dan zal het wel goede en eerlijke voorlichting moeten zijn. Ingewikkelde redeneringen, vol met vaktermen, verergeren de angst. Bakerpraatjes en medische
onzin geven soms een tijdelijk houvast, maar de klap komt extra hard aan, als
30 later blijkt dat men naar valse profeten heeft geluisterd. Dat had voorkomen
kunnen worden door verantwoorde voorlichting.

Naar: G. van de Bruinhorst, *Met de dokter op pad*, en: Friedrich Deich, *Nieuwe ontdekkingen in de geneeskunde*

a. Wie worden bedoeld met:

'ze' (regel 2): Werden ze ziek ...

'wij' (regel 5): Als wij dit wijze gebruik ...

'men' (regel 10): Wat kan men eigenlijk doen om ...

'hun' (regel 11): ... hun een juiste leefwijze voor te schrijven

'Wij' (regel 13): Wij kennen echter betrekkelijk weinig ...

'ik' (regel 18): Wat zou ik eigenlijk hebben?

'men' (regel 30): als later blijkt dat men ...

b. Conditionalis

'Werden ze ziek, dan kreeg de arts geen beloning meer.' (regel 2-3)

Herschrijf deze zin en begin met een conjunctie.

c. Wat wordt bedoeld met het volgende idioom?

je handen vol hebben aan (regel 7)

door het hoofd spelen (regel 21)

de klap komt hard aan (regel 29)

2 LEZEN   *Meerkeuzevragen*

Hieronder staat een aantal vragen en beweringen. Kruis aan wat juist is.

1. Weten wij zeker dat de artsen in het oude China alleen betaald werden als hun patiënten gezond bleven?

   a. Ja. Dat blijkt uit het woord _____ in de tekst.

   b. Nee. Dat blijkt uit het woord _legende_ in de tekst.

2. Wat zou het meest voor de hand liggen om ziekten te voorkomen, volgens de tekst?

   a. De zieke meteen te genezen.

   b. Een gezonde manier van leven voor te schrijven.

   c. Goede medicijnen voor te schrijven.

3. Waarom zijn artsen niet altijd in staat te voorkomen dat mensen ziek worden?

   a. Ze weten van veel ziekten niet hoe die ontstaan.

   b. De artsen schrijven een verkeerde leefwijze voor.

   c. De patiënten komen pas bij de arts als ze al ziek zijn.

4. Waarom is het volgens een bepaalde opvatting niet verstandig als patiënten meer medische kennis zouden verwerven?

   a. Omdat de voorlichting de angst niet vermindert.

   b. Omdat artsen de patiënten bang zouden kunnen maken.

   c. Omdat patiënten zich ernstige ziekten zouden kunnen inbeelden en zich daarom zorgen zouden kunnen maken.

5. Waarom is het volgens de tekst noodzakelijk dat er aan patiënten goede
   medische voorlichting wordt gegeven?
   a. Om de deskundigheid te bevorderen. *fördern*   *bevorderlijk*
   b. Om mensen ingewikkelde terminologie te leren.   *förderlich*
   c. Om mensen niet onnodig bang te maken.   *zuträglich*

3   VOCABULAIRE   *Bij de introductietekst*

aanrekenen, betrekkelijk, genezen, invoeren, overvallen, taak, tijdelijk,
verantwoord, wijs

Mijnheer Smit, zakenman, werkte voor een bedrijf dat koffie in Nederland
invoerde 1 . Hij werkte 16 uur per dag. Dat was niet *wijs* 2. Hij leek wel
niet *verantwoord*3. Hij had het gevoel dat het hem werd *aangerekend* 4 als hij zijn
taak 5 niet op deze manier vervulde. Op een dag werd hij plotseling door een
hartinfarct *overvallen*6. Na *tijdelijk*7 in een ziekenhuis te zijn verpleegd, is hij weer
thuis en bijna helemaal *genezen* 8. Hij is er dus *betrekkelijk*9 goed afgekomen.

angst, confronteren, deskundige, eerlijk, gedachte, gepaard gaan, klap, leefwijze,
redenering, voorschrijven, zolang

Hij vertelt ons: 'Je leeft zorgeloos, *zolang* 10 je gezond bent. *Eerlijk* 11
gezegd had ik nooit stil gestaan bij de *gedachte* 12, dat mij ooit iets kon overko-
men, maar dat was natuurlijk een foute *redenering*13. Door zo'n hartinfarct krijg
je een enorme *klap* 14. Zo'n ervaring *gaat* 15 *gepaard* 15 met de enorme
angst 16 dat het weer, en erger, terug zal komen. Bovendien word je
*geconfronteerd*17 met het probleem wat er moet gebeuren, als je niet meer zou kunnen
werken. De dokter zei echter dat alles zou meevallen, als ik mijn *leefwijze*18
maar zou veranderen. Ik heb mij ook een gezond dieet door een *deskundige*19 op
dit gebied laten *voorschrijven*20.

kennis, noodzakelijk, onwetendheid, opvatting, vakterminologie, verminderen,
veroorzaken, voorkomen, voorlichting, zich toeleggen

Bovendien *legt* 21 men er *zich* 21 hoe langer hoe meer op *toe* 21
hartinfarcten te *voorkomen* 22. Voor het publiek bestaan er dan ook boekjes met
goede *voorlichting*23 zonder veel moeilijke *vakterminologie*24. *Kennis* 25 van zaken is
*noodzakelijk*26, immers juist door *onwetendheid*27 worden de problemen *veroorzaakt*28.
Het is de *opvatting* 29 van veel mensen dat de kans op het krijgen van een hartinfarct wordt *verminderd*30, als men verstandiger leeft.'

4 GRAMMATICA   Zou - zouden (zich iets afvragen)

Maak een afhankelijke vraag.

Voorbeeld:

Zou hij ernstig ziek zijn?

Ik vraag me af of hij ernstig ziek is.

1. Zou meer kennis op medisch gebied de ongerustheid van de mensen wegnemen? *Ik vraag of of meer k. of m.g. de ong. van de me. wegneemt*
2. Zou onwetendheid op medisch gebied angst veroorzaken? *o.o.m.g. angst veroorzaakt*
3. Zou goede voorlichting de angst kunnen verminderen? *g.v. de angst kan verminderen / g. of z. zou kunnen verminderen*
4. Zou door ingewikkelde redeneringen de angst verergerd worden?
5. Zou hij dat risico nemen?
6. Zou die ziekte onschuldig zijn?
7. Zouden bakerpraatjes langdurig houvast geven?
8. Zou ik te veel naar valse profeten luisteren?
9. Zouden artsen ons een juiste leefwijze kunnen voorschrijven?
10. Zouden dokters zich meer moeten toeleggen op het voorkomen van ziekten?

5 GRAMMATICA   Zou - zouden (suggestie)

Maak zinnen met zou.

Voorbeeld: *Voorz. suggestie*

De dokter vindt dat de patiënt te weinig eet.

Hij zegt: U zou eens wat meer moeten eten.

1. De dokter vindt dat de patiënt te veel eet. Hij zegt: ___*U zou wat minder moeten eten*___.
2. De dokter vindt dat de patiënt te weinig melk drinkt. *U zou meer melk moeten*
3. De dokter vindt dat de patiënt te veel sterke drank drinkt. *U zou wat drinken minder sterke drank moeten drinken*
4. De dokter vindt dat de patiënt te weinig lichaamsbeweging neemt.
5. De dokter vindt dat de patiënt te vet eet.
6. De dokter vindt dat de patiënt te weinig beweegt.
7. De dokter vindt dat de patiënt te veel rent en vliegt.
8. De dokter vindt dat de patiënt te weinig rust neemt.
9. De dokter vindt dat de patiënt te hard werkt.
10. De dokter vindt dat de patiënt te weinig vitamines slikt.

6   GRAMMATICA   *Zou - zouden (geruchten)*

Herschrijf de tekst die hieronder staat afgedrukt en doe net alsof u het verhaal hebt horen vertellen.

Voorbeeld:

Een ongeveer 25 jaar jonge man *zou* een witte doktersjas hebben gedragen.

Hij zou erin geslaagd zijn ... et cetera.

Als arts verklede krijgt recepten

Groningen - Een ongeveer 25-jarige man, die een witte doktersjas droeg, is erin geslaagd een aantal blanco receptenbriefjes te bemachtigen in het academisch ziekenhuis in Groningen. Dat heeft de politie van Groningen donderdag meegedeeld.

Doordat hij deed alsof hij arts was, kreeg hij in de polikliniek van de chirurgische afdeling van een medewerkster drie nog onbeschreven receptenbriefjes mee. Nadat de man de receptenbriefjes had gekregen, rees daar argwaan, omdat bij enig onderling overleg niemand bleek te weten wie de arts dan wel was. De bedrijfsre-

cherche werd gealarmeerd. Maar toen deze in de polikliniek kwam, was de man al spoorloos. Het academisch ziekenhuis heeft alle apotheken in de regio Groningen voor de jongeman gewaarschuwd.

Een woordvoerder van het ziekenhuis ontkent dat de receptenbriefjes voor het grijpen zouden liggen in de verschillende dokterskamers en poliklinieken van het ziekenhuis. Jaren geleden verdwenen enige tijd wel regelmatig recepten, wat tot gevolg kreeg dat nu om receptenbriefjes moet worden gevraagd.

[handwritten in margin: Dat zou de politie van Gr. donderdag hebben meegedeeld]

[handwritten: zou hebben gekregen]

7   GRAMMATICA   *Zou - zouden (voorwaarde)*

Maak zinnen met *zou/zouden.*

Voorbeeld:

Ik ben veel te dik. Dat komt omdat ik zo veel van lekker eten houd.

Als ik niet zo veel van lekker eten zou houden, zou ik niet zo dik zijn / zou ik minder dik zijn.

1. Ik ben moe. Dat komt omdat ik niet elke dag op tijd naar bed ga. *[handwritten: Als ik elke dag op tijd naar bed zou gaan, zou ik minder moe zijn]*
2. Ik ben niet gezond. Dat komt omdat ik mij niet aan mijn dieet houd.
3. Veel mensen maken zich onnodig ongerust over hun gezondheid. Dat komt omdat zij zelf niet voldoende medische kennis hebben. *[handwritten: Als ze meer medische kennis zouden hebben, zouden ze zich niet onnodig ...]*
4. Sommige artsen passen geen alternatieve geneeswijzen toe. Dat komt omdat zij niet van opvatting veranderen. *[handwritten: over hun gezondheid maken]*
5. Men kan niet gemakkelijk ziekten voorkomen. Dat komt omdat men de ziekteoorzaken niet kent.
6. Sommige artsen besteden niet genoeg tijd aan hun patiënten. Dat komt omdat zij te veel patiënten hebben.
7. Sommige artsen behandelen hun patiënten niet goed. Dat komt omdat zij niet voldoende op de hoogte van de persoonlijke omstandigheden van hun patiënten zijn.
8. Mensen krijgen vaak hart- en vaatziekten. Dat komt omdat hun levenswijze ongezond is.

8   **GRAMMATICA**   *Zou - zouden (voorwaarde)*

Voorbeeld:

Hij is ziek geworden, doordat hij te lang in de kou had gestaan.

Hij zou niet ziek zijn geworden, als hij niet zo lang in de kou zou hebben gestaan.

Had hij maar niet zo lang in de kou gestaan, dan was hij niet ziek geworden.

dan zou hij niet ziek zijn geweest/ geworden

1. Die zieke vrouw was verkeerd voorgelicht, waardoor zij zich zorgen over
    haar gezondheid maakte.
2. Zij maakte zich ongerust, omdat de arts ingewikkelde termen had gebruikt.
3. Mijn oom kreeg een hartinfarct, doordat hij te hard had gewerkt.
4. De dokter schreef de patiënt sterke pillen voor, terwijl hij niet wist dat de
    patiënt er niet tegen kon.
5. Mijn neef is op jonge leeftijd gestorven, doordat hij verslavende middelen
    had gebruikt.
6. De patiënt kreeg een ander dieet, omdat hij daarom vroeg.

9   **GRAMMATICA**   *Zou - zouden (onwerkelijkheid)*

Beantwoord de volgende vragen mondeling of schriftelijk en gebruik daarbij *zou* of *zouden*.

als ik .. zou ik op reis gaan!

1. Wat zou u doen als u een miljoen gulden kreeg?
2. Wat zou u doen als u zou worden uitgenodigd voor het maken van een
    ruimtereis?
3. Zou u 200 jaar oud willen worden? Eventueel onder bepaalde voorwaarden?
4. Als u zou mogen teruggaan in de geschiedenis, in welke tijd en waar zou u
    dan willen leven? Wie zou u willen zijn en wat zou u willen doen?
5. Als er in het China uit de legende een epidemie uitgebroken was, wat zou er
    dan met de artsen zijn gebeurd?
6. Als de artsen in Europa nu slechts zouden worden beloond zolang hun
    'patiënten' gezond bleven, wat zouden de artsen dan moeten doen?
7. Op welke manier zouden de mensen gezonder kunnen worden dan ze nu zijn?

of dat zou ik niet willen

10 GRAMMATICA   *Lidwoord*

Vul *de*, *het* of *een* in of vul geen lidwoord in.

Naar de huisarts of niet

(de)

Iedereen heeft weleens [1] klachten. In tien procent van [2] gevallen wordt
daarvoor [3] hulp van [4] dokter ingeroepen. Veel klachten gaan ook vanzelf
over. [5] dropje is lekkerder en goedkoper bij [6] hoesten en helpt even goed als
[7] meeste medicijnen. [8] ijslolly bij [9] pijnlijke keel is even pijnstillend als
[10] pilletje en heeft [11] minder bijwerking.
In [12] speciaal boekje dat u kunt bestellen, worden [13] vaak voorkomende
medische problemen besproken. Het biedt u [14] onafhankelijke en kritische informatie als u voor [15] keuze staat [16] dokter te raadplegen. Met [17] meeste
problemen blijkt u zichzelf te kunnen redden. Het loont daarom [18] moeite
even aan te zien of het overgaat.
Dit boekje verdient [19] plaatsje naast [20] telefoonboek om (behalve bij [21]
spoedeisende gevallen) eerst te raadplegen voordat u [22] telefoon grijpt om
[23] dokter te bellen.
Griep duurt zeven dagen en als u [24] dokter raadpleegt [25] week. Wat doet u?

Naar: Prof. dr. B. Meyboom-de Jong, *Wat doe ik. Ga ik naar de huisarts?*

11 TEKST

Wat is eigenlijk een patiënt?

[1] Het substantief 'patiënt' is afgeleid van het Latijnse werkwoord 'pati' dat 'lijden'
___ betekent. Het Frans kent naast het substantief 'patient' ook een adjectief
___ 'patient'. Dat laatste betekent 'geduldig'. De eerste associatie is dat een patiënt
___ iemand is die geduldig lijdt aan een ziekte. Maar als we onszelf afvragen wat een
[5] 'ziekte' is, komen we in moeilijkheden.
___ Iemand die zijn leven lang neurotisch naar ieder pakje sigaretten in zijn buurt
___ kijkt, omdat hij zo graag een sigaretje zou willen opsteken, is zieker dan iemand
___ die er zijn leven lang vrolijk op los paft in de wetenschap dat het kwalijke gevol-
___ gen kan hebben en die daar dan ten slotte ook aan sterft.
[10] Gezond is maar net wat jijzelf als gezond beschouwt. De gezondheidszorgindus-
___ trie heeft daar andere ideeën over. In een samenleving waarin de gezondheidszorg
___ zo'n opdringerige rol is gaan spelen, is er behoefte aan het opnieuw omschrijven
___ van de begrippen 'ziekte' en 'patiënt'. Wat de formulering van 'patiënt' betreft,
___ wil ik een voorstel doen: een patiënt is iemand die gebruik maakt van de gezond-

15 heidszorg. Ik heb eens ergens gelezen dat een patiënt iemand is die aan de gezond-
___ heidszorg lijdt. Zo'n grapje spreekt mij wel aan.
___ Als je de term 'hoge bloeddruk' niet kent, kun je er ook geen last van hebben.
___ Dan ben je geen patiënt. Als in ieder weekblad een arts vertelt dat er zoveel men-
___ sen zijn die zonder het te weten hoge bloeddruk hebben en dat dat zo gevaarlijk
20 is, spoedt een groot deel der Nederlanders zich naar de dokter om dat eens even
___ te laten controleren. En de dokter vangt heel wat mensen die een bloeddruk
___ boven de gemiddelde waarde hebben. Dat betekent dat je aan de halvarine
___ moet en met alles moet opletten. Je bent patiënt geworden. Na een maand moet
___ je weer bij de dokter langs om te zien of de bloeddruk inmiddels wat lager is.
25 Natuurlijk weet ik ook wel dat een te hoge bloeddruk niet zo best is. Hij kan
___ allerlei vervelende gevolgen hebben. Kan. De kans op een hartinfarct en een
___ hersenbloeding is groter. Maar dat betekent niet dat je een van beide krijgt.
___ En we weten allemaal wel dat een tweede slagroomgebakje niet zo best is.
___ Niemand is zo gek dat hij of zij dat niet weet. We hoeven niet eerst patiënt te
30 worden om erachter te komen wat ongezond voor je is.

Naar: Ivan Wolffers, *Patiëntenboek. Een handleiding voor patiënten en mensen uit hun naaste omgeving*

12 LEZEN   *Beweringen*
Bij 'Wat is eigenlijk een patiënt?'
Welke van de volgende beweringen zijn volgens de tekst waar?

1. In Frankrijk worden onder patiënten mensen verstaan die geduldig aan een ziekte lijden.
2. De definities van de begrippen 'patiënt' en 'ziekte' staan niet vast.
3. Roken is slecht voor je gezondheid, maar niet roken is nog slechter voor je gezondheid als je eigenlijk niets liever wilt dan paffen.
4. De definitie van een patiënt als iemand die gebruik maakt van de gezond- heidszorg, is algemeen geaccepteerd.
5. Als je niet weet dat je last hebt van hoge bloeddruk, ben je patiënt.
6. Volgens de auteur is het humoristisch om een patiënt te omschrijven als iemand die aan de gezondheidszorg lijdt.
7. De mogelijke gevolgen van hoge bloeddruk zijn o.a. hartinfarcten en hersen- bloedingen.
8. De vraag of een tweede slagroomgebakje slecht voor je is, kun je zelf beantwoorden.

13 VOCABULAIRE   *Woordvorming*

Verander de zinnen op de volgende manier.

Voorbeeld:

De verbreiding van medische kennis zou angst bij mensen groter maken.

De verbreiding van medische kennis zou angst bij mensen *vergroten*.

1. De eetlust van de zieke wordt langzaam minder.   *vermindert zia langzaam*
2. De patiënt wordt elke dag magerder.   *vermagert elke dag*
3. De toestand van het verkeersslachtoffer wordt slechter.   *verslechtert zia*
4. Meer bezuinigingen in de gezondheidszorg maken de protesten tegen deze maatregelen sterker.   *versterken de protesten tegen deze maatregelen*   *verkleint*
5. Minder vet maakt het risico van hart- en vaatziekten kleiner.
6. Snoepen maakt de kans op tandbederf groter.
7. Met ingang van 1 september wordt een aantal verzekeringsvoorwaarden anders.
8. Haar conditie wordt met de dag beter.

14 VOCABULAIRE   *Comparatief*

Voorbeeld:

Zij heeft me heel duidelijk verteld wat ik moet doen. De een kan *beter* uitleggen dan de ander.

1. Mensen boven de 65 zijn _____ 65 jaar.
2. Kinderen onder de 6 zijn _____ 6 jaar.
3. Ik kan met de trein vanuit Utrecht binnen de twee uur in Groningen zijn, dus de reis duurt _____ twee uur.
4. De prijzen stijgen. Alles wordt steeds _____ .
5. De belangstelling voor de cursus daalt. Er is veel _____ belangstelling voor dan vroeger.
6. Als je een cake bakt, moet het deeg rijzen. De cake moet dan _____ worden.
7. Het kind is weer wat gegroeid. Je ziet hem bijna iedere dag _____ worden.
8. Wanneer een trui in de was krimpt, wordt hij _____ .
9. De trein heeft vertraging. Hij komt _____ aan dan op de vastgestelde tijd.
10. Wij moeten bezuinigen. Wij moeten dus _____ geld uitgeven.
11. Het bedrijf gaat uitbreiden. Het kan nu _____ mensen aanstellen.
12. Als iemand aan een slaapmiddel verslaafd is, betekent dat, dat hij er steeds _____ van gaat gebruiken.

15 VOCABULAIRE *Synoniemen*

Vervang in de onderstaande brief woorden of groepen van woorden door:

a. aanvaarden ~~aannemen~~ b. aannemen reeds ~~should~~ bereits voornáám

beest *Bestie / Tier* blanco ~~unbeschrieben~~ blanco reeks serie; zich realiseren

invoeren gevolg uitvoerig ~~Folge~~ / Reihe

meedelen geraken gelegen / gekommen zu verbonden zijn

veroorzaken krijgen (laten) vervolgen

verwijderen entfernen noch ... noch voorkómen vorbeugen

wijze / verwijdering ↓ plaatsvinden vou geriet erscheinen

Waser / Art Entfernung vorkommen

N.B. Niet alle woorden komen in de teksten van deze les voor.

Mijne heren,

a. *delen wij u mee*
Hierbij berichten wij u dat wij uw manier van handelen
niet kunnen accepteren. U zou het afval dat op uw terrein ligt, laten weghalen. *beesten*
Dit afval trekt ratten aan en deze dieren zijn schade- *veroorzaakt*
lijk voor de volksgezondheid. Hun aanwezigheid brengt
talrijke besmettelijke ziekten teweeg. *wijze*
U zou een nieuwe methode hebben om het afval te
verwerken en u zou deze methode spoedig gaan
gebruiken.

b. *kregen* *reeks*
Tot dusver ontvingen wij een hele serie brieven van u *verbonden zijn*
ten aanzien van maatregelen die met de zaak zouden samenhangen. De laatste brief was geheel onbeschreven! *blanco*
Wij veronderstellen dat dit een vergissing was ... *nemen aan*
Wij houden echter niet van onzin, en ook niet van *noch van onzin noch van onzekerheid*
onzekerheid. Daarom stellen wij u voor deze belangrij-
ke kwestie uitgebreid te bespreken. *verlanden → verlalten*
Dit zou kunnen verhoeden dat wij ertoe overgaan u ge- *te laten vervolgen*
rechtelijk aan te klagen. U zou hierdoor in een uiter-
mate onaangename positie komen. Wij veronderstellen *realiseert*
dat u zich daarvan bewust bent. Ook wij hopen dat iets *plaats te vinden*
dergelijks niet hoeft te gebeuren. Wij hebben de auto- *voorkomen*
riteiten al in kennis gesteld van de consequenties van
uw onverdraaglijke handelwijze. *gevolgen*

Hoogachtend,

16 LEZEN *Informatie verzamelen*

U moet voor uw werk vijf dagen naar het buitenland. U moet zelf autorijden. Op de ochtend van uw vertrek wordt u wakker met een zeurende kiespijn. Tijd om naar de tandarts te gaan heeft u absoluut niet. U heeft twee soorten pijnstillers in huis. U leest de bijsluiters.

PARACETAMOL
500 mg
PARACETAMOL
met coffeïne   500 mg/50 mg

Samenstelling
Kruidvat Paracetamol 500 mg tabletten bevatten per tablet 500 mg
paracetamol. Kruidvat Paracetamol
met coffeïne 500 mg/50 mg tabletten bevatten per tablet 500 mg paracetamol en 50 mg coffeïne.
De tabletten bevatten geen melk-
suiker (lactose).

Werking
Paracetamol is een pijnstiller met
een koortswerende werking.

Toepassing
Paracetamol tabletten (met en zonder coffeïne) zijn bestemd voor gebruik bij pijn en koorts bij griep, verkoudheid en na vaccinatie. Tevens
kunnen ze worden toegepast bij
hoofdpijn, kiespijn, zenuwpijn, spit,
spierpijn en menstruatie.

**Voordat het geneesmiddel
gebruikt wordt**
Dit geneesmiddel dient niet
gebruikt te worden in geval van
overgevoeligheid voor paracetamol
of voor overige bestanddelen van
dit produkt.

**Bijwerkingen en eventuele
problemen die kunnen optreden**
Allergische reacties kunnen optreden; deze uiten zich met name door
huiduitslag of galbulten.

Bij een sterke overdosering kan
een ernstige leverbeschadiging
(soms zelfs met dodelijke afloop)
ontstaan. Hoeveelheden van 6
gram paracetamol (12 tabletten)
kunnen reeds de lever beschadigen, grotere hoeveelheden veroorzaken blijvende ernstige leverbe-
schadigingen. Indien langdurig
doseringen van 3 tot 4 gram (6 tot 8
tabletten) per dag worden gebruikt
kan leverbeschadiging optreden.

Waarop verder te letten
Deze tabletten moeten niet langdurig of veelvuldig gebruikt worden.
Indien de klachten aanhouden of
terugkeren dient uw arts geraad-
pleegd te worden. De tabletten dienen voorzichtig toegepast te worden door patiënten met
aandoeningen aan de nieren of
lever. Indien u reeds langdurig
grote hoeveelheden alcohol tot u
neemt, mag u absoluut per dag niet
meer dan 4 tabletten gebruiken.
Het in éénmaal innemen van enkele malen de maximale dagdosis kan
de lever zeer ernstig beschadigen,
bewusteloosheid treedt daarbij niet
op. Toch dient onmiddellijk medische hulp te worden ingeroepen.

**Wisselwerking met andere
geneesmiddelen**
Gelijktijdig gebruik van verschillende geneesmiddelen kan een nadeli-
ge invloed op de werking van deze
middelen hebben. Vertel uw arts
daarom altijd welke geneesmiddelen (af en toe of regelmatig) u gebruikt. Een wisselwerking kan bijvoorbeeld optreden bij gelijktijdig
gebruik met chlooramfenicol, zido-
vudine of alcohol.

**Beïnvloeding rijvaardigheid en
bekwaamheid machines te
gebruiken**
Dit geneesmiddel heeft, voor zover
bekend, geen invloed op de rijvaardigheid en bekwaamheid om machines te gebruiken.

**Gebruik tijdens de zwangerschap
en het geven van borstvoeding**
Tijdens de zwangerschap en het
geven van borstvoeding dient u dit
geneesmiddel slechts na overleg
met uw arts te gebruiken.

Aanwijzingen voor het gebruik
Kinderen van 6 tot 9 jaar:
½ tablet per keer.
Maximaal 4 tot 6 keer per dag.
Kinderen van 9 tot 12 jaar:
1 tablet per keer.
Maximaal 3 tot 4 keer per dag.
Kinderen van 12 tot 15 jaar:
1 tablet per keer.
Maximaal 4 tot 6 keer per dag.

Volwassenen:
1 tot 2 tabletten per keer.
Maximaal 6 tabletten per dag.

De tabletten moet u in een glas
water uiteen laten vallen, goed om-
roeren en opdrinken.

Aanwijzingen voor het bewaren
Droog en bij kamertemperatuur
(15-25 °C) bewaren in de goed gesloten, originele verpakking. Op
deze wijze bewaard is dit geneesmiddel houdbaar tot en met de na
de aanduiding 'Niet te gebruiken
na' vermelde datum. De aanduiding
'Exp.' op de strip betekent: niet te
gebruiken na.

Geneesmiddelen altijd buiten bereik van kinderen bewaren!

In het register ingeschreven onder:
RVG 15090=52239 Paracetamol
500 mg, tabletten
RVG 15091=55048 Paracetamol
met coffeïne 500 mg/50 mg, tabletten

Pharmethica B.V.,Weesp
075-9206-p

IBUPROFEN

Samenstelling
Kruidvat Ibuprofen dragees bevatten per dragee 200 mg ibuprofen
Ze bevatten tevens lactose (melk-
suiker).

Werking
Ibuprofen heeft een pijnstillende,
koortswerende en ontstekingsremmende werking.

Toepassing
Kruidvat Ibuprofen is bestemd voor
gebruik bij menstruatiepijn, kiespijn, hoofdpijn, spierpijn, reumatische pijn en pijn en koorts bij griep
en verkoudheid of na inenting.

**Voordat het geneesmiddel
gebruikt wordt**
Kruidvat ibuprofen dient niet
gebruikt te worden in geval van:

- actieve of terugkerende zweer van de maag of twaalfvingerige darm, maag-darmbloeding of de aandoening colitis ulcerosa
- overgevoeligheid voor ibuprofen of het produkt als zodanig
- astma-aanvallen of overgevoeligheidsreacties na eerder gebruik van andere, op ibuprofen gelijkende, geneesmiddelen
- ernstig verminderde nier- en/of leverwerking
- patiënten met verhoogde bloedingsneiging
- patiënten die met antistollingsmiddelen behandeld worden.

Bijwerking
Bijwerkingen op het maag-darmstelsel komen relatief vaak voor en kunnen zijn: irritatie, misselijkheid, verlies van eetlust, overgeven, zuurbranden, onprettig gevoel in de buik, diarree en maag-darmbloeding.
Bijwerkingen op het centraal zenuwstelsel komen minder vaak voor en kunnen zijn: hoofdpijn, duizeligheid, oorsuizen en slapeloosheid.
Verder kan Kruidvat Ibuprofen aanleiding geven tot bijwerkingen zoals onder andere: huiduitslag van uiteenlopende aard, verlenging van de bloedingstijd, verandering van de bloedsamenstelling, stoornissen in de lever- en nierwerking, vochtophoping, vaagzien en stoornissen in de menstruatie.
Indien u na inname last krijgt van keelpijn en/of blauwe plekken op de huid en op de slijmvliezen, neem dan Kruidvat Ibuprofen niet meer in en raadpleeg onmiddellijk uw arts.

Beïnvloeding reactievermogen
In geval van duizeligheid bij het gebruik van dit middel wordt het besturen van een motorrijtuig en het bedienen van (gevaarlijke) machines afgeraden.

Waarop verder te letten
Langdurig of veelvuldig gebruik van dit middel wordt ontraden, tenzij uw arts dit voorschrijft. Als de klachten aanhouden of terugkeren, kunt u beter uw arts raadplegen. Dit middel mag uitsluitend op advies van uw arts gebruikt worden in geval van een eerder opgetreden maag- of darmzweer, verhoogde bloeddruk of hartaandoeningen, bloedstollingsstoornissen en lever- of nierfunctiestoornissen. Voorzichtigheid is tevens geboden bij bejaarde patiënten.
Bij het optreden van een maagbloeding, verandering in de bloedsamenstelling, aanzienlijke leverfunctiestoornissen of overgevoeligheidsverschijnselen, zoals bijvoorbeeld huiduitslag, moet het gebruik gestaakt worden en dient u uw arts te raadplegen.
Door de ontstekingsremmende werking van dit middel is het mogelijk dat een eventueel optredende infectie u minder snel opvalt. Wees hierop attent.

Wisselwerkingen
Gelijktijdig gebruik van verschillende geneesmiddelen kan gevolgen voor de werking van deze middelen hebben. Vertel daarom uw arts altijd welke geneesmiddelen u (af en toe of regelmatig) gebruikt.
Een wisselwerking kan onder andere optreden bij gelijktijdig gebruik van Kruidvat Ibuprofen en plasmiddelen, antistollingsmiddelen, corticosteroïden, digoxine, fenytoïne, lithium en bepaalde bloeddrukverlagende middelen.

Gebruik tijdens zwangerschap en borstvoeding
Kruidvat Ibuprofen wordt tijdens de zwangerschap ontraden. Gebruik tijdens het geven van borstvoeding mag uitsluitend op advies van uw arts.

Aanwijzingen voor het gebruik
Koorts en pijn bij griep en verkoudheid of na inenting, kiespijn, hoofdpijn, spierpijn en reumatische pijn:
Voor volwassenen en kinderen vanaf 12 jaar is de eerste dosis 2 dragees, zonodig gevolgd door 1 tot 2 dragees per keer. Maximaal 6 dragees per dag.

Menstruatiepijn:
Begindosering is 6 dragees per dag, verdeeld over 3 tot 4 giften. In ernstige gevallen kan dit verhoogd worden tot maximaal 8 dragees per dag.

Kruidvat Ibuprofen dragees moeten met een ruime hoeveelheid vloeistof (een glas water) worden ingenomen.
Reuma-patiënten die last hebben van ochtendstijfheid, kunnen de eerste dosis direct na het ontwaken op de nuchtere maag innemen. De volgende doses kunnen na de maaltijd met een ruime hoeveelheid water ingenomen worden, zodat het middel geleidelijk opgenomen wordt.

Aanwijzingen voor het bewaren
Droog en bij kamertemperatuur (15-25 °C) bewaren in de goed gesloten, originele verpakking. Op deze wijze bewaard, is dit geneesmiddel houdbaar tot en met de na de aanduiding 'Niet te gebruiken na' vermelde datum. De afkorting 'Exp.' op de strip betekent: Niet te gebruiken na.

Geneesmiddelen altijd buiten bereik van kinderen bewaren!

In het register ingeschreven onder:
RVG 15803=56106
Pharmethica B.V., Weesp
078 - 9201-p

Beslis welke pijnstiller in uw geval het beste is aan de hand van de volgende drie vragen:

a. Helpen beide pijnstillers tegen kiespijn?

b. Beïnvloeden ze de rijvaardigheid?

c. Kunnen beide gebruikt worden bij astma?

   (U heeft daar namelijk soms in lichte mate last van.)

Verder wilt u weten

d. hoeveel tabletten u per dag maximaal mag gebruiken.

e. hoe u ze in moet nemen.

f. of u kans loopt er huiduitslag van te krijgen.

17   SCHRIJVEN   *Memo*

U heeft een afspraak met de tandarts voor vanmiddag vier uur. Vanwege spoedoverleg op uw
werk moet u de hele middag vergaderen. Het nummer van uw tandarts is steeds in gesprek.
U legt een memo op het bureau van uw collega waarin u hem vraagt de tandarts af te zeggen.

18   SCHRIJVEN   *Grafiek*   *Diagram*

In onderstaand staafdiagram ziet u de uitgave aan medicijnen tegen
verkoudheid per hoofd van de bevolking in guldens.

a. Geef een beschrijving van het staafdiagram.
b. Probeer een verklaring te geven voor het verschil in uitgaven.
c. Wat doet u als u het gevoel heeft griep te krijgen?
Gebruik ongeveer 100 à 150 woorden.

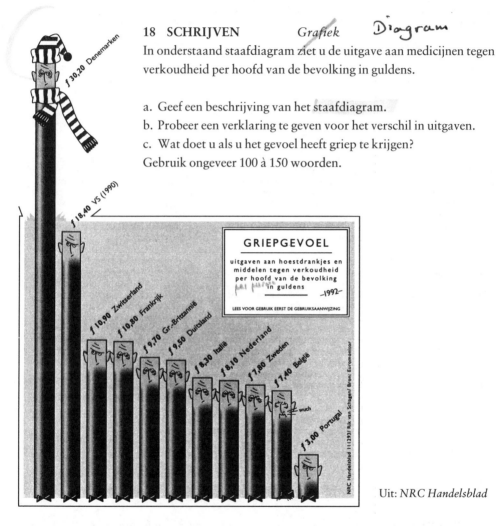

Uit: *NRC Handelsblad*

Denen bestrijden verkoudheid en hoestbuien met man
en macht. Zij spenderen jaarlijks circa 30 gulden aan
hoestdrankjes en middelen tegen de verkoudheid. Nederlanders besteden nog geen acht gulden aan drank-
jes en pillen, nog geen derde van wat de Denen kwijt
zijn. Dit blijkt uit cijfers van het Engelse marktonder-
zoekbureau Euromonitor.

Echt genezen doen de hoestdrankjes overigens niet,
aldus een woordvoerder van de Landelijke Huisartsen
Vereniging. Zij verlichten eerder de symptomen.

De griep teistert Nederland, één op de 200 Nederlanders heeft wegens griepverschijnselen al een huisarts
geconsulteerd. En dan zijn er vermoedelijk nog veel
meer die zonder consult thuis onder de dekens liggen
uit te zieken. Huisartsen in het oosten van Nederland
hebben het heel druk, daar heeft al één op de 137 inwo-
ners zich met griep gemeld, aldus de Influenza Stichting. Vergeleken met andere griepgolven is dit nog een
relatief milde, zo zegt het Nationaal Influenza Centrum. In de winter van 1972-1973 ging één per 87 in-
woners naar de dokter.

(Onderzoek: Niek den Tex)

19 SPREKEN *Korte opdrachten*

Begin uw antwoord met *Ik zou.*

1. Op een zondagmiddag krijgt u plotseling tien mensen van buiten de stad op bezoek waar u helemaal niet op hebt gerekend. U hebt niet genoeg eten in huis en alle winkels bij u in de buurt zijn dicht. Wat zou u doen?
2. U bent binnenkort jarig. Uw vrienden willen u een cadeau geven van ongeveer 50 gulden. Wat zou u kiezen en waarom kiest u juist dat cadeau?
3. U loopt op straat en ziet iemand liggen die niet goed geworden is. Wat zou u doen?
4. U ziet in een boekwinkel een boek liggen waar u al heel lang naar hebt gezocht. U wilt het heel graag hebben. U hebt alleen op dat moment niet genoeg geld bij u om het te kopen. Wat zou u doen?
5. U rijdt op een avond heel laat in uw auto langs een stille weg. Plotseling blijft de auto stilstaan. Het blijkt dat u geen benzine meer hebt. Wat zou u doen?
6. Er wordt op een nacht om drie uur bij u aan de deur gebeld. U ziet door het ruitje dat er een voor u onbekende persoon voor de deur staat. Wat zou u doen?
7. U woont in een vrij kleine kamer, die nogal vol staat. Een kennis van u gaat naar een andere stad verhuizen en komt bij u met een mooie, maar grote gemakkelijke stoel, waar u eigenlijk geen plaats voor heeft. Wat zou u doen?
8. U heeft ineens een grote lekkage in uw keuken. De loodgieter zegt dat hij over een uur kan komen, maar dan moet u een belangrijk tentamen doen. Wat zou u doen?
9. Een vriendin van u is uitgenodigd voor een heel leuk feest, maar op de dag van het feest wordt ze wakker met een zware verkoudheid en een beetje koorts. Ze weet nu niet wat ze moet doen. Ze vraagt u om advies. Wat zou u haar adviseren?

20 SPREKEN *Middellange opdrachten*

Begin uw antwoord met *Ik zou.* Beargumenteer waarom u juist dat zou zeggen of doen.

1. Een vriend van u heeft wat geld gekregen. Hij kan daarvoor een tweedehands auto kopen, of hij kan mee met een groep vrienden die een wandeltocht in Nepal gaat maken. Hij komt u om advies vragen. Welk advies geeft u hem?
2. Een vriend van u heeft van zijn arts gehoord dat hij voor zijn gezondheid meer aan sport zou moeten doen, maar hij studeert en moet op tijd afstuderen, dus hij heeft ook zijn tijd nodig voor zijn studie. Hij vraagt u om advies. Welk advies geeft u hem?

3. U voelt zich al een hele tijd niet goed. U bent moe en u hebt geen eetlust. U gaat naar uw huisarts. Hij geeft u het advies wat meer rust te nemen. U probeert hem te overtuigen dat u zich echt niet goed voelt en dat u een onderzoek wilt. Wat zou u tegen hem zeggen?

4. Een dochtertje van een vriendin logeert bij u. Op een ochtend wil ze niets eten en ze krijgt overal rode vlekjes. Wat zou u doen?

21 SPREKEN   *Discussie*

Gezondheid van sollicitant weegt steeds zwaarder

Van onze verslaggever

AMSTERDAM

Werkgevers weren steeds vaker werknemers met een slechte gezondheid of een risicovolle hobby. Een groeiende groep sollicitanten wordt onderworpen aan een aanstellingskeuring. Ruim een kwart van de werkgevers vraagt in het sollicitatiegesprek bewust naar riskante activiteiten in het privéleven.

Sinds de introductie van financiële prikkels in de Ziektewet en de WAO

zijn werkgevers strenger gaan selecteren, constateert het College van toezicht sociale verzekeringen (Ctsv) in het rapport 'Risicoselectie op de Nederlandse arbeidsmarkt'. Sollicitanten met een verhoogd risico op ziekte worden buiten de poort gehouden, terwijl volgens het Ctsv elk bewijs ontbreekt dat het ziekteverzuim hierdoor daadwerkelijk kan worden onderdrukt.

Werkgevers noemen in het Ctsv-rapport een reeks punten die bij hen een rood lichtje doen branden. Een

ondervraagde werkgever: 'Er wordt gekeken of de sollicitant rookt of niet. Ook is het belangrijk of iemand een gevaarlijke sport beoefent.' Als risicovolle sport noemen werkgevers parachutespringen en motorcrossen, maar ook voetbal. 'Het blijkt dat voetballers een hoog ziekteverzuim hebben', verklaart een werkgever. Ook zwaar uitgaan in het weekeinde wordt niet door iedere werkgever op prijs gesteld.

Uit: *de Volkskrant*

a. Bent u het ermee eens dat werkgevers vragen stellen over mogelijke riskante activiteiten in het privéleven van de sollicitant?
b. Hoe denkt u erover dat steeds meer sollicitanten worden onderworpen aan een aanstellingskeuring?
c. Denkt u dat het ziekteverzuim hierdoor daadwerkelijk kan worden onderdrukt?
d. Wat zijn volgens u de gevolgen van deze strengere eisen? Denk daarbij ook aan sollicitanten met een chronische ziekte en gehandicapten.

Prikje

Morgen word je ingeënt,
maar vader is een flinke vent.
Hij kijkt niet naar de naald en jou,
anders valt hij flauw.

Uit: Wiel Kusters, *Het veterdiploma*

22 LUISTEREN *Meerkeuzevragen*

Hieronder staat een aantal vragen en beweringen bij het luisterstuk 'Griep en de griepprik'.
Kruis aan wat juist is.

1. Gezonde mensen
   a. zijn niet gevoelig voor het griepvirus.
   b. kunnen voorkomen dat zij griep krijgen. ✓
   c. belanden zelden in het ziekenhuis ten gevolge van griep. ✓
2. Je kunt alleen het griepvirus overbrengen als je zelf ook griep hebt.
   a. Dat is waar.   b. Dat is niet waar.
3. Hoe lang duurt griep?
   a. Drie tot vijf dagen.
   b. Een tot twee weken. ✗
   c. Dat ligt voor iedereen anders.
4. Wie behoort volgens dokter Huizinga tot de risicogroep?
   (Meerdere antwoorden zijn juist.)
   a. Iemand met astma.
   b. Iemand met eczeem.
   c. Iemand met chronische bronchitis. ✓
   d. Iemand met hartritmestoornissen.   de nier
   e. Iemand met suikerziekte.
   f. Iemand met regelmatige migraine.
5. Wanneer moet de griepprik worden gehaald?
   a. Voor de winter.   iedere najaar ✓
   b. In de winter.
   c. Na de winter.
6. Van mensen die een griepprik hebben gehaald,
   a. krijgt 1/5 griep.   20%. ✓
   b. krijgt 1/4 griep.
   c. krijgt 1/3 griep.
7. Als je griep krijgt, zit er niets anders op dan
   a. in bed te gaan liggen en veel te drinken. ✗
   b. uit te zieken en pijnstillers te gebruiken.
   c. veel te drinken en pijnstillers te gebruiken.
8. Griep en verkoudheid krijg je door verschillende virussen.
   a. Dat is waar.   b. Dat is niet waar. ✓
9. Elk jaar verandert het griepvirus en dus ook het vaccin daartegen.
   Mensen die zo'n prik halen
   a. krijgen steeds een nieuw anti-virus ingespoten.
   b. krijgen juist dat virus ingespoten dat die komende winter wordt verwacht. ✓
   c. krijgen verschillende virussen ingespoten die het afweersysteem verhogen.

10. Mensen die niet tot de risicogroep behoren, moeten hun prik zelf betalen.
    a. Dat is waar.   b. Dat is niet waar.

23 LUISTEREN   *Meerkeuzevragen*

Hieronder staat een aantal vragen en beweringen bij het luisterstuk 'Interview met professor Van Andel'. Kruis aan wat juist is.

1. Met welke categorie patiënten hebben artsen problemen bij het stellen van een diagnose, volgens professor Van Andel?
    a. Met patiënten met psychische klachten.
    b. Met patiënten bij wie de arts niets lichamelijks kan vinden.
    c. Met patiënten van wie de arts zegt dat ze niets mankeren.
2. Soms zegt een arts: 'Ik kan niets voor u doen.' Wat betekent dat in eerste instantie volgens professor Van Andel?
    a. Dat betekent dat de patiënt niet meer genezen kan worden.
    b. Dat betekent dat de arts niet weet hoe hij de patiënt kan helpen.
    c. Dat betekent dat de arts de patiënt naar iemand anders verwijst die hem wel kan genezen.
3. Wat zouden de artsen eerlijk tegen de patiënten moeten zeggen, volgens professor Van Andel?
    a. Dat, als de arts geen lichamelijke afwijking kan constateren, hij ook niet kan zeggen wat de patiënt mankeert.
    b. Dat de patiënt niet te genezen is.
    c. Dat de artsen geen diagnose kunnen stellen, omdat de klachten van psychische aard zijn.
4. Hoe zou de arts de patiënt het beste kunnen helpen, volgens professor Van Andel?
    a. De patiënt en de arts zouden samen beter naar de mogelijke oorzaken van de klachten moeten zoeken, en naar de eventuele behandeling.
    b. De arts zou langer met de patiënt moeten praten om de patiënt van zijn psychische klachten af te helpen.
    c. De arts zou meer tijd moeten inruimen om een diagnose te stellen.
5. Waarom denkt professor Van Andel dat de patiënten van artsen te veel verwachten?
    a. Omdat er in ziekenhuizen zo veel gebeurt.
    b. Omdat artsen soms wonderen verrichten waardoor de fouten niet aan het licht komen.
    c. Omdat het imago van de arts nogal mooi is gemaakt.

1 TEKST

Onderwijs

1 Onderwijs wordt door de meeste mensen gezien als iets waar iedereen recht op
heeft. Nu zijn de mogelijkheden voor het volgen van schoolonderwijs in de
meeste landen sterk verbeterd vergeleken bij vroeger. Hoewel de leerplicht in
de meeste landen is ingevoerd, is het aantal analfabeten in de wereld nog te
5 groot. Er worden wel pogingen gedaan dit aantal te verminderen, maar het slagen hiervan hangt nauw samen met onder meer de economische situatie in een
land. In West-Europa heeft het enige eeuwen geduurd voordat het huidige
niveau werd bereikt.
De ontwikkeling van het onderwijs nam een wending toen in de Middeleeuwen
10 een aantal belangrijke technische uitvindingen werd gedaan. De belangrijkste
uitvinding was die van de boekdrukkunst rond 1450. Dankzij deze uitvinding
vond er een enorme culturele groei plaats. Dat kunnen we opmaken uit de hoeveelheid boeken die daarna gedrukt werden. De boekenproductie van de 15de
eeuw bestond uit 40.000 titels. Het aantal titels alleen al steeg in de 16de eeuw
15 tot 520.000 en in de 17de eeuw tot meer dan een miljoen. Het is begrijpelijk dat
vooral landen of groepen met een grote welvaart hiervan het meest konden
profiteren.

18 Ook binnen de schoolorganisatie deden zich veranderingen voor. Het onderwijs
___ splitste zich op in lager, middelbaar en hoger onderwijs. Eén bepaald boek vereis-
20 te een bepaalde studieperiode; op die manier ontstond een groep van leerlingen
___ die allen met hetzelfde boek bezig waren en dit werd dan een klas. Deze klas werd
___ automatisch een leeftijdsklas, want als men tegelijk als groep begon, hetzelfde
___ programma doornam en dezelfde vorderingen maakte, kreeg men, globaal
___ gezien, een groep van ongeveer even oude leerlingen. Het is niet gemakkelijk te
25 bepalen wat bij het ontstaan van klassen primair was: heeft een bepaald boek dat
___ veroorzaakt, of heeft juist een bepaalde leeftijd van de leerlingen gevraagd om
___ een daarvoor geschikt boek?
___ De kwaliteit van de scholen ging in de zestiende eeuw, vergeleken met de Middel-
___ eeuwen, achteruit. Dit was het gevolg van de overgang van de oude naar de nieu-
30 we tijd. Die tijd werd namelijk gekenmerkt door vele oorlogen en de vele sociale
___ woelingen. Er kwamen veel scholen leeg te staan, omdat er geen geld was of
___ omdat de schoolmeester was gevlucht. Zodra de economie achteruitging, was dat
___ ook merkbaar in het onderwijs, zo sterk zelfs dat men in geheel West-Europa om-
___ streeks het midden van de 19de eeuw op het gebied van lezen, schrijven en reke-
35 nen zeker niet verder was dan in 1450. In vele gevallen werd het middeleeuwse ni-
___ veau zelfs niet gehaald. Het aantal analfabeten in 1850 was niet alleen in absolute
___ zin, maar zelfs in relatieve zin groter dan vierhonderd jaar daarvoor.

Naar: Prof. dr. N.F. Noordam, *Inleiding in de historische pedagogiek*

a. De eerste zin van de tekst is passief. Maak er een actieve zin van.
    Waarom kiest de auteur voor het passief, denkt u?
b. Bekijk de volgende drie passieve zinnen uit de tekst:
    - 'Nu zijn de mogelijkheden voor het volgen van schoolonderwijs in de
      meeste landen sterk verbeterd ...' (regel 2-3).
    - 'Hoewel de leerplicht in de meeste landen is ingevoerd, ...' (regel 3-4).
    - 'Er worden wel pogingen gedaan dit aantal te verminderen, ...' (regel 5).
    Verklaar waarom het eigenlijk niet mogelijk is, in tegenstelling tot de eerste
    zin, hiervan actieve zinnen te maken.
c. Zoek de overige passieve zinnen in de tekst op. Waarom is in deze zinnen
    het passief gebruikt?
d. Bekijk de volgende twee zinnen uit de introductietekst:
    - 'en dit werd dan een klas.' (regel 21)
    - 'Deze klas werd automatisch een leeftijdsklas.' (regel 21-22)
    Zijn deze zinnen passief of actief? Verklaar uw antwoord.
e. Waarom staat er in de tekst in regel 11 'rond' 1450 en niet 'in' 1450?

2 LEZEN *Meerkeuze- en open vragen*

1. Wat voor soort tekst zou dit kunnen zijn?
    a. Een recensie.
    b. Een inleiding van een studieboek.
    c. Een artikel.
    d. Een epiloog.
2. In regel 4 zegt de schrijver iets over het aantal analfabeten. Beoordeelt hij het positief of negatief? Uit welk woord in de tekst blijkt dat? *nog te groot*
3. Er werden in de 15de eeuw 40.000 boeken gedrukt.
    a. Dat is waar.
    b. Dat is niet waar.
4. 'Het is begrijpelijk dat vooral landen of groepen met een grote welvaart hiervan het meest konden profiteren.' (regel 15-17) Wat wordt bedoeld met 'hiervan'? *van de grote aantal boeken*
5. Welke twee hypothesen geeft de tekst als oorzaak van het ontstaan van schoolklassen?
    a. Het aantal kinderen dat naar school ging, nam toe.
    b. De onderwijzers wilden een indeling naar leeftijd maken.
    c. Een groep kinderen was gedurende dezelfde periode met een bepaald boek bezig.
    d. De kinderen die ongeveer dezelfde leeftijd hadden, waren eraan toe hetzelfde boek te gebruiken.
    e. Kinderen gingen vanaf ongeveer dezelfde leeftijd naar school.
6. Hoe kan het aantal mensen dat in 1850 in West-Europa analfabeet was, vergeleken worden met het aantal mensen dat in 1450 analfabeet was?
    a. Het absolute aantal analfabeten is groter, maar het percentage analfabeten is gedaald.
    b. Het absolute aantal analfabeten is groter en het percentage analfabeten is toegenomen.
    c. Het absolute aantal analfabeten is gedaald, maar het percentage analfabeten is toegenomen.

3   **VOCABULAIRE**   *Bij de introductietekst*

Cursus Nederlands

alleen al, bestaan, doornemen, even, hoewel, merkbaar, niveau, technisch, vereisen, vergeleken, verminderen, volgen, vordering

Ik zit nu op een _____1 school, want ik hoop in de toekomst een baan te vinden in de elektronicasector. Een toelatingsexamen Nederlands was voor alle buitenlanders _____2. Afgelopen jaar heb ik daarom een cursus Nederlands _____3 die mij zou voorbereiden op dat examen. Het viel in het begin niet mee. De cursus _____4 uit zestien lesuren per week die tijdens vier avonden gegeven werden. Overdag moest ik werken om geld te verdienen.
Wij moesten heel veel stof _____5. Het leren van alle woordjes _____6 _____6 nam veel tijd in beslag. Al na een maand kreeg ik het gevoel dat ik niet veel _____7 maakte. _____8 bij de andere cursisten raakte ik achter, _____9 ik het gevoel had dat ik _____10 hard werkte als zij. Mijn concentratie _____11. Ik voelde mij bovendien in de groep niet helemaal thuis. Het _____12 van de leerlingen was zeer verschillend. De ene was _____13 meer gemotiveerd dan de andere.

aantal, dankzij, geval, halen, klas, omstreeks, poging, profiteren, samenhangen, splitsen, zich voordoen, zin

_____14 Sinterklaas dacht ik dat het bijna geen _____15 meer had naar de lessen te gaan. Mijn _____16 Nederlands te leren leken tevergeefs. Wat moest ik doen? Maar plotseling _____17 _____17 iets _____17 waardoor de situatie veranderde. Het _____18 cursisten was namelijk zo groot dat de docent besloot de groep te _____19. De lessen werden _____20 dit besluit beter. Daar heb ik dan ook van kunnen _____21. Langzamerhand kwam mijn concentratie terug. Wij hadden een gezellige _____22 waar een goede sfeer heerste. In ieder _____23 gold voor mij dat mijn resultaten nauw _____24 met de sfeer in een groep. Ik heb dan ook mijn examen _____25.

4   GRAMMATICA   *Passief*

Beantwoord de volgende vragen met een passieve zin.

Voorbeeld:

Wat gebeurt er in een collegezaal?

Daar wordt college gegeven.

1. Wat gebeurt er in een drukkerij?   *daar worden boeken gedrukt*
2. Wat gebeurt er in een brouwerij?   *daar wordt bier gebrouwen*
3. Wat gebeurt er in een taalpracticum?
4. Wat gebeurt er aan een universiteit?   *daar worden hoge opleidingen gevolgd*
5. Wat gebeurt er in een filmzaal?   *daar wordt film getoond / gedraaid*
6. Wat gebeurt er in een bakkerij?
7. Wat gebeurt er bij een uitgeverij?   *daar worden boeken uitgegeven*
8. Wat gebeurt er in een bibliotheek?   *er worden boeken geleend / gelezen*
9. Wat gebeurt er in een laboratorium?   *daar worden experimenten gedaan*
10. Wat gebeurt er in een werkgroep?   *daar wordt samen gewerkt / onderzoek gedaan*
11. Wat gebeurt er in een vergadering?   *er wordt vergaderd / een beslissing genomen*
12. Wat gebeurt er in een pauze?   *er wordt gerookt*

5   GRAMMATICA   *Passief*

Antwoord in passieve zinnen. Gebruik de juiste tijd van het werkwoord. Het subject van de passieve zin wordt gegeven.

Voorbeeld:

a. Ligt je broer nog in het ziekenhuis?
b. Helaas wel, hij [opnieuw opereren] _____ .
    Helaas wel, hij *is gisteren opnieuw geopereerd*.

1. a. Heb je alles al gegireerd?   *geld overgemaakt*
    b. Nee, deze rekening [betalen] _____ *is al betaald*, maar de rest [overmaken] _____ *moet nog worden overgemaakt*.
2. a. Kan ik je in de keuken helpen?
    b. Graag, de aardappels [schillen] _____ *moeten geschild worden* en de sperzieboontjes [schoon-maken] _____ *moeten schoongemaakt worden*.
3. a. Heb je een nieuwe auto?
    b. Nee hoor, dat lijkt maar zo, hij [wassen] _____ *is het gewassen*.
4. a. Ik vind dat schilderij erg mooi.
    b. Dat vind ik ook. Weet je door wie het [schilderen] _____ ?   *is geschilderd (of) werd geschilderd*
5. a. Denk je dat men de show leuk vond?
    b. Volgens mij wel, want er [lachen] _____ .   *werd veel / is veel gelachen*
6. a. Weet je al of je geslaagd bent?
    b. Nee nog niet, maar ik [opbellen] _____ .   *word nog opgebeld*

7. a. Zullen we hier gaan zitten?
   b. Nee, het stinkt hier, er [roken] _____ . *wordt gerookt*

8. a. Ga jij ook naar de reünie?
   b. Ja, ik weet alleen niet waar hij [houden] _____ . *wordt gehouden*

9. a. Is die bankovervaller nog op vrije voeten?
   b. In de krant stond dat hij nog steeds [zoeken] _____ . *wordt gezocht*

10. a. Is het rapport nou nog niet klaar?
    b. Nee, het duurt iets langer, maar er [werken aan] _____ . *wordt aan gewerkt*

11. a. Heb je als boer nu wel eens een dagje vrij?
    b. Eigenlijk nooit, alleen al die koeien, die moeten [melken] _____ . *gemolken worden*

12. a. Hoe laat komt het vliegtuig uit Tokyo aan?
    b. Het *wordt* om vijf uur [verwachten] *verwacht*

13. a. Wat staan hier veel lege flessen!
    b. Ja, ze hadden een feestje. Daar [drinken] *zijn ze* . *alle gedronken*

14. a. Het is hier koud, doet de verwarming het niet?
    b. Nee, hij [repareren] *moet worden gerepareerd.*

15. a. Er zitten gaten in je schoenen.
    b. Ik weet het, ze [verzolen] *moeten . verzoold worden*

16. a. Ik moet naar de tandarts want mijn verstandskies doet pijn.
    b. Oh wat erg, hij [trekken] _____ ?
       moet worden getrokken
       wordt

6 GRAMMATICA *Passief*

Maak met onderstaande werkwoorden eenvoudige zinnen die beginnen met 'er wordt'.
Laat de betekenis van de werkwoorden duidelijk uitkomen, denk daarbij vooral aan een
onderwijssituatie.
Voorbeeld:
werken
Er wordt hier hard gewerkt. *of*
Er wordt op deze school aan een bijzonder project gewerkt.

1. luisteren
2. praten
3. discussiëren
4. spijbelen
5. spieken
6. overleggen
7. sporten
8. frauderen
9. vergaderen
10. musiceren

7   **GRAMMATICA**   *Adjectief*

Vul het adjectief in de juiste vorm in.

1. *mooi*
   Wat een _mooi_ weer!
   Met zulk _mooi_ weer moeten wij niet thuis blijven.
   In Nederland heb je maar weinig van zulke _mooie_ dagen.
2. *druk*
   Het leven van de dokter is _druk_.
   Hij heeft een _drukke_ praktijk.
3. *hoog*
   Sommige mensen verdienen een _hoog_ salaris.
   Mensen met een _hoog_ inkomen krijgen ook een _hoge_ belastingaanslag.
4. *wijs*
   Onze leraar was een _wijze_ man.
   Hij wist net als alle _wijze_ leraren goed met zijn leerlingen om te gaan.
5. *hees*
   Ik ben vandaag een beetje _hees_.
   Met zo'n _heze_ stem is het heel moeilijk spreken.
6. *intensief*
   Een cursus van twee uur per week is niet _intensief_
   Je kunt pas van een _intensieve_ cursus spreken, als een cursus meer dan tien uur
   per week gegeven wordt.
7. *dronken*
   Kijk, die man die in de auto stapt, is _dronken_
   Wat gevaarlijk, zo'n _dronke_ man achter het stuur!
8. *beige*
   De jas die ik wil kopen, is _____.
   _____ kleren staan mij goed.
9. *gebakken*
   Hoe vind je dit vers _____ brood?
   Wel lekker, maar het is een beetje te hard _____.
10. *raar*
    Ik heb gisteren toch zoiets _____ meegemaakt.
    Wat dan? Jij maakt altijd _____ dingen mee.

8   GRAMMATICA   *Adjectief*

Vorm van het tussen haakjes staande werkwoord een participium en gebruik dit
als adjectief.

1. Ik zie dat je de [aanvragen] *aangevraagde* brochure van de administratie van het oplei-
   dingsinstituut hebt ontvangen.
2. Het [aflopen] *aflopend* jaar heb ik hetzelfde programma gevolgd als wat jij nu wilt
   gaan volgen.
3. Ik kan je zeggen dat het een goed [samenstellen] *samengestelde* programma is.
4. Door de [uitbreiden] *uitgebreide* gegevens in de brochure krijg je er een goed beeld van.
5. Het voldoet aan de door het ministerie [voorschrijven] *voorgeschreven* eisen.
6. De [vereisen] *vereiste* opleiding voor de toelating tot de cursus is minimaal mavo.
7. Er is een aantal [verplichten] *verplichtende* vakken en een aantal keuzevakken.
8. Uit de in de brochure [vermelden] *vermelde(n)* vakken kan men een keuze maken.
9. Alleen na het volgen van het door de directie van de school [toestaan] *toegestane* vak-
   kenpakket mag men examen doen.
10. Degenen die slagen, krijgen een officieel [erkennen] *erkende* diploma.

Suggestie: Maak van de participia relatieve bijzinnen.

9   GRAMMATICA   *Adjectief*

Zet het adjectief tussen haakjes waar nodig in de juiste vorm.

Geschiedenis

De [financieel][1] positie van mijn ouders liet destijds niet toe dat wij [voortgezet][2] onderwijs konden volgen. Daarom heb ik nog altijd het gevoel dat ik een
[groot][3] achterstand in mijn [algemeen][4] ontwikkeling heb. Ik heb daarom dit
jaar een heel [leerzaam][5] cursus algemene geschiedenis gevolgd. Het was een
[intensief][6] cursus. In de cursus hebben wij allerlei [wetenswaardig][7] geleerd.
De docent is begonnen ons over het [stenen][8] tijdperk te vertellen. Daarna vertelde hij over de [Egyptisch][9] beschaving. Hij liet ons veel [interessant][10] materiaal zien. Natuurlijk besteedde hij ook veel aandacht aan de [Grieks][11] cultuur
en de [Romeins][12] tijd.
Gedurende de lessen over de Middeleeuwen vestigde hij onze aandacht op de
kruistochten, met name op de [kostbaar][13] dingen die de kruisvaarders uit het
Midden-Oosten meebrachten. Ook noemde hij de [agressief][14] daden van
Djengis Khan. Daarna kwamen wij toe aan de [nieuw][15] geschiedenis. Die
begint bij de tijd waarin de [Spaans][16] en [Portugees][17] ontdekkingsreizigers
naar [ver][18] landen reisden met het doel de invloed van hun [eigen][19] land
aldaar te verzekeren.

Vervolgens behandelde de docent de [Gouden][20] Eeuw in Nederland, de periode waarin zowel het [commercieel][21] als het [cultureel][22] leven bloeide. Voor die tijd was Nederland een zeer [welvarend][23] land. Nederland had veel [beroemd][24] schilders. Rembrandt was een [beroemd][25] schilder. Die schilders maakten schilderijen van het [dagelijks][26] leven uit die tijd.

De docent liet ons [dik][27] boeken over die tijd zien. Het zijn misschien [dwaas][28] gedachten, maar ik had altijd het idee dat de mensen toen vaak in [vies][29] kleren rondliepen, omdat ze nog niet over [stromend][30] [warm][31] en [koud][32] water beschikten. Uit de [illustratief][33] beelden die de schilderijen gaven, kreeg ik een andere indruk.

In het begin van de negentiende eeuw speelde Napoleon een [groot][34] rol. Hoewel hij in menig opzicht een [groot][35] man genoemd kan worden, heeft hij ook [talloos][36] oorlogen gevoerd, waarbij [ontelbaar][37] slachtoffers vielen. Aan de [napoleontisch][38] tijd ging de [Frans][39] revolutie vooraf. Al gauw daarna kwam de [industrieel][40] revolutie, waaraan veel [negatief][41] en [positief][42] aspecten verbonden waren. Aan de ene kant zag men een [snel][43] vooruitgang van de techniek, maar aan de andere kant waren er ook veel [arm][44] mensen.

De [modern][45] tijd heeft de docent niet behandeld, want daarover wordt steeds weer iets [nieuw][46] geschreven, omdat er steeds weer [nieuw][47] feiten aan het licht komen.

10 TEKST

Ongeschoolde jeugd sociaal weinig vaardig

Van onze verslaggeefster
DEN HAAG

Ongeschoolde jongeren slagen er vaak niet in een baantje op hun niveau te vinden doordat ze niet beschikken over sociale vaardigheden. 'Rafelbaantjes' als nachtportier, vakkenvuller en postbode op zaterdag gaan daardoor aan hun neus voorbij en worden ingenomen door de 'beter geschoolde en beter gebekte' helft van de jeugd, die feitelijk 'overschoold' is voor zulk werk. Daarom moeten jongeren worden getraind in sociale, niet-schoolse vaardigheden.

Tot die conclusie komt de socioloog prof. dr. C. Schuijt in het advies *Kwetsbare jongeren en hun toekomst*, dat hij woensdag heeft aangeboden aan de bewindslieden van VWS, Onderwijs, Justitie en Binnenlandse Zaken. Op zijn vraag tijdens zijn onderzoek waarom ongeschoolde jongeren telkens buiten de boot vallen, wezen de werkgevers hem op de afwezigheid van allerhande vaardigheden bij ongeschoolde jongeren, die eigenlijk het hardst de banen nodig hebben: enige discipline in het op tijd komen, werkritme, iemand aankijken als je met hem praat, een zekere netheid en zorgvuldigheid in gedrag en kleding, enzovoort.

Schuijt signaleert dat jongeren vaak noch thuis, noch op school enige training in sociale vaardigheden hebben gekregen. Hij pleit ervoor dat die niet-schoolse vaardigheden buiten schooltijd worden getraind. Dat moet gebeuren op een manier die in geen enkel opzicht doet denken aan scholing of vorming. Sportactiviteiten vindt Schuijt uiterst belangrijk.

In haar dankwoord viel staatssecretaris Terpstra van VWS Schuijt bij. Ze wees op het succes van de boksschool van 'ome' Jan Schildkamp in Hoogvliet. Van de 24 jongeren die daar niet alleen boksen, maar ook sociale vaardigheden hebben geleerd, hebben er nu 13 een vaste baan, iets wat zonder de cursus nooit zou zijn gebeurd, aldus Terpstra. Het project kampt nu echter met problemen doordat het regionaal Bestuur Arbeidsvoorzieningen Rijnmond heeft geweigerd een aangevraagde subsidie van een ton te verstrekken.

Schuijt roept in zijn advies op tot actie, omdat er meer dan genoeg studies en rapporten over de jeugd beschikbaar zijn. Van de jongeren is 10 tot 15 procent te kenschetsen als problematisch. Met een merendeel van de jongeren gaat het goed, al is ook voor hen de toekomst niet rooskleurig, zegt hij.

Schuijt vindt het maatschappelijke en culturele klimaat jeugdonvriendelijk. 'De huidige samenleving heeft weinig boodschappen voor en weinig boodschap aan de jongeren', zegt hij. 'Jongeren worden nog slechts van belang geacht als toekomstige belastingbetalers voor de ouderdomsvoorziening van de huidige machtige generaties.'

De huidige maatschappij is zodanig ingericht, dat er, anders dan vroeger, nauwelijks meer een beroep wordt gedaan op jongeren. 'Er is weinig werk voor hen, en er wordt in vergelijking met vroeger minder een beroep gedaan op jongeren om mee te helpen op verschillende gebieden. Ze hoeven niet meer zoals vroeger hun ouders te helpen. Ze hoeven niet meer heel veel broertjes en zusjes mee op te vangen en op te voeden, want de gezinnen zijn veel kleiner. Ze hoeven niet meer mee te helpen het eten klaar te maken, want dat komt rechtstreeks uit de diepvries van de supermarkt.'

Tegenover het gebrek aan sociale controle staat een veelheid aan verleidingen. Het is voor veel jongeren moeilijk de discipline op te brengen aan al die prikkels weerstand te bieden, aldus Schuijt. Terwijl jongeren bezig zijn volwassen te worden en uitgedaagd worden om deel te hebben aan de jeugdcultuur, neemt de verdraagzaamheid ten opzichte van hen af. 'Als jongeren lawaai maken en herrie schoppen, kan dat een prima manier zijn om zich te uiten en iets te leren. Maar de tolerantie voor die uitingen neemt af. Waar vroeger speeltuingeluiden als normaal werden beschouwd, wordt het nu soms een probleem voor de buurt, overlast, waar gemeentelijk beleid aan te pas moet komen.'

Om te voorkomen dat jongeren problemen krijgen en daardoor probleemjongeren worden, moet de politiek de positie van jongeren duidelijk markeren. Om allochtone jongeren 'bij de les' te houden, moeten er met spoed veel meer allochtone leerkrachten worden opgeleid.

Het onderwijs, dat vaak te veel is gericht op 'de gegoede middenklasse', moet voor kwetsbare jongeren worden aangepast, zodat zij meer op hun praktische vaardigheden en hun emoties worden aangesproken. Politie, school en hulpverleners moeten meer gaan samenwerken bij de opvang van jongeren.

Uit: *de Volkskrant*

Zoek de passieve zinnen in de inleiding 'Ongeschoolde jongeren ... niet-schoolse vaardigheden' op. Verklaar waarom het gebruik van het passief in deze zinnen beter is.

11 LEZEN *Meerkeuzevragen*

Hieronder staat een aantal vragen en beweringen. Kruis aan wat juist is.

1. Hoe komt het dat ongeschoolde jongeren in het algemeen niet de baantjes krijgen die geschikt voor hen zijn?
   a. Ze doen geen moeite baantjes als nachtportier, vakkenvuller of postbode op zaterdag te krijgen.
   b. Ze hebben volgens de werkgevers in het algemeen een te lage schoolopleiding.
   c. Ze missen de nodige sociale vaardigheid.
2. Waardoor kampt de boksschool van 'ome' Jan Schildkamp met problemen?
   a. Van de 24 jongeren hebben er nu slechts 13 een baan.
   b. De aangevraagde subsidie wordt niet verstrekt.
   c. De school vindt het toch moeilijk de jongeren sociale vaardigheden bij te brengen.
3. De huidige samenleving trekt zich weinig van de jongeren aan.
   a. Dat is waar.
   b. Dat is niet waar.
4. Wat zijn redenen dat de rol van de jongeren binnen de huidige samenleving verandert, volgens Schuijt?
   a. Ze hoeven hun ouders tegenwoordig niet te helpen; werk vinden is moeilijker; de opvang van broertjes en zusjes komt minder vaak voor.
   b. Ze willen hun ouders niet meer helpen; de opvang van broertjes en zusjes komt minder vaak voor; het eten komt meestal uit de diepvries.
   c. Het is moeilijker werk te vinden; ze krijgen op jonge leeftijd zelf al een gezin; ze hoeven niet meer voor hun ouders te zorgen.
5. Jongeren worden uitgedaagd deel te nemen aan de jeugdcultuur. Volgens Schuijt staat daar tegenover dat
   a. er veel te veel lawaai wordt gemaakt en herrie wordt geschopt.
   b. er veel minder verdraagzaamheid tegenover hen is dan vroeger.
   c. er veel minder speelplaatsen zijn dan vroeger.
6. Waarom is het huidige onderwijs minder geschikt voor de kwetsbare jongeren, volgens Schuijt?
   a. Omdat het zich vaak richt op de groep jongeren die meer geld heeft.
   b. Omdat het zich veel te veel op allochtonen richt.
   c. Omdat de opleiding voor allochtone leerkrachten vaak niet voldoende aansluit bij de behoefte van de jongeren.

12 VOCABULAIRE   *Bij de tekst (11.10)*

De woorden onder **a** komen in de tekst 'Ongeschoolde jeugd sociaal weinig vaardig' voor.
Welke woorden onder **b** betekenen vrijwel hetzelfde als die in de tekst?
Schrijf ze naast elkaar op.
Voorbeeld:
wijzen op - de aandacht vestigen op

a. (In de volgorde van de tekst) wijzen op - allerhande - bijvallen - verstrekken - kenschetsen - rooskleurig - geen boodschap hebben aan - een beroep doen op - rechtstreeks - prikkel - weerstand bieden - uitdagen

b. aandacht vestigen op - direct - om hulp vragen - geven - gunstig - instemming betuigen - karakteriseren - provoceren - stimulans - verschillende - zich niet overgeven aan - zich niets aantrekken van

13 TEKST

> Scholieren die een repetitie hebben, leggen het boek wel eens onder hun hoofdkussen in de hoop dat de leerstof 's nachts naar de hersenen doorsijpelt. Deze oude fabel blijkt een onverwachte grond van waarheid te hebben: de hersenen oefenen tijdens de slaap gewoon door. Alleen het boek kan gevoeglijk worden weggelaten.

Leren doe je in je slaap

door Hans van Maanen

EEN DERDE DEEL van ons leven brengen wij slapend door - en een groot deel van die slaap blijkt te worden besteed aan het vastleggen van zaken die wij overdag hebben meegemaakt. Allerlei vaardigheden die wij overdag hebben aangeleerd, worden nog even doorgenomen en geoefend, en allerlei gebeurtenissen die wij hebben meegemaakt, worden versneld teruggespeeld en overgespoeld naar het lange-termijngeheugen.

Twee artikelen in het vorige nummer van het Amerikaanse wetenschappelijk tijdschrift Science (dl 265, p. 676 en 679) werpen een nieuw licht op de processen die zich afspelen tijdens onze slaap. Tezamen vormen ze het eerste duidelijke bewijs dat de slaap van essentieel belang is voor het goed functioneren van het geheugen. Zowel het 'motorisch' geheugen - waarin vaardigheden als pianospelen en autorijden zijn opgeslagen - als het 'episodisch' geheugen - waarin gebeurtenissen en voorvallen en plaatsen worden bewaard - worden bijgewerkt en versterkt tijdens de slaap.

Uit: *Het Parool* (ingekort)

14 PREPOSITIES
Vul in.

Leren doe je _in_ ¹ je slaap

Nogal wat mensen die examen moeten doen, leggen hun studieboeken _onder_ ²
hun hoofdkussen. Ze hopen dat ze er _op_ ³ die manier _kunnen_⁴ slagen _succeed_
de leerstof _in_ ⁵ hun hoofd te krijgen. Dat je zou profiteren _door_ ⁶
een studieboek _____ ⁷ je bed is een fabeltje, maar leren blijkt wel samen te
hangen _met_ ⁸ slapen: je hersenen zijn dan namelijk bezig _met_ ⁹ wat je
overdag hebt gedaan.
Twee artikelen _in_ ¹⁰ het Amerikaanse wetenschappelijke tijdschrift Science wijzen _op_ ¹¹ de processen die zich _in_ ¹² onze slaap afspelen. Ze
vormen het eerste duidelijke bewijs dat de slaap _van_ ¹³ essentieel belang is
voor ¹⁴ het goed functioneren _van_ ¹⁵ het geheugen. Gebrek _aan_ ¹⁶
? slaap is vragen _naar_ ¹⁷ moeilijkheden, wat het geheugen betreft. Alle vaardigheden waar je je overdag _aan_ ¹⁸ getraind hebt, worden nog even doorgenomen en geoefend. Allerlei gebeurtenissen worden teruggespeeld en overgespoeld
_in_ ¹⁹ het lange-termijngeheugen. Het proces doet denken _zoals_ ²⁰ een
bandrecorder, aldus 'Science'.   _wie_

15 UITDRUKKINGEN
Gebruik de volgende uitdrukkingen in de tekst.
Een boekje over [iemand] open doen   _roddelen_   / _dinge over iemand vertellen_
[Zijn] boekje te buiten gaan _iets doen_   _zonder dat die persoon het weet_ /
Leergeld betalen   _wat tegen_   _achter de rug praten_
                              de regels is
[Iemand] de les lezen _straf geven_ → _'ik laat me door jou niet de les lezen.'_
Op [zijn] vingers kunnen natellen
                       het ligt voor de hand / _je weet_
Gesprek tussen twee leraren op school   _wat je kunt_
                                             verwachten

Jansen: Waarom heb je die beslissing buiten ons om genomen?
            Je bent _____ . Je _____ dat je nu problemen met ons
            krijgt. Je hebt zoiets al eens eerder gedaan. Word je nooit wijzer?
            Zul je nooit _____ ?
Pieterse: Hoor eens even, ik laat mij door jou niet _____ ! Wat jij doet is
            ook niet altijd correct. Ik zal over jou eens _____ .

Probeer nu zelf situaties te bedenken waarin u deze uitdrukkingen kunt gebruiken.

16 LEZEN *Globaal lezen*

Bekijk de tekst globaal en beantwoord de volgende vragen.

U hebt hiervoor maximaal twaalf minuten de tijd.

 Gemeentebibliotheek Rotterdam

Hoogstraat 110
3011 PV Rotterdam

OPENINGSTIJDEN CENTRALE BIBLIOTHEEK - telefoon (010) 433 89 11

maandag	12.30-21.00 uur
dinsdag	10.00-21.00 uur
woensdag	10.00-21.00 uur
donderdag	10.00-21.00 uur
vrijdag	10.00-21.00 uur
zaterdag	10.00-17.00 uur
zondag	13.00-17.00 uur

Krantenzaal	maandag t/m vrijdag	09.00-21.00 uur
	zaterdag	09.00-21.00 uur
	zondag	13.00-17.00 uur

TARIEVEN

jeugd t/m 15 jaar	gratis	
16- en 17-jarigen	ƒ 21,-	per 12 maanden
18 t/m 64 jaar	ƒ 41,-	per 12 maanden
65 jaar en ouder	ƒ 31,-	per 12 maanden
inschrijfgeld leners:		
16 jaar en ouder	ƒ 2,50	
sterabonnement	ƒ 67,50	per 12 maanden (u mag 2x zoveel romans 2x zo lang lenen)

Bij verlies of diefstal van het bibliotheekpasje moet u direct de bibliotheek waarschuwen, om misbruik van uw pasje te voorkomen.
Tot het moment van ontvangst van uw persoonlijke, telefonische of schriftelijke mededeling blijft u aansprakelijk voor de gevolgen van misbruik van uw pasje. Het is aan te bevelen na melding van het verlies van uw pasje persoonlijk een vrijwaringsbewijs af te halen, zodat u kunt aantonen aan uw meldingsplicht te hebben voldaan. U ontvangt een duplicaatpasje tegen betaling van ƒ 5,- op vertoon van een legitimatiebewijs.

Voor inschrijving is een geldig legitimatiebewijs noodzakelijk (paspoort, identiteitskaart Nederlandse gemeenten, rijbewijs, PTT-identiteitsbewijs, 65+-pas of trouwboekje).
Het abonnement is persoonsgebonden en wordt stilzwijgend verlengd, tenzij het abonnement minimaal twee maanden voor de vervaldatum schriftelijk wordt opgezegd.

AANTAL TE LENEN BOEKEN EN ANDERE MATERIALEN
* **Jeugd t/m 12 jaar:**
  3 verhalende boeken en 2 strips, en een aantal informatieve boeken, diaseries en geluidscassettes.
* **Gebruikers van 13 jaar en ouder:**
  2 romans en 2 strips, 4 buitenlandse romans en een aantal informatieve boeken, diaseries en geluidscassettes. Bladmuziek: maximaal 4 stuks. U mag niet meer dan 3 boeken over hetzelfde onderwerp lenen. Boeken met een oranje streep op de rugzijde worden niet uitgeleend.

UITLEENTERMIJN

Boeken/diaseries/cassettes	3 weken
	(met sterabonnement 6 weken)
Bladmuziek	6 weken
Videobanden	per band eerste week ƒ 5,-

Datumkaartjes, waarop u zelf de uiterste terugbrengdatum moet stempelen, zijn beschikbaar. Overtuigt u zich ervan, dat u de juiste, bij de geleende materialen behorende kaartjes meeneemt en dat de gestempelde datum correct is, want een datum-kaartje heeft geen rechtsgeldigheid.

Er is geen mogelijkheid tot verlenging van de uitleentermijn. Wel is het mogelijk om bij het terug-brengen een niet-gereserveerd boek/materiaal opnieuw te lenen.

BOETES/LEENGELD

Als u de geleende materialen te laat terugbrengt, moet u boete/leengeld betalen. Dit gaat in op de dag na het verstrijken van de uitleentermijn.
De tarieven per materiaal zijn:

in de eerste week te laat	ƒ 0,75
in de tweede week te laat	ƒ 1,50
in de derde week te laat	ƒ 2,25 enz.
videobanden na 1 week	ƒ 1,- per dag

Drie weken na het verstrijken van de uitleentermijn ontvangt u een **eerste** waarschuwing met het verzoek de geleende materialen terug te brengen. De op de waarschuwingen vermelde boetebedragen zijn een momentopname van de stand van zaken op de dag van aanmaak. De boetebedragen blijven ook na het versturen van waarschuwingen oplopen. Als u na **twee** waarschuwingen de geleende materialen nog niet hebt teruggebracht, wordt u zonder nadere ingebrekestelling geacht aansprakelijk te zijn voor de vergoeding van eigendommen van de bibliotheek en alle administratie- en incassokosten.

Er zullen dan (gerechtelijke) acties worden ondernomen ter invordering van deze vergoedingen, kosten en openstaande boetebedragen. De daarbij te maken kosten zijn voor uw rekening.

VERGOEDINGEN

Overtuigt u zich er van, dat de door u te lenen materialen in goede staat verkeren. Als u een beschadiging ontdekt, meldt u dit dan bij het inlichtingenbureau. U voorkomt daarmee, dat u later aansprakelijk wordt gesteld voor de schade, met de daaruit voortvloeiende kosten voor vervanging of reparatie.

Voor de vervanging van verloren gegane of onherstelbaar beschadigde materialen dient de volledige waarde vergoed te worden.
Bij herstelbare materialen worden u de herstelkosten in rekening gebracht.
De vergoeding voor een beschadigd boeklabel bedraagt ƒ 2,50.

---

1. U moet ƒ _____ betalen als u uw boek 6 dagen te laat terugbrengt.
2. Jeugd t/m 12 jaar mag een onbeperkt aantal informatieve boeken, diaseries en geluidscassettes lenen.
   a. Waar.   b. Niet waar.
3. Onder welk kopje kunt u informatie vinden als u uw boeken langer wilt houden dan de toegestane periode?
4. Op maandag kunt u vanaf 10.00 uur boeken lenen in de bibliotheek.
   a. Dat kan.   b. Dat kan niet.
5. Bij een sterabonnement mag u boeken/diaseries/cassettes
   a. 3 weken lenen.   b. 6 weken lenen.
6. Welke leeftijdsgroep mag gratis boeken lenen?
7. Waar kunt u in de bibliotheek het laatste nieuws vinden?
8. U bent aansprakelijk voor de gevolgen van misbruik van uw pasje bij verlies of diefstal totdat u de bibliotheek erover heeft ingelicht.
   a. Waar.   b. Niet waar.
9. Onder welk kopje vindt u wat u moet doen als u een beschadiging ontdekt aan het materiaal?
10. Kunt u uw NS-stamkaart bij inschrijving gebruiken als geldig legitimatiebewijs?
    a. Ja.   b. Nee.

17 SCHRIJVEN *Brief*

U bent twee weken geleden verhuisd. Hoewel u uw adreswijziging hebt doorgestuurd naar het instituut waar u uw opleiding volgt, is deze waarschijnlijk niet op de juiste plaats terechtgekomen. Een brief waarin stond dat de tentamentijden veranderd waren, is namelijk naar uw oude adres gestuurd en daarom was u niet op de hoogte van deze verandering. Hierdoor hebt u een tentamen gemist.

Schrijf nu een brief aan uw docent mevrouw P. Jansen om uit te leggen waarom u het tentamen hebt gemist. U vraagt of u het tentamen kunt inhalen.
Denk aan de briefconventies. Maak gebruik van de gegeven zinnen.

```
Geachte mevrouw Jansen,

Het spijt mij dat _____.
Ik was helaas niet op de hoogte van _____.
Dat komt doordat _____.
Misschien bestaat er een mogelijkheid _____.
Ik hoop _____.


Met vriendelijke groet,
```

18 SPREKEN *Korte opdrachten*

1. U zit op een cursus Nederlands. De docent legt iets uit, maar sommige cursisten praten erdoorheen. U kunt daarom de uitleg niet goed volgen. U wordt kwaad. Wat zegt u?

2. Op dezelfde cursus Nederlands zitten een paar cursisten die altijd vóór hun beurt antwoord geven, dus hun medecursisten niet de kans geven rustig over het antwoord na te denken. Dat irriteert u. Wat zegt u?

3. Tijdens dezelfde cursus Nederlands heeft u een test gemaakt waarvan u dacht dat het resultaat voldoende was. De docent geeft u echter een onvoldoende. U bent nogal verbaasd. Wat zegt u tegen uw docent?

4. Een van uw medecursisten heeft het gevoel dat hij het snelle tempo van de intensieve cursus Nederlands niet kan bijhouden. Hij is bang dat hij daardoor voor het examen zal zakken. U vindt zijn niveau echter net zo goed als dat van u, misschien zelfs nog wel beter. U wilt hem moed inspreken. Wat zegt u tegen hem?

5. Op de dag dat u een heel belangrijke test moet maken, komt u anderhalf uur te laat, want uw trein had door een ongeluk vertraging. Dit vindt u erg vervelend. Wat zegt u tegen de docent?

6. In plaats van uw eigen docent, die ziek is, krijgt u een andere docent.
   Het tempo van de les is te hoog. U kunt het niet volgen. Wat zegt u?
7. U bent uitgenodigd voor een sollicitatiegesprek waar u het certificaat moet
   laten zien dat u aan het eind van de cursus Nederlands heeft gekregen. U kunt
   het nergens meer vinden. U gaat naar de instelling waar u de cursus
   Nederlands gevolgd heeft. Wat vraagt u?

19 SPREKEN *Middellange opdrachten*

1. U hebt gesolliciteerd naar de functie van leraar bij het voortgezet onderwijs
   en u bent uitgenodigd voor een sollicitatiegesprek. Daar wordt u gevraagd
   waarom u naar deze functie hebt gesolliciteerd. Geef ten minste twee redenen.
2. Een goede vriendin van u is bijna klaar met haar studie psychologie, maar een
   paar maanden voor haar afstuderen komt ze bij u om te vertellen dat zij met
   de studie wil ophouden. U vindt dat niet verstandig en u wijst haar op de
   verschillende voordelen als zij toch afstudeert. Wat zegt u tegen haar?
3. In het kader van uw opleiding moet u stage lopen. De instelling waar u de
   stageperiode wilt doorbrengen, heeft niet graag stagiaires. Toch gaat u met de
   leiding praten. U maakt ze duidelijk waarom juist deze instelling voor u zo
   interessant is. Geef ten minste twee argumenten.
4. U moet volgende week een tentamen doen. Omdat uw financiële positie niet
   erg goed is, bent u genoodzaakt naast uw studie te werken om geld te verdienen. U hebt daarom te weinig tijd gehad om zich goed op het tentamen voor
   te bereiden. U gaat naar uw studiebegeleider en vraagt hem om advies.
   Wat zegt u?

20 SPREKEN OF SCHRIJVEN *Lange opdracht*

U heeft net een cursus gevolgd. U heeft een vriend die dezelfde cursus gaat volgen.
Vertel/schrijf hem over uw ervaring. Schenk hierbij aandacht aan de volgende punten:
cursusduur - hoeveelheid huiswerk - niveau - docenten - medecursisten - lesmateriaal
- kosten.

Bedenk eventueel nog meer punten.
Gebruik waar mogelijk het passief.

21 LUISTEREN *Meerkeuzevragen*

Hieronder staat een aantal beweringen bij het luisterstuk 'Een discussie in de klas'. Kruis aan wat juist is.

1. a. De lerares drukt haar twijfel erover uit of de leerlingen uit haar klas werkelijk niet meer in een rollenpatroon zitten.
   b. De lerares zegt dat de leerlingen uit haar klas werkelijk niet meer in een rollenpatroon zitten.
   c. De lerares vindt dat emancipatie van mannen en vrouwen tegenstrijdig is aan een rollenpatroon.

2. a. Leerling 1 beweert dat het rollenpatroon niet tot uiting komt in de verschillen in speelgoed voor jongens en meisjes.
   b. Leerling 1 beweert dat meisjes even goed zijn als jongens.
   c. Leerling 1 beweert dat het rollenpatroon niet meer van toepassing is, zodra de opvoeding is aangepast.

3. a. Leerling 2 zegt dat er op het ogenblik bij veel vrouwen de indruk bestaat dat vrouwen alleen gaan werken als zij dat willen.
   b. Leerling 2 zegt dat vrouwen in hun achterhoofd hebben dat zij in de toekomst een baan moeten zoeken.
   c. Leerling 2 zegt dat zij alleen een baan wil hebben die zij leuk vindt.

4. a. Leerling 2 beweert dat de studiemogelijkheden met een B-pakket groter zijn dan met een A-pakket.
   b. Leerling 2 beweert dat de indruk bestaat dat de kans op een goede baan groter is met een B-pakket dan met een A-pakket.
   c. Leerling 2 beweert dat zij zeker weet dat je met een B-pakket een betere baan kunt krijgen dan met een A-pakket, dus meer geld kan verdienen.

22 LUISTEREN *Samenvatting*

Bij het luisterstuk 'Onderwijs in Nederland'.

Luister twee maal naar deze uiteenzetting en maak aantekeningen.
Geef aan de hand van uw aantekeningen de inhoud van de uiteenzetting weer.

Opstellen

Ik laat een opstel schrijven
over Een boswandeling,
terwijl het buiten regent.
Dertig kinderen beginnen
met vroeg opstaan want
de zon schijnt en de vogels
zingen hun hoogste lied.
Zo vrolijk blijven kan het niet.
En ziet, de eerste druppel valt
op hun papier. Een enkeling
die niet het raam uit kijkt
houdt het met moeite droog.
De helft is vanzelfsprekend
weer vreselijk verdwaald
en weet geen uitweg meer
dan in een hut te kruipen
waar - hé - een schat verborgen ligt.
Dat is nog nooit vertoond,
wordt met een 6 beloond.

Uit: T. van Deel, *Strafwerk*

De op een na laatste regel: 'Dat is nog nooit vertoond' is ironisch bedoeld.
Probeer dat te verklaren.

1 TEKST

Verslavingen

1 Iedereen kent wel een persoon in zijn omgeving die vaker gokhallen bezoekt,
__ naar de fles grijpt of sigaretten rookt dan goed voor hem is. Iemand die een ge-
__ drag vertoont dat zijn of haar geestelijke of lichamelijke gezondheid niet ten
__ goede komt, maar die om de een of andere reden die handelingen niet
5 achterwege kan laten, heet verslaafd.
__ Kenmerkend voor alle vormen van verslaving is een gevoel van welbehagen,
__ dat overigens meestal van korte duur is. De handelingen van de verslaafde zijn
__ er steeds op gericht dat gevoel opnieuw te krijgen, hoewel bijna alle verslaafden
__ ogenblikken kennen waarop ze ermee hadden willen stoppen.
10 Een ander kenmerk van verslaving is afhankelijkheid, zowel lichamelijk als
__ geestelijk en de kans bestaat dat die afhankelijkheid steeds groter wordt.
__ Artsen hebben kunnen constateren dat de zogenaamde endorfinen, een groep
__ stoffen in onze hersenen, de chemische basis is voor alle mogelijke vormen van
__ verslaving. Deze veroorzaken dezelfde effecten als morfine, een opiumachtige
15 stof, die zowel pijnstillend werkt als ook een gevoel van euforie teweegbrengt.
__ Stofgebonden verslavingen zoals verslaving aan heroïne, caffeïne, alcohol, zoe-
__ tigheid of tabak, zijn even dwingend als niet-stofgebonden verslavingen zoals
__ die aan gokken, joggen, telefoneren, televisie kijken of zelfs werken (workaho-
__ lics), met dien verstande dat deze laatste groep verslavingen minder gevaarlijk
20 is.
__ Al deze vormen van verslaving zorgen voor een 'kick'. De moeilijkste ogenblik-
__ ken zijn die waarop het leven alleen maar kaal en miserabel lijkt. Dan word je
__ als het ware geprovoceerd er wat meer kleur aan te geven. Alleen, naar wat
__ voor middel grijp je? Of het kwaad kan, interesseert je dan niet. Hoeveel risico
25 wil je lopen? Waar leg je de grens?
__ Wie heeft nooit eens iemand horen zeggen dat hij nergens aan verslaafd is?
__ Dat kan iemand wel denken, maar in wezen zijn we allemaal wel ergens aan
__ verslaafd en is niemand vrij van 'gevaarlijke' gewoonten. Je moet je alleen wel
__ bedenken dat, als je je zoveelste sigaretje opsteekt of als je je zoveelste kopje
30 koffie inschenkt, je een even groot risico loopt als Faust. Die verkocht immers
__ zijn ziel aan de duivel en heeft er later flink voor moeten betalen.

Informatie ontleend aan: *Wetenschapslijn*, en: *Documentatiemap 'Verslaving', Gemeente Bibliotheek Utrecht*

a. Maak de volgende zin af:
   Bijna alle verslaafden kennen ogenblikken waarop ze ermee hadden willen stoppen, maar _____ .

b. Een van de kenmerken van verslaving is afhankelijkheid. Afhankelijkheid waarvan bijvoorbeeld?

c. Leg uit wat 'euforie' is. (regel 15)

d. In plaats van 'met dien verstande dat' (regel 19) kan ook een conjunctie gebruikt worden. Welke?

e. In regel 22 wordt het woordje 'kaal' gebruikt in verband met het leven. Wat betekent 'kaal' in deze tekst?
   Wat betekent: kale huur; kale muur; kale kop; kale bomen?

f. Leg uit wat 'kwaad kunnen' betekent. (regel 24)

2   **LEZEN**   *Meerkeuzevragen*
Hieronder staat een aantal vragen. Kruis aan wat juist is.

1. Welke strekking heeft deze tekst? (Meerdere antwoorden zijn juist.)
   a. Moralistisch.
   b. Propagandistisch.
   c. Wervend.
   d. Ironisch.
   e. Beschouwend.
   f. Instructief.
   g. Opbouwend.
   h. Afbrekend.

2. Wanneer noemt men iemand verslaafd?
   a. Als hij een handeling niet achterwege laat.
   b. Als hij iets niet kan laten, terwijl hij weet dat het slecht voor hem is.
   c. Als hij zo nu en dan eens een borrel neemt.

3. De tekst noemt twee kenmerken van verslaving. Welke twee zijn dat? Kruis twee antwoorden aan.
   a. Op een bepaald moment wil de verslaafde ermee stoppen.
   b. De betreffende handeling geeft de verslaafde een prettig gevoel.
   c. De kans dat de gezondheid van de verslaafde achteruit gaat, wordt steeds groter.
   d. De verslaafde kan steeds minder goed buiten de voor hem schadelijke handeling.
   e. De handelingen zijn voor de verslaafde van korte duur.

4. Waar kun je de endorfinen in onze hersenen mee vergelijken?
   a. Opium.
   b. Euforie.
   c. Alle mogelijke soorten verslaving.

Discussievragen

1. In regel 18 en 19 worden voorbeelden genoemd van niet-stofgebonden verslavingen. Ook deze kunnen enigszins gevaarlijk zijn. Welke is volgens u het gevaarlijkst en waarom?
2. Bent u het eens met de tekst dat 'iedereen wel ergens aan verslaafd is'? (regel 27-28) Verklaar uw antwoord.
3. Vindt u dat het kopen van het zoveelste computerspelletje een gevaarlijke gewoonte kan worden genoemd? Verklaar uw antwoord.

3   **VOCABULAIRE**   *Bij de introductietekst*

Vul op de plaats van de woorden tussen haakjes het woord uit de introductietekst in dat vrijwel dezelfde betekenis heeft. De volgorde van de woorden uit de introductietekst komt overeen met de volgorde van de woorden in de oefening.

1. Bij ons in de [buurt] zijn er wel cafeetjes waar je iets kunt drinken, maar goede eetgelegenheden zijn er niet.
2. [mentaal] is opa nog geweldig, maar zijn [fysieke] toestand laat helaas te wensen over.
3. [karakteristiek] voor computergekken is dat zij nergens anders meer over kunnen praten.
4. Kun je nou geen [moment] niets doen? Je bent gewoon een workaholic!
5. [houd] eens [op] met dat gokken! Straks heb je niet eens genoeg geld meer om brood te kopen.
6. Ik weet van een [dokter] die een methode heeft ontwikkeld om mensen van hun verkeerde eetgewoonten af te helpen.
7. Milieudeskundigen hebben [vastgesteld] dat ammoniakuitstoot van vee-houderijen schadelijk is voor de groei van bomen en planten.
8. Uitlaatgassen van auto's en vliegtuigen hebben een slechte [werking] op onze atmosfeer.
9. Er wordt weleens beweerd dat alcohol [net zo] slecht voor de gezondheid is als softdrugs.
10. Neurologie is een interessant vak, maar je moet [zich realiseren] wel dat de studie veel van je eist.

4 GRAMMATICA *Dubbele infinitief in het perfectum*

Zet de zinnen in het perfectum en gebruik hierbij het werkwoord tussen haakjes.
Denk aan de eventuele verandering van het hulpwerkwoord.
Voorbeeld:
Ik heb dat tijdschrift in bed gelezen. [liggen]
Ik heb dat tijdschrift in bed *liggen lezen.*

1. Iemand heeft in een ziekenhuis een aantal blanco receptenbriefjes bemachtigd. [kunnen] *kunnen bemachtigen*
2. Het ziekenhuis heeft alle apotheken in de omgeving gewaarschuwd. [moeten] *moeten waarschuwden*
3. Ik heb me aan al die motorboten geërgerd. [zitten] *zitten ergeren*
4. Mijn opa heeft zijn hele leven gerookt. [blijven]
5. We hebben gisteravond naar de zonsondergang gekeken [staan] en toen het donker was, hebben we naar het vuurwerk gekeken. [gaan]
6. We hebben gisteren met z'n allen bij Piet gegeten. [blijven]
7. Niemand kan zomaar lezen, we hebben het allemaal geleerd. [moeten]
8. Ik heb m'n hele leven nagelgebeten en niemand heeft het me afgeleerd. [kunnen]
9. Ik snap niet dat iemand verslaafd kan raken aan gokken; dat heeft mij nooit geboeid. [kunnen]

5 GRAMMATICA   *Dubbele infinitief in het perfectum*

Als **4**. Gebruik echter nu steeds het werkwoord 'laten' en maak de zin af.
Voorbeeld:

Heb je gisteravond gerookt?
Ja helaas, [overhalen] ——————— .
Ja helaas, *ik heb me laten overhalen.*

Waarom krijgen we vanavond geen aardappels bij het eten?
Sorry, [aanbranden] ——————— .
Sorry, *ik heb ze laten aanbranden.*

1. Wat eet je gezond, ik dacht dat gezond eten je niet interesseerde?
   Ja, [overtuigen] *Ik heb me laten overtuigen*
2. Wat goed dat je geen toetje hebt genomen.
   Ja hè, [ompraten] *ik heb me laten ompraten*
3. Heeft je zus een nieuwe auto?
   Nee, [spuiten] *ze heeft hem laten spuiten / overspuiten*
4. Heb je nu alweer schoenen gekocht?
   Ja, [aansmeren] ——————— .

5. Hebben jullie griep gehad?
   Nee, [inenten] _____ .
6. Drinkt hij geen druppel alcohol meer? Je buurman was toch aan de drank?
   Ja, maar [behandelen] *hij heeft zich laten behandelen*
7. Je had toch last van je verstandskiezen?
   Ja, [trekken] *ik heb ze laten trekken*
8. Waarom zijn ze met hun dochtertje naar het ziekenhuis gegaan?
   [onderzoeken] *Ze hebben haar laten onderzoeken*

6   **GRAMMATICA**   *Dubbele infinitief in het plusquamperfectum*

Zet de volgende zinnen die in het perfectum staan, in het plusquamperfectum en gebruik
hierbij het werkwoord tussen haakjes. Aan sommige zinnen moet een negatie worden toege-
voegd. Bij andere zinnen moet de negatie worden weggelaten; dit hangt van de context af.

De geschiedenis van Klaas

Klaas is twee jaar geleden gepakt bij een nachtelijke verkeerscontrole.
Hij had met een promillage van 2.81 in zijn bloed in zijn auto gereden.
Inmiddels heeft Klaas de rechtszaak achter de rug. Hij kijkt nu terug.

Voorbeeld:
Klaas heeft zo veel alcohol gedronken.
Klaas zegt nu: [moeten]
Ik had niet zo veel alcohol moeten drinken.

Klaas heeft niet alleen water gedronken.
Klaas zegt nu: [moeten]
Ik had alleen water moeten drinken.

1. Klaas heeft met te veel borrels op gereden.
   Klaas zegt nu: [moeten]
2. Klaas heeft tijdens het rijden gedronken.
   Klaas zegt nu: [moeten]
3. Klaas heeft flessen drank in zijn auto meegenomen.
   [moeten]
4. Klaas heeft niet geweten dat hij een gevaar op de weg was.
   [kunnen]
5. Klaas heeft geen ongeluk veroorzaakt.
   [kunnen]

6. Klaas is niet met drinken gestopt.

   [willen]

7. Klaas heeft niet beseft dat hij langzamerhand een alcoholist werd.

   [moeten]

8. Klaas is niet eerder naar de A.A. [Alcoholics Anonymous] gegaan.

   [moeten]

9. Klaas heeft 2500 gulden boete betaald.

   [hoeven] —————— , als ik niet voortdurend dronken achter het stuur had
   gezeten.

7   GRAMMATICA   *Er*

In onderstaande tekst ontbreekt 'er'.

Vul het op de juiste plaats in de zin in en vertel om welk type 'er' het gaat.

Voorbeeld:

Muzak, je kunt je mateloos aan ergeren.

Muzak, je kunt je *er* mateloos aan ergeren. (er + prepositie)

Kan het ook zonder muziek?

1 __ Is geen winkel, wachtkamer, warenhuis of klinkt muzak. Je zit nog niet in trein,
 __ bus, tram of metro, of je wordt aan blootgesteld. Huisschilders, stratenmakers,
 __ taxichauffeurs: ze vinden allemaal dat ze recht op hebben tijdens hun werkuren.
 __ Je moet tegen je zin naar luisteren. Binnenkort is misschien niet één restaurant
5 __ meer zonder muzak. Als ze in mijn lievelingseethuisje aan gaan meedoen, ga ik
 __ niet meer naartoe.

7___ Een walkman, ook zo iets! Als je zelf geen op hebt, hoor je zeven van anderen.

___ Zijn de dragers soms niet van op de hoogte dat dat ding een volumeknop heeft?

___ Wordt weleens aan medeburgers gedacht? Gebonk uit open autoraampjes, is

10___ maar één woord voor: geluidsterreur! Zo denk ik tenminste over. Maar zijn

___ genoeg die anders over denken, helaas.

Informatie ontleend aan: Sybren Polet, *Kan het ook zonder muziek?*

8 GRAMMATICA   *Er*

Als 7.

Voorbeeld:

Snoep, snoep en nog eens snoep. We kunnen niet van afblijven!

We kunnen *er* niet van afblijven! (er + prepositie)

Snoepzucht

1___ Wie ongegeneerd veel snoept, zoekt een excuus voor. In duizenden jaren tijd zijn

___ talloze excuses verzonnen om te kunnen snoepen; zijn heel wat die medisch zijn.

___ Als iets kriebelt in je keel, neem je een tabletje (een snoepje, een dropje): zo hoef

___ je je niet voor te schamen dat je snoept. Eeuwen geleden werd al op zoethout ge-

5___ kauwd. Dat zou bijvoorbeeld goed zijn tegen hoest. Toet-Ankh-Amon kreeg

___ stukjes van mee in zijn graf. Napoleon nam drop mee op zijn veldtochten om zijn

___ maagpijn mee te verzachten.

___ Snoepfabrikanten zijn natuurlijk vóór dat die medische excuses blijven bestaan.

___ Snoep en snoepgewoontes reizen de wereld rond. Drop is maar één voorbeeld

10___ van. Arabische gom en zoethout komen uit zuidelijke streken, maar de drop die

___ in grote hoeveelheden van gemaakt wordt, is niet populair, wel in Nederland en

___ Scandinavië. Columbus bracht de cacaoboon naar Europa, de chocolade werd

___ geïntroduceerd en in Europa was men onmiddellijk aan verslaafd. Kauwgom

___ kwam met het Amerikaanse leger mee. De naoorlogse generaties zijn allemaal

15___ mee opgegroeid.

Informatie ontleend aan: Florence van Berckel, *Snoeplust in Nederland*, en: *Allerhande*

Recept

Neem een emmer limonade
en een pan met choco-ijs,
doe daarbij tien groene lollies,
spekkies, kauwgom en wat anijs,
daarna nog een onsje koekjes,
zuurstokken, drop en suikerspin,
zwartopwit en veertien toffies,
dan zit alles er wel in.
Zo, nu even heel goed roeren,
'k denk vást dat je ervan houdt ...
Ojee, ik ben nog iets vergeten:
een pondje kiespijnpoeder
ánders - gaat het zeker fout!

Uit: Theo Olthuis, *Als je goed om je heen kijkt zie je dat alles gekleurd is*

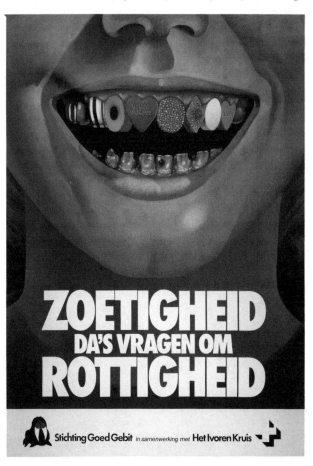

9 TEKST

Verboden vruchten

Als er in Nederland, Duitsland of Engeland ergens een bakje pinda's op tafel komt, kun je er donder op zeggen dat het in een mum van tijd leeg is. Doe hetzelfde in Frankrijk en je zult zien dat het grootste deel blijft staan. Volgens prof. dr. E.P. Köster, hoogleraar in het fundamenteel en toegepast onderzoek van de chemische zintuigen, komt dat doordat Duitse, Nederlandse en Engelse kinderen onder de zes jaar absoluut geen pinda's mochten eten. Dat was te gevaarlijk want de nootjes zouden in de luchtpijp kunnen schieten en verstikking veroorzaken. Misschien eten Franse kindertjes anders of zijn hun luchtpijpjes voorzien van een veiligheidsklepje, in ieder geval bestond dáár die angst niet en mochten zij wel pinda's eten. En daardoor zijn pinda's voor hen op latere leeftijd ook niet meer zo interessant. Er blijkt namelijk een mechanisme in de mens te bestaan dat iets verbodens bijzonder aantrekkelijk of lekker maakt. Wat in de prilste kinderjaren nooit op het menu stond, wordt zodoende op latere leeftijd graag en veel gegeten. En wat vroeger verplichte kost was (het is zo gezond, daar word je groot en sterk van), komt later in principe niet of nauwelijks op tafel. De basis van onze smaak, onze voorkeur en tegenzin, wordt dus al in de vroegste jeugd gevormd, overigens zonder dat we ons daar nu nog bewust van zijn.

10 VOCABULAIRE   *Bij de tekst (12.9)*

Bij 'Verboden vruchten'.
Kruis aan wat vrijwel dezelfde betekenis heeft.

1. *er donder op zeggen*
   a. er bang voor zijn
   b. ermee instemmen
   c. er zeker van zijn
2. *in een mum van tijd*
   a. binnen de kortst mogelijke tijd
   b. regelmatig
   c. zo spoedig mogelijk
3. *veroorzaken*
   a. ervan afhangen
   b. problemen geven
   c. teweegbrengen
4. *voorzien zijn van*
   a. kijken naar
   b. uitgerust zijn met
   c. voorspellen
5. *aantrekkelijk*
   a. aanzienlijk
   b. nuttig
   c. aanlokkelijk
6. *kost*
   a. werk
   b. salaris
   c. voedsel
7. *in principe*
   a. in feite
   b. in het bijzonder
   c. inzake
8. *nauwelijks*
   a. bijna niet
   b. geleidelijk
   c. voortdurend
9. *overigens*
   a. rest
   b. tevens
   c. trouwens

11 SCHRIJVEN *Herschrijven*

Bij 'Verboden vruchten'.

Maak de volgende zinnen af en volg hierbij de inhoud van de tekst.

1. Als je in Duitsland, Engeland of Nederland pinda's op tafel zet, _____ .
2. Als je hetzelfde in Frankrijk doet, _____ .
3. Kinderen in Duitsland, Engeland en Nederland die jonger zijn dan zes jaar mochten _____ .
4. Omdat pinda's in de luchtpijp vast kunnen gaan zitten, _____ .
5. In Frankrijk _____ .
6. Voor ons _____ verboden vruchten.
7. Volgens prof. Köster _____ aantrekkelijk.
8. _____ wat wij vroeger tegen onze zin moesten opeten.
9. In onze kinderjaren _____ .
10. Maar dat dat zo is, _____ .

12 SPREKEN OF SCHRIJVEN *Open vragen*

Bij 'Verboden vruchten'.

1. Zijn er dingen die u vroeger niet mocht eten of drinken en die u nu heel lekker vindt? Zo ja, welke dingen zijn dat?
2. Zijn er dingen die u vroeger tegen uw zin moest eten en drinken en die u nu nog steeds niet lekker vindt? Welke dingen zijn dat en waarom vonden uw ouders dat u die wel moest eten?
3. Vindt u dat u kinderen moet dwingen tegen hun zin iets te eten of te drinken? Zo ja, waarom? Zo nee, waarom niet?

13 GRAMMATICA *Vergelijkingen*

Maak een vergelijking en gebruik hierbij het woord dat cursief gedrukt is. Het gaat niet alleen om de comparatief en de superlatief van die woorden, maar ook om vergelijkingen als: 'even _____ ', 'net zo _____ als', 'even _____ als' en 'minder _____ dan'.

1. *oud*
   Jan en Piet zijn tweelingen. Zij zijn dus _____[1]. Zij zijn nu tien jaar.
   Hun broertje Kees is elf jaar, dus één jaar _____[2] de tweeling. Kees is de _____[3] van de drie.

2. *smal*
   Dit riviertje wordt _____[4], naarmate het dichter bij ons dorp komt.
   Bij ons dorp is het _____[5]. Misschien is deze rivier wel de _____[6] rivier in Nederland. Ik ken in ieder geval geen _____[7] rivier.

3. *hoog*

Ik heb het koud. Ik zal de verwarming wat _____[8] zetten. Nu heb ik hem op zijn _____[9] gezet.

4. *boos*

Ik werd boos op hem toen hij vertelde dat hij de blanco receptenbriefjes gestolen had. Ik werd nog _____[10], toen hij zei dat hij het voor de grap had gedaan.

5. *actief*

Ik ben 's morgens _____[11]. Dan ben ik veel _____[12] 's middags of 's avonds. Hoe verder de dag vordert, _____[13] ik word.

6. *kostbaar*

Ik weet niet welke edelstenen _____[14] zijn. Ik weet wel dat edelstenen meestal _____[15] goud zijn. Zilver is _____[16] goud.

7. *graag*

Er zijn veel dingen, die ik leuk vind. _____[17] ga ik zwemmen. Dat doe ik nog altijd _____[18] iets anders.

8. *dikwijls*

Er komen dikwijls leerlingen te laat in de les. Maar Piet komt _____[19] wie ook te laat.

9. *weinig*

Men moet erg voorzichtig zijn met het gebruik van neusdruppels bij verkoudheid. Druppelen kan _____[20] kwaad, wanneer men een oplossing van zout in water gebruikt. U moet dan wel voor één theelepel zout op zijn _____[21] één liter water gebruiken.

10. *veel*

De _____[22] mensen weten niet genoeg van de werking van genees-middelen. Er zou _____[23] bekendheid aan moeten worden gegeven wat de gevaren bij verkeerd gebruik zijn.

11. *schadelijk*

Sommige mensen zeggen dat roken en drinken allebei _____[24] zijn. Mijn huisarts vindt echter dat roken heel erg ongezond is en dat drinken, mits met mate, niet veel kwaad kan. Hij vindt dus roken veel _____[25] drinken. Hoe meer je rookt, _____[26] het voor de gezondheid is. Hij vindt sigaretten nog _____[27] van alles. De _____[28] sigaretten zijn die met het hoogste nico-tinegehalte. Hij vindt sigaren wel iets _____[29] sigaretten, omdat er in siga-ren niet zoveel nicotine zit. Voor de longen is er niets _____[30] roken.

14 GRAMMATICA   *Vergelijkingen*
Als **13**.

Medicijnen innemen is soms [gevaarlijk _____ 1] men denkt. Het [goed
_____ 2] advies is alleen in overleg met uw huisarts medicijnen in te nemen.
Hieronder volgen de [voornaam _____3] redenen, waarom het innemen van
medicijnen gevaarlijk kan zijn.
Eén van de [groot _____4] gevaren kan zijn verslaving. Sommige geneesmiddelen hebben nl. een [kort _____5] werking dan andere en moeten daarom
[dikwijls _____6] worden toegediend. De kans op verslaving is daarom
[groot _____7]. Sommige doktoren schrijven daarom [graag _____8]
geneesmiddelen met een [lang _____9] werking voor, want die hoeven
[dikwijls _____10] te worden ingenomen. Daarom vinden sommige doktoren
ze [goed _____11], omdat er [weinig _____12] kans op verslaving bestaat.
Verslaving kan [goed _____13] vermeden worden en daarom mag men sommige geneesmiddelen niet [lang _____14] een bepaalde tijd gebruiken. De verpakking mag dan ook niet [veel _____15] de voorgeschreven hoeveelheid bevatten.
Bovendien bederven geneesmiddelen [gauw _____16] levensmiddelen. Er is
niets [gevaarlijk _____17] het innemen van bedorven geneesmiddelen. Bergt u
ze met de [veel _____18] zorgvuldigheid op. Ze moeten bijvoorkeur op één
van de [koel _____19] [donker _____20] en [vochtig _____21] plaatsen
in huis bewaard worden. De badkamer is de [slecht _____22] plek want dat is
de [vochtig _____23] in het hele huis. Een slaapkamer is er [goed _____24]
voor geschikt. Bovendien, hoe [lang _____25] geneesmiddelen bewaard worden, [groot _____26] de kans op bederf is. U kunt restjes van medicijnen dan
ook maar [goed _____27] wegdoen. De [goed _____28] oplossing is ze
naar de apotheek te brengen.
En dan de kosten. Van twee vergelijkbare geneesmiddelen is het ene soms veel
[duur _____29] het andere. De [goedkoop _____30] geneesmiddelen werken vaak [goed _____31]. Voor [ver _____32] informatie kunt u daarom
[goed _____33] uw huisarts of uw apotheek raadplegen.

15 SCHRIJVEN   *Brief*

U wilt graag stoppen met roken. U heeft gehoord dat de Stichting Volksgezondheid en Roken
naast een brochure met tips over stoppen met roken, een brochure uitgeeft waarin staat wat u
kunt verwachten bij het stoppen met roken. U weet niet hoe die laatste brochure heet.

Schrijf een brief naar de Stichting Volksgezondheid en Roken en vraag deze brochure aan.
Denk daarbij aan de briefconventies.

16 SCHRIJVEN

Grafiek

Hiernaast ziet u een staafdiagram afgebeeld waarin een duidelijk verschil te zien is tussen wat mensen vertellen te besteden aan datgene waar ze aan 'verslaafd' zijn en wat ze er in werkelijkheid aan besteden.

a. Beschrijf het staafdiagram.

b. Waarom zou er een verschil zijn tussen woorden en daden?

c. Waarom willen mensen niet weten dat ze ergens aan 'verslaafd' zijn? Wat zijn daar de consequenties van?

Gebruik voor deze opdrachten ongeveer 200 woorden.

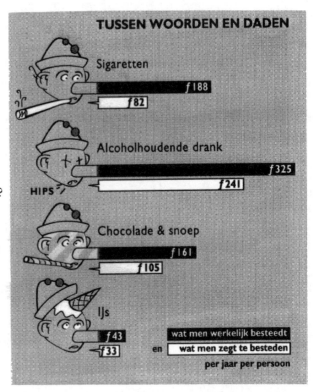

Uit: *NRC Handelblad*

Wat mensen zeggen hoeft niet per se overeen te komen met wat ze doen. Onderzoeksbureaus kunnen daarover meepraten. In het jaarlijkse budgetonderzoek van het Centraal Bureau voor de Statistiek (CBS) geven Nederlanders op voor 82 gulden per jaar te roken. Toch verkopen tabakshandelaren gemiddeld voor 188 gulden per persoon aan sigaretten. Ook ons drinkgedrag kunnen we niet goed inschatten. De hoeveelheid alcoholhoudende drank die we zeggen te nuttigen valt altijd lager uit dan de verkoopcijfers aangeven.

Volgens enquêteurs antwoorden mensen 'sociaal wenselijk'. Ze zeggen niet bovenmatig te drinken, te roken of te snoepen. Het CBS noemt ook andere oorzaken voor de verschillen. Bij het budgetonderzoek houdt één gezinslid een huishoudboekje bij. Uitgaven aan ijsjes, drank, sigaretten en snoep gaan soms buiten de gezamenlijke boodschappen om en worden dus niet opgegeven. Daarnaast kunnen er statistische verschillen zijn tussen de meetwijzen van de opgegeven en de werkelijke consumptie. In de verkoopcijfers worden overigens ook de bestedingen van buitenlandse toeristen meegerekend, maar deze komen niet tot uiting in het budgetonderzoek.

Onderzoeksbureaus ontwikkelen methoden om het fenomeen van de 'sociaal wenselijke' - en dus niet altijd juiste - antwoorden te omzeilen. Enquêtes worden bijvoorbeeld afgenomen door een computer. De geënquêteerde antwoordt dan eerlijker omdat een computer geen waardeoordeel kan vellen. Soms hoeft er niet naar oplossingen te worden gezocht. Bij de verkiezingen in 1982, bijvoorbeeld, durfden kiezers die een extreemrechtse stem uitbrachten daar niet voor uit te komen. Dit jaar was er volgens het NIPO van deze schaamte geen sprake meer.

(Onderzoek: Kim Wannet)

17 **SPREKEN** *Korte opdrachten*

1. U bent op een feestje. Een vriend van u eet achterelkaar handen vol pinda's en zoutjes. Wat zegt u tegen hem?
2. U zit in het spitsuur in de trein. U bent blij dat u een plaatsje heeft. Maar naast u en tegenover u zitten walkman-dragers. U wordt getracteerd op drie verschillende d(r)eunen. Wat zegt u tegen ze?
3. Aan het eind van een vergadering staan nog overal koffiebekertjes, flesjes en volle asbakken, hoewel de voorzitter gevraagd had alles op te ruimen. Iedereen is al weg, op iemand anders en u na. Wat zegt u tegen de ander?
4. Een collega heeft al vaak geprobeerd te stoppen met roken. Ze is heel blij, want dit keer lijkt het echt te lukken. Wat zegt u tegen haar?
5. U bent met een stel vrienden in de stad. Voor ze naar huis gaan, willen ze nog naar een gokhal. Ze vragen of u meegaat. U voelt daar niets voor, want u weet dat ze er eindeloos blijven hangen. Wat zegt u tegen ze?
6. U bent een fanatieke hardloper. U kunt over niets anders praten. Uw collega's worden er gek van. Maar nu hebt u toch een grote bos bloemen van ze gekregen omdat u een marathon hebt uitgelopen. Wat zegt u?
7. U heeft geen zin om weer de hele avond voor de buis te hangen. Wat zegt u tegen uw huisgenoten?

18 **SPREKEN** *Middellange opdracht*

Vertel aan de hand van de plaatjes een anekdote.

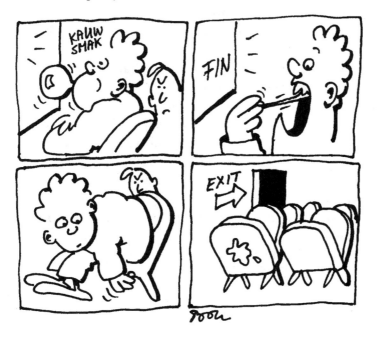

19 SPREKEN *Middellange opdrachten*

1. U ergert zich aan muzak. Leg uit waarom het u zo irriteert; *of*
   U vindt muzak wel gezellig. Het valt u amper op. Leg uit waarom u het wel gezellig vindt.
2. U bent gek op computerspelletjes. Leg uit waarom; *of*
   U moet niets van computerspelletjes hebben. Leg uit waarom u er absoluut niet van houdt.
3. U bent van plan met een vriendin met vakantie te gaan. U wilt graag trektochten maken door de bergen. Uw vriendin houdt meer van fietsen. Probeer haar over te halen toch met u te gaan wandelen; *of*
   U bent van plan met een vriendin met vakantie te gaan. U wilt graag fietsen door Frankrijk. Uw vriendin houdt meer van wandelen. Probeer haar over te halen toch met u te gaan fietsen.

20 LUISTEREN *Meerkeuzevragen*

Hieronder staat een aantal vragen bij het luisterstuk 'Alcohol in het verkeer'. Kruis aan wat juist is.

1. Mogen mensen na het drinken van alcohol auto rijden?
   a. Nee, hoewel niet iedereen traag reageert na het drinken van alcohol.
   b. Nee, want na drie glazen lijken bomen en bochten verder te liggen dan in werkelijkheid.
   c. Ja, maar er is een wettelijke norm.
2. Mochten de jongeren die aan het project meededen, zo veel drinken als zij wilden?
   a. Ja, want zij zeiden dat ze na het gebruik van drank de wereld beter aan konden, dus ook het auto rijden.
   b. Ja, maar ze moesten de auto nog wel goed kunnen besturen.
   c. Nee, want de organisatoren bepaalden de hoeveelheid.
3. Wanneer werden de jongeren op de videoband opgenomen?
   a. Toen zij het parcours voor de eerste keer reden.
   b. Toen zij het parcours voor de tweede keer reden.
   c. Tijdens beide keren.
4. Hoe reageerden de jongeren toen er een skippybal tegen de voorruit van de auto werd gegooid?
   a. Sommigen schrokken zich een ongeluk.
   b. Niemand had het in de gaten.
   c. Het merendeel heeft het niet eens gemerkt.

5. Wat zeggen die jongeren nu tegen hun vriendjes?
   a. Dat ze een uitdragende werking hebben.
   b. Dat ze de weddenschap hebben verloren.
   c. Dat ze wijs met drank moeten zijn.

21 LUISTEREN *Meerkeuzevragen*

Hieronder staat een aantal vragen bij het luisterstuk 'Alcoholgebruik bij jongeren'. Kruis aan wat juist is.

1. Is er volgens Ludwig Tiller sprake van jeugdalcoholisme?
   a. Ja, want het drinken loopt bij de jeugd uit de hand.
   b. Ja, jongeren voelen zich namelijk gelukkiger als ze wat drinken.
   c. Nee, mensen overdrijven soms.
2. Wat is volgens Ludwig Tiller de tendens van de afgelopen dertig jaar?
   a. Het aantal jongeren dat alcohol drinkt, is groter geworden.
   b. Jongeren zijn meer sterke drank gaan drinken.
   c. De hoeveelheid alcohol die in het algemeen gedronken wordt, is groter geworden.
3. Kunnen jongeren in het algemeen beter tegen alcoholische dranken dan ouderen?
   a. Nee, want ze wegen in het algemeen minder dan ouderen.
   b. Ja, want ze hebben in het algemeen meer veerkracht.
   c. Ja, want ze hebben in het algemeen meer waterig weefsel.
4. Hoe komt het dat kinderen die alcohol drinken veel kwetsbaarder zijn dan ouderen?
   a. Doordat ze te veel en regelmatig drinken.
   b. Doordat kinderen hun hersenen meer moeten gebruiken.
   c. Doordat sommige organen nog niet volgroeid zijn.

1   TEKST

Politie

¹__ In de krant van gisteren stond dat politiemensen een oude invalide vrouw weer
__ in bed hebben geholpen, dat ze bij een nachtelijke alcoholcontrole een groot
__ aantal automobilisten hebben aangehouden die te veel hadden gedronken en
__ dat ze een burenruzie hebben gesust. Hoewel dit maar een zeer kleine greep is
⁵__ uit het grote scala van werkzaamheden van de politie, kunnen we ons via de
__ media een beeld vormen van haar omvangrijke taakstelling. Een taakstelling
__ waarbij van de politie wordt verwacht dat ze op de een of andere manier han-
__ delt; handelingen die worden verricht in en voor de samenleving.
__ Hoe weten politieagenten nu hoe ze op al die verschillende maatschappelijke
¹⁰__ voorvallen moeten reageren? Hoe moeten ze zich gedragen bij een verkeerson-
__ geval, een slecht-nieuwsboodschap? Wat voor gedrag moeten ze in hun
__ beroepsuitoefening vertonen? Enerzijds moeten ze effectief optreden en ander-
__ zijds moeten ze rekening houden met de gevoelens en de opvattingen van het
__ publiek.
¹⁵__ De samenleving staat vaak kritisch tegenover het handelen van de politie. Dat
__ komt onder andere tot uiting in kamervragen en opinies in de media, bijvoor-

17 beeld of de politie wel genoeg doet aan het bestrijden van criminaliteit en vanda-
    lisme.

    De politie heeft zich echter te houden aan de wet, maar bepaalde maatschappelij-
20 ke ontwikkelingen kunnen leiden tot veranderingen van de wet. Neem nu de

    maximumsnelheid. Zolang iedereen zich daaraan houdt, is er niets aan de hand,

    maar als steeds meer mensen deze snelheidsregel overtreden, noemen we dat bur-

    gerlijke ongehoorzaamheid. Dan kan er sprake zijn van een omslag in de wetge-

    ving: dat is namelijk het ogenblik waarop de handhaving van deze wet ter discus-
25 sie komt te staan. Een wetswijziging kan daarvan het gevolg zijn.

    Als het respect voor een wet verdwijnt, is het vaak de politie die daar het eerste

    mee in aanraking komt. Er zijn geen vast omlijnde voorschriften voor politie-

    mensen in dergelijke situaties. Hoe ze op deze maatschappelijke veranderingen

    moeten reageren, moeten ze zelf bepalen. Dat is heel persoonlijk. Maar wat ze
30 ook beslissen, ze mogen nooit uit het oog verliezen dat zij er zijn ten dienste van

    de samenleving.

> Naar: P. Immel e.a. (red), *Politiewerk: mensenwerk. Maatschappelijke thema's voor de politie*

a. Bekijk de verschillende tijden uit de eerste alinea en verklaar het gebruik ervan.

b. Waarom staat de rest van de tekst in het presens?

c. Als er een voorbeeld wordt gegeven in de tekst, staat er dikwijls 'bijvoorbeeld', zie regel 16-17. Uit welke woorden in de derde alinea blijkt dat kamervragen en opinies in de media voorbeelden zijn van de kritiek op de politie?
In de vierde alinea vindt u nog een voorbeeld. Welk? Uit welke woorden blijkt dat?

d. Woorden als 'hoewel' (regel 4) en 'echter' (regel 19) drukken een tegenstelling uit. Om welke tegenstellingen gaat het in de tekst? Kunt u nog een tegenstelling vinden? Welke woorden drukken die tegenstelling precies uit?

e. In regel 19 staat 'De politie heeft zich echter te houden aan de wet'; en in regel 26 staat 'Als het respect voor een wet verdwijnt ...'. Verklaar het verschil tussen *de* wet en *een* wet.

2   LEZEN   *Meerkeuzevragen*

Hieronder staat een aantal vragen en beweringen. Kruis aan wat juist is.

1. In deze tekst wordt de taakstelling van de politie globaal omschreven.
   a. Waar.
   b. Niet waar.

2. Hoe politieagenten moeten handelen wordt volgens de tekst bepaald door
   a. de wet, de samenleving en henzelf.
   b. de wet, de samenleving en de media.
   c. de wet, de media en henzelf.

3. Welke vorm van burgerlijke ongehoorzaamheid wordt er in de tekst genoemd?
   a. De maximumsnelheid overschrijden.
   b. Criminaliteit en vandalisme.
   c. Een wet ter discussie stellen.

4. De politie besteedt voldoende aandacht aan het bestrijden van criminaliteit en vandalisme.
   a. Dat vindt de samenleving.
   b. Dat vindt de samenleving niet.
   c. Daar heeft de samenleving haar twijfels over.

Open vraag

Iemand rijdt in een woonwijk veel te hard. Hij wordt door de politie aangehouden. Hoe waarschijnlijk is het dat hij een bekeuring krijgt? Gebruik voor uw antwoord argumenten uit de tekst.

3   **VOCABULAIRE**   *Bij de introductietekst*

Bello de dief

burenruzie, in aanraking komen, maatschappelijk, maximumsnelheid, nachtelijk, omvangrijk, rekening houden, scala, vandalisme, verkeersongeval, verwachten, zich houden

Ik ben politieagent in een klein dorp. Mijn taak is weliswaar niet zo _____[1] als die van de politiemensen in een grote stad, maar je _____[2] toch ook _____[2] _____[2] met een _____[3] van problemen variërend van _____[4] – op een nacht waren jongens bezig de ruiten van het dorpshuis in te gooien – tot _____[5] – er loopt namelijk een snelweg langs ons dorp en mensen _____[6] _____[6] helaas lang niet altijd aan de _____[7].
Er wordt soms ook van je _____[8] dat je _____[9] werk doet. Ik werd vorige week bij een _____[10] geroepen tussen een nieuwe inwoner van ons dorp en een bejaarde man die hier zijn hele leven heeft gewoond. De nieuwkomer had een feest gegeven en had er geen _____[11] mee _____[11] dat de bejaarde man op dat _____[12] uur wilde slapen, met alle gevolgen van dien.

aan de hand zijn, criminaliteit, hoewel, optreden, sprake zijn, verdwijnen, voorval, zich gedragen.

Laatst deed zich een merkwaardig _____¹³ voor. Een elftal uit ons dorp zou een voetbalwedstrijd spelen tegen een elftal uit een naburig dorp. Natuurlijk _____¹⁴ de toeschouwers _____¹⁴ dan niet zo als soms bij een interland wedstrijd. _____¹⁵ ik niet als politieagent hoefde _____¹⁶ te _____¹⁶, ging ik toch kijken. Ik houd namelijk wel van een leuke wedstrijd. Die zou om zeven uur beginnen, maar de aanvoerder van ons elftal was er op dat moment niet. Wat zou er _____¹⁷ _____¹⁷ _____¹⁷ _____¹⁷ ?

Maar daar kwam hij aan gerend, niet naar het veld, maar meteen naar mij. 'Onze voetbal is _____¹⁸ ', riep hij. 'Hij is vast gestolen!' 'Ach,' zei ik, 'van _____¹⁹ kan toch hier geen _____²⁰ _____²⁰ . Wie steelt er nu een voetbal!'
Ik had het nog niet gezegd of daar kwam Bello met de bal aanrennen die hij lek gebeten in zijn bek had.

4   GRAMMATICA   *Imperfectum*

Zoek in de volgende tekst de werkwoorden op die in het imperfectum staan.
Noteer de infinitief en de stam ervan. Voorbeeld: *vielen - vallen - val.*

Memoires van een inbreker

Voorjaar '79. Door de hoge ramen van de rechtszaal vielen de eerste zonnestralen van het jaar naar binnen. De publieke tribune was even leeg als de bank voor de journalisten. De man die werd binnengebracht, was ook geen 'interessant geval'. Gewoon een inbreker met een flinke staat van dienst. De officier, die naar huis wilde, raffelde de aanklacht af. De president stelde een paar routinevragen, de advocaat hield zijn pleidooi. Het laatste woord was voor de inbreker. Hij stond op en begon een levendig verhaal te vertellen doorspekt met smakelijke anekdotes over zijn leven en zijn 'crimineel bedrijf', dat hij als zijn werk beschouwde en ook steevast zo bleef noemen. Hij sprak over de tegenslagen in dat werk en de meevallers, de buitenkansjes en de verliesposten. De rechters, die het waarschijnlijk vóór de zitting al

eens waren geworden over de straf, gingen verzitten. Ze luisterden geamuseerd. De man sprak geruime tijd en eindigde aldus:
'Edelachtbare heren, verdomd-als-het-niet-waar-is, als ik mezelf zo hoor vind ik dat ik maar eens een boek over mijn leven moet schrijven en met mijn werk moet uitscheiden.' De advocaat vroeg voor de tweede maal het woord. Hij voerde aan dat de mens achter de crimineel in de setting van het proces gemeenlijk verborgen blijft maar dat hier nu iemand te voorschijn was gekomen die duidelijk had weten te maken, dat hij op een tweesprong stond. Iemand die zo over zichzelf wist te vertellen, behoorde eerder achter de schrijfmachine dan in de gevangenis. Hij verzocht de president de man een faire kans te geven: onmiddellijke invrijheidstelling voor de proefperiode van één jaar. Daarna zou men

wel verder zien. De president schorste de zitting en na kort beraad ging de rechtbank in op het voorstel van de advocaat. Nog diezelfde dag was de inbreker een vrij man. Ik besloot hem op te gaan zoeken. Ik wilde hem interviewen en opnieuw naar zijn verhaal luisteren. Dat gebeurde. Een middag en een avond vertelde hij me over zijn werk en zijn leven. Ik vroeg hem naar zijn jeugd, naar zijn ervaringen, zijn beweegredenen; hoe het zo gelopen was. Ten slotte filosofeerden we bij een sigaartje over de vraag hoe het in het leven zo kon gaan dat de één redacteur wordt van een weekblad en de ander inbreker. Hij suggereerde me om daar ook eens met anderen, met een paar gabbers die hij kende, over te gaan praten. Die suggestie nam ik over.

Uit: *Haagse Post*

5   GRAMMATICA   *Imperfectum en plusquamperfectum*

Bij 'Memories van een inbreker'.

Combineer de volgende zinnen, òf tot hoofdzin + bijzin, òf tot twee hoofdzinnen. Bedenk
daarbij goed wat eerst (plusquamperfectum) en wat later (imperfectum) is gebeurd.

Voorbeeld:

Buurtbewoners [bellen] de politie. Plusquamperfectum (dat gebeurde eerst)

De agenten [sussen] de burenruzie. Imperfectum (dat gebeurde later)

Nadat buurtbewoners de politie *hadden gebeld*, *susten* de agenten de burenruzie.

1. *voordat*   De zaak van de inbreker [komen] aan de orde.
   Alle journalisten [weggaan].

2. *daarvoor*   De president [stellen] routinevragen.
   De officier [afraffelen] zijn aanklacht.

3. *nadat*   Iedereen [luisteren] geamuseerd.
   De inbreker [krijgen] het woord.

4. *toen*   De inbreker [vertellen] over zijn criminele verleden.
   Hij [zeggen] dat het niet altijd even gemakkelijk [zijn].

5. *nadat*   De man [hebben] geruime tijd gesproken.
   Hij [zeggen]: 'Verdomd-als-het-niet-waar-is … '

6. *hoewel*   De advocaat [houden] al een pleidooi.
   Hij [spreken] nog een keer.

7. *dat*   Tijdens zijn tweede pleidooi [zeggen] de advocaat
   de inbreker [tevoorschijnkomen] als mens.

8. *doordat*   De inbreker [vertellen] zo indrukwekkend over zichzelf.
   Hij [worden] vrijgesproken.

9. *dat*   De rechter [raken] zo onder de indruk van memoires.
   Hij [besluiten] hem een kans te geven.

10. *toen*   Ik [horen] dat de inbreker een boek [gaan] schrijven.
   Ik [besluiten] erheen te gaan om hem te interviewen.

11. *hoewel*   Die man [plegen] veel inbraken.
   Hij [worden] vrijgesproken.

12. *nadat*   De inbreker [vertellen] opnieuw over zijn werk.
   Wij [roken] samen een sigaartje.

6   GRAMMATICA   *Perfectum*

Vul het participium van het perfectum in en verklaar waarom 'hebben' of 'zijn'
als hulpwerkwoord gebruikt wordt.

Voorbeeld:

De politie heeft de oude vrouw weer in bed [helpen].

De politie heeft de oude vrouw weer in bed *geholpen*.

Helpen kan een object hebben, dus wordt het hulpwerkwoord 'hebben' gebruikt.

1. Piet heeft zijn huis [verkopen].
2. Hij heeft dit weekend 200 km [fietsen]. Hij is helemaal naar Maastricht [fietsen].
3. De file is door een ongeval [ontstaan].
4. De zakenman heeft enige tijd in het buitenland [vertoeven].
5. De brandwonden zijn wonderbaarlijk snel [genezen].
6. Bij de nachtelijke alcoholcontrole heeft de politie 26 voertuigen in beslag [nemen] en bovendien heeft zij 42 maal proces-verbaal [opmaken].
7. De kinderen hebben de tuin netjes [onderhouden], maar doordat het bijna niet [regenen] heeft, zijn de planten [verdorren].
8. Er heeft tijdens het examen een incident [zich voordoen], toen een kandidaat bij het spieken gesnapt werd.
9. Dit echtpaar heeft bewonderenswaardig werk [verrichten], als je bedenkt wat ze in korte tijd allemaal hebben [verwezenlijken].
10. Vanwege mijn nieuwe functie ben ik naar Zoetermeer [verhuizen].
11. We hebben de hele avond tevergeefs op uw telefoontje [wachten].
12. Het heeft de hele nacht [onweren].

7   GRAMMATICA   *Perfectum*

Zet de volgende zinnen in het perfectum.

Voorbeeld:

Politiemensen [sussen] de burenruzie.

Politiemensen *hebben* de burenruzie *gesust*.

1. Mevrouw Jansen, de president van de rechtbank, [bevinden] de verdachte schuldig; zij [veroordelen] hem tot twee jaar gevangenisstraf .
2. De brandweer [redden] een man en twee kinderen uit een brandend huis.
3. Ik [afduiken] voor het eerst van mijn leven van de hoge duikplank.
4. Mijn vriend [klaarmaken] een voortreffelijke maaltijd.
5. De politie [bekeuren] de fietser zonder licht.
6. Wij [handelen] in overeenstemming met de eisen van de samenleving.
7. Mijn kleindochter [zich aanmelden] voor de politieacademie.
8. De plannen om de cursus anders te organiseren [voortkomen] uit de wensen van de cursisten.
9. De ambtenaren van politie [staken] een dag uit protest tegen de loon-maatregel.
10. Ongeveer 60 procent van de kandidaten [slagen] dit jaar voor het examen.
11. Ik [vertrekken] overhaast uit Amsterdam, ik [vergeten] dan ook van alles en nog wat.
12. Ik [lezen] in de krant dat er gisteren in de dierentuin een beer uit zijn kooi [ontsnappen]. Inmiddels [vangen] ze hem weer.

8 GRAMMATICA *Perfectum*

Zet de volgende zinnen in het perfectum en vermeld of het een actieve (a)
of een passieve (p) zin is.

Voorbeeld:

[sluiten]

De meeste winkels _____ op zondag _____ .

De voorzitter _____ om 15.00 uur de vergadering _____ .

De meeste winkels *zijn* op zondag *gesloten*. (p)

De voorzitter *heeft* om 15.00 uur de vergadering *gesloten*. (a)

1. [verbieden] De agenten _____ de dronken automobilist
   _____ verder te rijden.
   Het _____ _____ deze straat in te rijden.

2. [arresteren] Wegens wangedrag _____ er 23 voetbalsupporters
   _____ .
   De politie _____ de bankovervallers _____ .

3. [opereren] Professor Jansen _____ mij _____ .
   De president _____ plotseling aan zijn blindedarm
   _____ .

4. [verkopen] De inbreker _____ alle gestolen spullen _____ .
   Ik heb een nieuwe auto. De oude _____ _____ .

5. [overtreden] Deze snelheidsregel _____ meer dan eens _____ .
   De politieagent zegt dat ik de wet _____ _____ .

6. [beroven] De tasjesdief _____ de oude vrouw _____ .
   Mijn collega _____ van zijn portemonnee _____ .

9 GRAMMATICA *Imperatief*

Vorm van de cursief gedrukte woorden/groepen van woorden een zin waarin de imperatief
wordt gebruikt. Denk hierbij aan het onderscheid tussen de formele en de informele vorm.
Vul waar mogelijk de woorden 'eens', 'maar', of 'toch' in.

De vingers van de directeur

Op een morgen ontdekt de receptioniste van een internaat dat het geld dat zij ontvangt voor de verkoop van postzegels, sigaretten, en dergelijke gestolen is. Zij
vraagt meneer De Vries, de directeur, of hij wil *komen kijken*. Ze zegt: _____[1].
De receptioniste vraagt meneer De Vries of hij *de politie* zou willen *bellen*. Ze
zegt: _____[2].
De politie reageert erg kalm. De rechercheur vindt dat meneer De Vries *zich niet
moet opwinden*. Hij zegt: _____[3]. Verder vraagt de rechercheur aan meneer

De Vries of deze bij het politiebureau *langs* wil *komen*. De rechercheur zegt:
_____4 . De directeur accepteert dat niet en zegt tegen de rechercheur dat hij
hier moet *komen*. Meneer De Vries zegt: _____5 .
Als de rechercheur is gekomen, adviseert hij *de volgende maatregel te nemen*.
Hij zegt: _____6 . Hij adviseert *het geldkistje net als altijd op dezelfde plaats
te laten staan*. Hij zegt: _____7 . Hij stelt voor *een klein beetje van een speciaal poeder op het geld in het kistje* te *strooien en het daarna niet meer aan* te
raken. De rechercheur zegt: _____8 . Wanneer iemand dit poeder aan zijn
handen heeft, geven de handen licht wanneer ze door een speciale lamp
beschenen worden.
Zo gezegd, zo gedaan. De volgende dag constateert de receptioniste dat ze er
weer met het geld vandoor zijn. De politie komt onmiddellijk.
Meneer De Vries vraagt de receptioniste *alle leerlingen en personeelsleden in de
eetzaal bij elkaar* te *roepen*. Hij zegt: _____9 . De receptioniste moet *ervoor
zorgen dat niemand de deur uitgaat*. Hij zegt: _____10 . Meneer De Vries
vraagt de rechercheur *gauw mee naar de eetzaal* te *komen*. Meneer De Vries zegt:
_____11 . Meneer De Vries stelt de leerlingen gerust en zegt dat ze *niet bang*
hoeven te *zijn*. Hij zegt: _____12 .
De directeur is als eerste aan de beurt voor de 'lampproef'. De rechercheur
verzoekt meneer De Vries *zijn handen onder de lamp* te *houden*. De rechercheur
zegt: _____13 . En ... oh, de handen geven licht! Wat was er nu gebeurd? De
directeur had de vorige dag de planten in zijn tuin met een insecticide bespoten,
dat hetzelfde effect geeft als het poeder. En een alibi? De directeur zegt dat de rechercheur *het* gerust *aan de buren* mag *vragen*. De directeur zegt: _____14 .

10 TEKST

Inbrekers kiezen slachtoffers door lezen familieberichten:

Tip voor goede kraak uit de kranten

Breda, donderdag
Kranten fungeren in toenemende mate als inlichtingenbron voor inbrekers die familieberichten nalezen om te kunnen vaststellen wanneer argeloze burgers uithuizig zijn voor een huwelijksfeest, een zilveren bruiloft of een begrafenis.

Deze advertenties geven aan aandachtige inbrekers de meest elementaire aanwijzingen waar en wanneer ze ongestoord hun gang kunnen gaan. Tijdens de receptie ontvangen de pasgetrouwden hun gasten maar op dat zelfde moment bezoeken de inbrekers het toekomstige adres. Dat stond onverbloemd in de huwelijksadvertentie vermeld en de toekomstige bewoners komen toch pas diep in de nacht thuis ...

Met name in Brabant hebben inbrekers ontdekt dat ze de krant niet kunnen missen. Geen dag! De meest recente slachtoffers zijn Hannie de Jong (30) en Cor Verpaalen (27) uit Zundert, die bij thuiskomst na hun bruiloft moesten constateren dat er voor 15.000 gulden aan sieraden was gestolen op hun toekomstige adres aan de Veldstraat.

Streek
Supermarkt-caissière Hannie wil daarover niet meer praten. 'Het is toch al vervelend genoeg. Ik blijf het een misselijke streek vinden,' zegt ze desgevraagd. De dief kwam binnen door aan de achterzijde van haar huis een ruitje in te slaan.
Volgens een woordvoerder van de rijkspolitie in Breda beginnen veel Brabanders inmiddels de risico's in te zien van al te openhartige familie-advertenties. 'Dit ergerlijk optreden van de inbrekers raakt bij de bevolking snel bekend. Zulke verhalen gaan als een lopend vuurtje rond.'
'We hebben onlangs nog een verzoek gekregen om in een bepaalde dorpsstraat in ons district extra toezicht te houden, omdat de gehele straat was uitgenodigd voor een zilveren bruiloftsfeest. Er was in die straat al eens vaker bij zo'n gelegenheid ingebroken en dan raakt men door de ervaring wijs.'

Begrafenis
In de gemeente Dongen schrokken inbrekers er niet voor terug hun slag te slaan in een kostbaar ingerichte woning terwijl de bewoners afwezig waren om de begrafenis van een familielid bij

te wonen. Ook daar hadden de daders in de overlijdensadvertentie gelezen wanneer de teraardebestelling zou plaatsvinden en de woning dus verlaten zou zijn.
Uit de provincie Zeeland komen regelmatig meldingen van inbraken die gepleegd worden als de bewoners van de veelal afgelegen woningen 's zondagsmorgens enkele uren afwezig zijn voor kerkbezoek.
Plaatsvervangend groepscommandant L. Kool van de rijkspolitie in Zundert heeft overigens wel enkele preventiemaatregelen achter de hand om advertentiekrakers buiten de deur te houden. 'Je zou tevoren even aan de plaatselijke politie kunnen vragen of ze op de avond van het bruiloftsfeest je woning extra in de gaten houden. Maar dat is natuurlijk geen waterdichte voorzorg.'
'Een veel betere oplossing is een aantal lichten in huis te laten branden tijdens je afwezigheid.' En nòg effectiever is natuurlijk, om één of meer mensen tijdelijk in huis te stationeren en als huisbewaarder te laten optreden.

Uit: *De Telegraaf*

11 SPREKEN OF SCHRIJVEN *Samenvatting*

Bij de inleiding
1. Waarom zijn inbrekers vooral geïnteresseerd in de krantenrubriek 'familieberichten'?

Bij *Streek*
2. Hoe kunnen adverteerders het risico van inbraak verkleinen?

Bij *Begrafenis*

3. Wanneer zijn inbrekers met name actief in Zeeland?
4. Welke preventietips geeft de politie?

Vat de tekst samen aan de hand van de antwoorden op bovenstaande vragen.

12 GRAMMATICA   *Perfectum en plusquamperfectum*

In de volgende twee teksten staan werkwoorden voor de zin tussen haakjes. Zet deze òf in het perfectum òf in het plusquamperfectum. Let op de plaats van de persoonsvorm en het participium. Voorbeeld:

[aanhouden]   In de krant stond, dat ze bij een nachtelijke alcoholcontrole
                  een groot aantal automobilisten
[drinken]   die te veel.

In de krant stond, dat ze bij een nachtelijke alcoholcontrole een groot aantal automobilisten *hebben aangehouden* die te veel *hadden gedronken*.

a. 1. [samenwerken]   In Rotterdam ik met iemand
    2. [werken]   die eerst bij de narcoticabrigade van de gemeentepolitie.
                         Die wist zogenaamd alles van verdovende middelen.
                         Daar was hij heel trots op. Mijn collega's besloten hem
                         daarom eens goed te grazen te nemen.
    3. [doen]   Wat de collega's nou?
    4. [vinden]   Ze zogenaamd een bandrecorder langs de lijn naar
                         Hoek van Holland.
    5. [stoppen]   Daar ze poedersuiker in.
    6. [halen]   Ze vervolgens de narcotica-expert erbij.
    7. [onderzoeken]   Nadat hij het spul
    8. [proeven]   en het, zei hij: 'Heroïne, jongens! Geen twijfel mogelijk!'
    9. [willen]   Hij meteen al een groot onderzoek instellen,
   10. [weerhouden]   maar ze hem daar net van kunnen, door te vertellen dat het
                         om een grap ging.
   11. [kosten]   Het hun veel moeite hem ervan te overtuigen en we lagen
                         achteraf natuurlijk dubbel van het lachen.

Informatie ontleend aan: *Speurders op het spoor*

b. 1. [helpen]   Twee agenten van de Haagse politie woensdagavond een
                        vrouw bij de geboorte van haar baby.
    2. [beginnen]   Nadat de weeën, belde de vrouw per ongeluk de politie-
                        meldkamer in plaats van de verloskundige.

3. [kunnen]   Omdat de politie de GG en GD niet op tijd bereiken, legden de agenten hun wapen, pet en gummiknuppel neer.

4. [laten]   Vervolgens ze handdoeken en warm water aanrukken.

5. [brengen]   De vrouw een gezonde baby ter wereld.

13 GRAMMATICA   *Gebruik van de tijden*

Lees het volgende artikel.

Geef aan in welke tijd de werkwoorden staan en verklaar waarom die tijd wordt gebruikt.

Leswagen met bejaarde leerling 'op hol'

Waalre (ANP) - Een rij-instructeur uit Waalre heeft vrijdagmiddag enkele minuten wanhopig achter zijn wagen aangehold. De auto was er vandoor gegaan met een bejaarde leerling achter het stuur. De instructeur had de auto verlaten om de man te helpen bij het uitstappen toen de auto tegen de wil van de nog onervaren leerling begon te rijden. De instructeur gaf hollend achter de auto allerlei adviezen, maar de leerling drukte op de verkeerde knopjes en pedalen waardoor de wagen alleen maar sneller ging rijden. Na een botsing met een geparkeerde auto kwam de leswagen eindelijk tegen een lichtmast tot stilstand.

Toen de instructeur hijgend bij de auto aankwam, gooide de leerling het portier open. Daardoor kreeg de instructeur een klap tegen het hoofd. Hij moest in het ziekenhuis worden behandeld. De leerling bleef ongedeerd.

14 GRAMMATICA *Gebruik van de tijden*

Zet de woorden tussen haakjes in de juiste tijd.

Voorbeeld:

Een rij-instructeur uit Waalre [aanhollen] vrijdagmiddag enkele minuten wanhopig achter zijn wagen. De auto [gaan] er vandoor met een bejaarde leerling achter het stuur.

Een rij-instructeur uit Waalre *heeft* vrijdagmiddag enkele minuten wanhopig achter zijn wagen *aangehold*. De auto *was* er vandoor *gegaan* met een bejaarde leerling achter het stuur.

Omvangrijke handel in gestolen fietsen

APELDOORN   De Apeldoornse politie [aanhouden][1] twee vrouwen uit Deventer in verband met het plegen van fietsendiefstallen op grote schaal. De politie [verdenken][2] de vrouwen ervan voor tenminste 26.000 gulden aan fietsen te [stelen][3]. Zij [kunnen][4] worden aangehouden, nadat de politie een tip [krijgen][5], dat twee vrouwen in het centrum van Apeldoorn op slot staande fietsen in een auto [laden][6]. Het [blijken][7] dat de twee hun arbeidsterrein in Apeldoorn, Arnhem, Zutphen, Almelo, Zwolle [hebben][8]. Zij [verkopen][9] de gestolen fietsen aan een heler in Deventer, die per stuk 125 gulden [betalen][10] en die de politie inmiddels ook [aanhouden][11].

15 GRAMMATICA *Gebruik van de tijden*

Als **14**.

Gevangene betrapt op drukken vals geld

LIMA   Het gevangenispersoneel [betrappen][1] een Peruviaanse gedetineerde op het drukken van vals geld. De man [drukken][2] bankbiljetten met behulp van zijn kunstig uitgesneden schoenzool.

Ze [ontdekken][3] hem, toen hij bezig [zijn][4] een andere schoenzool uit te snijden voor een nieuwe serie bankbiljetten. De Peruviaanse autoriteiten [kunnen][5] niet meedelen hoeveel geld de man al uit zijn cel [smokkelen][6]. Wel [worden][7] verklaard dat de valse biljetten zo perfect [zijn][8] dat ze nauwelijks van echte te onderscheiden [zijn][9].

Uit: *Utrechts Nieuwsblad*

16 GRAMMATICA   *Gebruik van de tijden*
Als **14**.

Fietser op snelweg

MIDDELBURG   De verkeersgroep van de Zeeuwse Rijkspolitie [aanhouden][1]
gistermiddag een man, die op de vierbaans autosnelweg [rijden][2]. De man
[rijden][3] echter niet in een auto, maar op een fiets. Het [zijn][4] een bejaarde
man, die op weg [zijn][5] van Middelburg naar Goes. In de buurt van Lewedorp
[klimmen][6] hij bij een viaduct naar de snelweg. Tegen de politie [verklaren][7]
hij: 'Ik [denken][8] ook al. Wat [zijn][9] het druk op de weg. En wat [rijden][10]
de auto's toch hard!'
Met enkele vriendelijke woorden [brengen][11] de politiemensen de bejaarde man
weer op het goede spoor door hem naar het dichtstbijzijnde fietspad te brengen.

    Uit: *De Telegraaf*

17 SPELLING   *Hoofdletters*
In de volgende teksten zijn de hoofdletters weggelaten. Zet de hoofdletters er weer in.

1. in holwerd (noord-friesland) is men opgeschrikt door het volgende bericht dat
   in de leeuwarder courant stond: 'dronken kapitein van veerboot gehaald'. in het
   noordfriese dorp nemen dagelijks vele mensen de boot naar ameland om er te
   genieten van de rust of om terug te gaan naar huis. de kapitein m.f. te l. stond
   bekend als een gulzige drinker van russische wodka, maar de friezen hadden niet
   gedacht dat f. ook zou drinken tijdens zijn overtochten naar ameland. vanaf
   1 januari zal het ministerie van verkeer en waterstaat een strengere controle uitoefenen op de veerdiensten in nederland.

2. conducteurs van de nederlandse spoorwegen (ns) waren verrast toen zij vanmorgen in de trein tussen utrecht en amsterdam een man aantroffen die hen in het
   engels vroeg of ze parijs al naderden. het bleek een amerikaan te zijn die een toer
   door europa maakte en niet meer wist waar hij was. hij zei: 'ik heb gehoord dat
   nederland en belgië kleine landjes zijn waar je zo doorheen rijdt'. hij verheugde
   zich zo op de eiffeltoren en op de champs elysées, dat hij teleurgesteld keek toen
   de conducteur zei dat de franse hoofdstad nog wel een halve dag reizen hiervan-
   daan lag.

18 SCHRIJVEN   *Aanvullen*

1. Nadat zij van haar portefeuille was beroofd, _____ .
2. De politie heeft de man die _____ . Bij huiszoeking hebben ze alle spullen bij hem teruggevonden.
3. _____ , aangezien mijn autoradio al drie keer is gestolen.
4. Mijn vriend studeerde af en gaf een feest. _____ . Daarom ben ik nu zo duf.
5. Als je _____ , kun je een bon verwachten.
6. Was ik maar eerder van huis gegaan, _____ .
7. Voordat _____ , had ik mijn zaken goed geregeld.
8. De man wilde het restaurant verlaten zonder te betalen. _____ , verzette hij zich hevig.
9. Ik heb de politie gebeld, nadat _____ .
10. Om 20.00 uur heb ik naar het journaal gekeken, daarvoor _____ .

19 SCHRIJVEN   *Krantenbericht*

In de introductietekst van dit hoofdstuk staat dat de politie niet alleen tot taak heeft de criminaliteit te bestrijden, maar ook dat zij bijvoorbeeld burenruzies moet oplossen.
Schrijf een krantenberichtje dat als kop heeft: 'Burenruzie gesust', 'Politie pakt vandalen' of 'Politie rijdt brandweer aan'.
Bekijk voordat u gaat schrijven de krantenberichtjes uit deze les. De opzet hiervan kan als voorbeeld dienen.
Gebruik niet meer dan 100 woorden.

20 SPREKEN   *Korte opdrachten*

1. U kijkt uit het raam en u ziet iemand wegrennen met een autoradio. U belt de politie. Wat zegt u?
2. U wilt uw auto parkeren en dat wilt u natuurlijk het liefst op een plek waar u niet hoeft te betalen. U ziet iemand van de parkeerpolitie. Wat vraagt u?
3. U hebt op straat een horloge gevonden. U gaat naar het dichtstbijzijnde politiebureau en u vertelt precies waar en wanneer u het gevonden hebt.
4. U heeft zojuist een trui gekocht, maar de verkoopster heeft het elektronische label er vergeten af te halen. Bij de uitgang van de winkel gaat het alarm af en u wordt aangehouden. Wat zegt u?
5. Als u op de markt wilt betalen, merkt u dat uw portemonnee is verdwenen. Waarschijnlijk is er een zakkenroller actief geweest. U gaat naar een surveillerende agent. Wat zegt u?

6. U bent een straat ingereden waar dat niet mocht. U wordt aangehouden door de politie. Wat zegt u?
7. Het café waar u boven woont, hoort op zaterdagnacht om twee uur te sluiten. Om half drie hoort u nog lawaai. U belt de politie. Wat zegt u?
8. U zit in de trein en de conducteur vraagt om uw kaartje. Als u uw portemonnee wilt pakken, kunt u hem niet vinden. Wat zegt u?
9. Een vriendin van u rijdt altijd op een fiets zonder licht. Wat zegt u tegen haar?

21 SPREKEN   *Middellange opdrachten*

1. Bij de overburen ziet u rook uit de ramen komen. U twijfelt geen seconde en belt het alarmnummer. Wat zegt u?
2. U wilt een schuurtje bouwen in de tuin. U belt met bouw- en woningtoezicht in uw gemeente en legt uit wat u van plan bent en hoe uw schuurtje eruit gaat zien. Vraag bovendien wat u verder nog moet doen.
3. Als u uw hond uitlaat, ziet u dat kinderen op het punt staan een fiets in de gracht te gooien. U stapt op ze af en u geeft ze op hun donder.
4. U ziet dat een fietser wordt aangereden door een automobilist. De fietser valt en blijkt gewond te zijn. U bent de enige getuige. De politie wil graag uw verhaal horen. Vertel wat u heeft gezien.
5. Uw buren hebben aangeboden tijdens uw vakantie op uw huis te passen. Ze zijn bij u op de koffie en u vertelt ze wat ze voor u kunnen doen. Noem ten minste drie punten (denk onder andere aan inbraakpreventie).

22 LUISTEREN   *Meerkeuzevragen*

Hieronder staat een aantal vragen en beweringen bij het luisterstuk 'Interview met een reclasseringsambtenaar'. Kruis aan wat juist is.

1. Wat vertelt de reclasseringsambtenaar over een gedetineerde uit een open inrichting? De reclasseringsambtenaar vertelt dat de gedetineerde
   a. na een sollicitatie bij de Nederlandse Spoorwegen heeft gewerkt.
   b. als vervanging van straf bij de Nederlandse Spoorwegen moest gaan werken.
   c. als vrijwilliger bij de Nederlandse Spoorwegen heeft gewerkt.
2. Waarom wilde de personeelschef bij de Nederlandse Spoorwegen de sollicitant niet aannemen?
   a. Omdat de sollicitant destijds bij de Nederlandse Spoorwegen had gewerkt en wegens slecht gedrag ontslagen was.

b. Omdat de sollicitant niet aan de eisen, die in de advertentie werden gesteld, voldeed.

c. Omdat de sollicitant in de gevangenis had gezeten.

3. Wat is er onder andere uit het onderzoek van de reclassering gebleken?

a. Dat de mensen het feit dat iemand in de gevangenis heeft gezeten niet makkelijk vergeten.

b. Dat de ex-gedetineerde zelf niet kan vergeten dat hij in de gevangenis heeft gezeten.

c. Dat men niet voorzichtig genoeg met ex-gevangenen kan omgaan.

4. Waarom zoekt een ex-gedetineerde nieuw sociaal contact?

a. Omdat hij relaties zoekt die hem kunnen helpen bij het krijgen van een baan.

b. Omdat hij hoopt op die manier aan meer geld te komen.

c. Omdat hij zijn leven iets plezieriger wil maken.

5. Wat heeft cafébezoek voor de ex-gedetineerde in eerste instantie voor gevolg, volgens de reclasseringsambtenaar?

a. Hij raakt te veel gewend aan borreltjes drinken.

b. Hij is te vaak van huis.

c. Hij maakt wat sociale contacten.

6. Waarom zou de ex-gedetineerde graag met vakantie willen?

a. Omdat hij weer een beetje geld heeft en daarvan op reis wil gaan.

b. Omdat hij vindt dat hij veel heeft gemist toen hij in de gevangenis zat.

c. Omdat hij reclame in de brievenbus kreeg van een bekend reisbureau.

7. Wat vindt de reclasseringsambtenaar niet eerlijk? Dat bij het bepalen van de straf

a. alleen het plegen van het misdrijf een rol speelt.

b. de officier van justitie alleen rekening houdt met de situatie van de beklaagde als ex-gedetineerde.

c. de ex-gedetineerde geen kans heeft gehad zichzelf te verdedigen.

8. De reclasseringsambtenaar bekijkt de gang van zaken van twee kanten.

a. Waar.

b. Niet waar.

23 LUISTEREN   *Meerkeuzevragen*

Hieronder staat een aantal beweringen bij 'Nieuwsberichten'. Kruis aan wat juist is.

Nieuwsbericht I

De mobiele luchtbrigade blijft oefenen op de Edese en Ginkelse heide

  a. omdat verhuizing naar de Noordoostpolder nog meer schade aan de natuur en het milieu zou veroorzaken.

  b. omdat verhuizing naar een ander gebied te duur is voor het ministerie van Defensie.

  c. omdat het gemeentebestuur van Ede het er niet mee eens is als de mobiele luchtbrigade zou verhuizen.

Nieuwsbericht II

De veerboot 'de Prinses Christina' moet een langdurige reparatie ondergaan, want

  a. er is door een aanvaring met een tweede veerboot een lek ontstaan.

  b. de bodem is door het zeewater aangetast.

  c. de verbinding van zwavel met het zeewater heeft het metaal van het schip te veel aangetast.

Nieuwsbericht III

In Andijk is een wandelestafette begonnen

  a. om op die manier kinderen van de straat te houden.

  b. om geld bij elkaar te krijgen voor een goed doel.

  c. om in de maand juli iets voor vakantiegangers te organiseren.

Nieuwsbericht IV

In dit bericht wordt gezegd dat

  a. malaria in het noordoosten van Bangladesh sinds de jaren tachtig opnieuw voorkomt.

  b. er in de jaren zestig in Bangladesh honderden mensen aan malaria zijn overleden.

  c. er tijdens de laatste malaria-epidemie 30.000 mensen zijn overleden.

Nieuwsbericht V

Roken kost de samenleving 3,5 miljard. Daarvan is tachtig procent het gevolg van

  a. niet kunnen werken wegens ziekte.

  b. shaggies draaien op het werk.

  c. schoonmaak en ventilatie.

Nieuwsbericht VI

De onderzoekers van de Rijksuniversiteit Leiden concluderen

  a. dat er te veel arrestanten op het politiebureau worden vastgehouden.

  b. dat het aantal arrestanten in de toekomst met de helft kan verminderen.

  c. dat er op politiebureaus meer mensen doodgaan dan nodig is.

Wat is dat, mevrouw Van Gelder?

Wat is dat, mevrouw Van Gelder,
houdt u beren in de kelder?
Bruine beren in de kelder van 't perceel?
Als het nou konijntjes waren
of een aantal ooievaren,
maar 't zijn echte bruine beren, en zoveel!

Kijk 's hier, meneer Verhagen,
moet ik u permissie vragen?
Houd u bij uw eigen zaken astublief!

Kom vooral geen stap meer nader,
't zijn de beren van mijn vader,
en ik heb ze alle zeven even lief!

Nou, ik kan u dit vertellen:
Ik ga de politie bellen
en de brandweer! En de Generale Staf!
Hoor 's hier, meneer Verhagen,
als u dat probeert te wagen,
stuur ik alle zeven beren op u af!

Als u even hier wilt kommen,
zal 'k ze voor u laten brommen:
Grrrr! Grrrr! Grrrr Grrrr! Hau! Hau! Grrrr!

Hoort u dat, meneer Verhagen?
Hebt u nou nog iets te vragen?
O welnee, mevrouw Van Gelder, nou niet meer ...

Goedendag, mevrouw Van Gelder,
wat zijn uw gordijntjes helder,
veel genoegen met de beertjes in uw huis!
Wel, tot ziens, meneer Verhagen,
prettige vakantiedagen,
en de hartelijke groeten bij u thuis.
Grrrrr!

Uit: Annie M.G. Schmidt, *Ziezo*

Bronvermelding

Tenzij anders vermeld zijn de illustraties in deze editie van Help! 3 van de hand van Kees Bok.
Alle leesteksten zijn authentiek. De introductieteksten echter zijn aangepast om de grammatica van de desbetreffende les te illustreren. In dat geval wordt de bronvermelding voorafgegaan door: 'naar'. Veel oefeningen zoals vocabulaire-, grammatica- en prepositieoefeningen zijn bewerkingen van authentieke teksten. In dat geval wordt de bronvermelding voorafgegaan door: 'Informatie ontleend aan'. Is de tekst integraal overgenomen dan wordt de bronvermelding voorafgegaan door: 'uit'.

Les 1

1 Tekst 'Eten en drinken'. Naar: J.G. van Eden e.a., Receptenleer. Technieken en processen. Den Haag, Nijgh & Van Ditmar Educatief, 1994 (tweede, herziene druk).
3 Vocabulaire 'Wat de boer niet kent'. Informatie ontleend aan: Stef Scagliola (red.), Eendevoetjes of oude kaas. Vreemd eten in Nederland. Rotterdam, Ordeman, 1987.
6 Tekst 'Vijftien jaar eetpiraat'. Naar: Utrechts Nieuwsblad 11 februari 1993.
10 Grammatica 'Gezonde knollen'. Informatie ontleend aan: dr. J.F. de Wijn en W.A. van Staveren, De voeding van elke dag. Utrecht, Bohn, Scheltema & Holkema, 1986 (derde, herziene druk).
Foto: Pieter van der Meer.
13 Grammatica 'Hond in de magnetron'. Bron niet bekend.
16 Schrijven. De advertenties zijn overgenomen uit de Gouden Gids en het Utrechts Universiteitsblad.
17 Mondeling of schriftelijk. Het cirkeldiagram 'Dorst' is beschikbaar gesteld door NRC Handelsblad. Het werd eerder gepubliceerd in NRC Handelsblad 7 juli 1993.
Gedicht 'Peer. Pirus communis'. Uit: Drs. P., Tuindersliedboek. Amsterdam, Bert Bakker, 1983.

Les 2

1 Tekst 'Klimaat'. Naar: Jan Hol, Klaas Doornbos, George Burggraaf (met bijdrage van Hans de Jong), Hans de Jong Weerboek. Kampen, La Rivière & Voorhoeve, 1986.
3 Vocabulaire 'Regenverzekering'. Informatie ontleend aan: NRC Handelsblad 20 juni 1994.
8 Grammatica 'De elfstedentocht'. Informatie ontleend aan: Henk Raaff, Onder nul. Amsterdam, Bert Bakker, 1984; en: Elfstedentocht 1986, Leeuwarden, Friese Pers Boekerij, 1986.
12 Vocabulaire 'Bliksem op zee'. Uit: Het Parool, 18 maart 1995.
13 Preposities 'Zomers ongedierte'. Informatie ont-

leend aan: NRC Handelsblad 15 augustus 1994.
Gedicht 'Een warme dag'. Uit: K. Schippers, De waarheid als De koe. Amsterdam, Querido, 1963.
Gedicht 'Gedicht'. Uit: Hans Vlek, Zwart op Wit. Amsterdam, Querido, 1970.

Les 3

1 Tekst 'Transport'. Naar: J. de Rek, Van Hunebed tot Hanzestad. Baarn, Bosch & Keuning, 1973.
3 Vocabulaire 'Staking van het openbaar vervoer'. Informatie ontleend aan: NRC Handelsblad 1993.
4 Grammatica 'Sterk staaltje met stoptrein'. Uit: De Telegraaf 1995.
5 Grammatica. De cartoon 'Last van de luchtwegen' is van de hand van Len Munnik en eerder gepubliceerd in Trouw 1995.
6 Grammatica 'Oplichter boort zichzelf auto door de neus'. Uit: De Telegraaf 1995.
7 Grammatica 'Parachutespringen'. Informatie ontleend aan: NRC Handelsblad 8 september 1994.
8 Tekst 'Varende kruidenier vangt altijd wel wat'. Uit: Het Parool 21 mei 1992 (ingekort).
10 Grammatica 'Zeevaart'. Informatie ontleend aan: H.E. Kuipers, Werken ... in de zeevaart. Beroepenboek.
12 en 13 Lezen. Uit: Spoorboekje '95-'96. Utrecht, NV Nederlandse Spoorwegen, 1995.
18 Schrijven. De grafiek 'Taxi' is beschikbaar gesteld door NRC Handelsblad. Ze werd eerder gepubliceerd in NRC Handelsblad 5 november 1994.
21 Spreken. De cartoon 'Bent u er ook zo één die 't verkeer met één vinger regelt' is beschikbaar gesteld door Stichting Ideële Reclame, SIRE.
24 Luisteren. Gedicht 'De pont'. Uit: Ivo de Wijs, Vroege Vogels vliegen. Amsterdam, Amber, 1990.
Het fragment van de plattegrond van Amsterdam is ontleend aan: Kleine Falk van Amsterdam, 36ste druk. NV Falkplan/CIB.

Les 4

1 Tekst 'Milieu'. Naar: A. van Dijk, De andere landbouw. 's-Gravenhage, 1980.
4 Discussie 'Porseleinen kop versus plastic beker'. Uit: Trouw 29 februari 1992 (ingekort).
9 Tekst 'Reinigingspolitie vecht tegen 175.000 kilo hondenpoep'. Uit: NRC Handelsblad 1993.
20 Spreken. De cartoon 'Consumeren? Consuminderen!' is van de hand van Len Munnik.
23 Luisteren. Gedicht 'Herinnering aan Holland'. Uit: H. Marsman, Verzameld werk. Poëzie, proza en critisch proza. Amsterdam, Em. Querido, 1960 (derde druk).

Les 5

1 Tekst 'Economie'. Naar: Floor van Herwaarden, Ad Huijser, Jan Simons, Jules Theeuwes, Economie. In: Het Cultureel Woordenboek. Encyclopedie van de algemene ontwikkeling. Onder redactie van prof. dr. G.A. Kohnstamm en dr. H.C. Cassee. Baarn, Anthos, 1992.

Gedicht 'De invloed van matige wind op kleren'. Uit: K. Schippers, Een leeuwerik boven een weiland. Amsterdam, Querido, 1980.

6 Grammatica 'GFT-afval vervuild met 100.000 mesjes'. Uit: NRC Handelsblad 6 juni 1994.

7 Grammatica 'Van honderd losse guldens tot een briefje van honderd: de list van een PTT'er. Een anekdote'. Informatie ontleend aan: Weekboek loket, Vrij Nederland.

8 Tekst 'Koopjesjacht'. Naar: Colin White en Laurie Boucke, The Undutchables: Leven in Holland. Amsterdam, Nijgh & Van Ditmar, 1995.

De tekening 'Hoeveel verbruikt-ie in de file?': © Stefan Verwey 1991; uit de bundel: Dit paradijsje houden we geheim! Amsterdam, Uitgeverij De Harmonie, 1991.

14 Tekst 'Europese definitie van banaan zaait verwarring'. Uit: NRC Handelsblad 22 september 1994.

20 Spreken. De informatie voor de tabel is ontleend aan: CBS Feiten en cijfers 1994. Landbouw, natuurbeheer en visserij. Ministerie van Landbouw, Natuurbeheer en Visserij, 's-Gravenhage, 1994.

Foto: Michaël Eisenblätter.

Les 6

1 Tekst 'Werk'. Naar: A. Goudvis, Verantwoord solliciteren. Deventer, Kluwer, 1978; en: J. Dikkers, Vrije tijd: Wat doe je ermee? De Telegraaf 17 april 1982.

6, 7, 8 en 9 Grammatica. Naar: H. de Graaf, Lekker niets doen? Vergeet het maar! Nijkerk, 1978.

11 Grammatica 'Werk zoeken'. Naar: A. Goudvis, Verantwoord solliciteren. Deventer, Kluwer, 1978.

15 Schrijven. De tekst van het formulier is ontleend aan 'Inschrijfformulier kandidatenbestand' van Start Uitzendbureau.

16 Spreken of schrijven 'Kamermeisje hoeft geen Nederlands te kennen'. Uit: NRC Handelsblad 2 augustus 1994.

17 Schrijven 'Werknomaden'. Uit: Irene van der Linde, Managers willen werknomaden. In: Intermediair 14 juli 1995 (ingekort).

Foto: Marc de Haan/Hollandse Hoogte.

Gedicht 'Haring'. Uit: Nico Scheepmaker, De Gedichten. Amsterdam, Bert Bakker, 1991.

Les 7

1 Tekst 'Ontspanning'. Naar: Aart Lensink, Meer werk, minder vrije tijd. In: Algemeen Dagblad 3 november 1992; en: Hein Kroft e.a., Een tijd zonder werk. Een onderzoek naar de levenswereld van langdurig werklozen. Leiden, Stenfert Kroese, 1989.

3 Vocabulaire 'Met middagslaap meer mens'. Informatie ontleend aan: H.J.A. Hofland, in: NRC Handelsblad 26 januari 1995.

Foto's: Robert de Hartogh.

5 Grammatica 'Kanariekoor'. Uit: Algemeen Dagblad 1 mei 1980.

6 Grammatica 'Door kruit worden muziekminnaars verwond'. Uit: Utrechts Nieuwsblad 1 juli 1980.

8 Tekst 'Vriendschap groeit op straat'. Bron niet bekend.

Foto: Robert de Hartogh.

14 Preposities. Informatie ontleend aan: ANWB Kampioen.

Gedicht 'In het park'. Uit: K. Schippers, De waarheid als De koe. Amsterdam, Querido, 1963.

Les 8

1 Tekst 'Sport'. Naar: Th.G.W.M. Manders, Vormen van Sportbeoefening. Bron niet bekend; R.F.M. Lubbers, Sport is mede een spiegel van maatschappelijke ontwikkelingen. NRC Handelsblad 13 februari 1993; en: Sportblessures: preventie èn behandeling taak voor huisarts. De Consumentengids februari 1992.

3 Vocabulaire 'Honderdjarige bungee jumper'. Informatie ontleend aan: Trouw 18 oktober 1993.

7 Tekst 'Gehoord en ongehoord'. Uit: Utrechts Nieuwsblad 25 mei 1982.

15 Schrijven 'Stelling'. Uit: NRC Handelsblad 21 januari 1995.

Gedicht 'Gymles'. Uit: Wiel Kusters, Het veterdiploma. Amsterdam, Querido, 1987.

Les 9

1 Tekst 'Techniek en technologie'. Naar: Jens Arnbak, Techniek en technologie. In: Het Cultureel Woordenboek. Encyclopedie van de algemene ontwikkeling. Onder redactie van prof. dr. G.A. Kohnstamm en dr. H.C. Cassee. Baarn, Anthos, 1992.

De grafiek 'Publieke perceptie van techniek' is afkomstig uit Het Cultureel Woordenboek (zie boven).

5 Grammatica 'Digitale revolutie'. Informatie ontleend aan: VPRO-Gids 20 t/m 27 augustus 1994.

6 Grammatica 'Pekelen per computer'. Informatie ontleend aan: ANWB Kampioen februari 1994.

De illustratie is afkomstig uit ANWB Kampioen februari 1994.

8 Tekst 'KNMI ziet Pinkpop als aardbeving'. Uit: NRC Handelsblad 1 juni 1994.

12 Lezen 'Aanwijzingen voor veiligheid en waarschuwingen in verband met wasautomaten'. Uit: Instructieboekje Bosch wasmachine (ingekort).

13 Preposities 'Ongevraagde reparaties'. Informatie ontleend aan: De Consumentengids juni 1992.

Gedicht 'Twee koningskinderen'. Uit: Gerrit Komrij, De os op de klokketoren. In: Gerrit Komrij, Alles onecht, keuze uit de gedichten. Amsterdam, Arbeiderpers, 1984.

Les 10
1 Tekst 'Gezondheid'. Naar: G. van de Bruinhorst, Met de dokter op pad. Utrecht-Antwerpen, 1980; en: Friedrich Deich, Nieuwe ontdekkingen in de geneeskunde. Utrecht-Antwerpen, z.j.
6 Grammatica 'Als arts verklede krijgt recepten'. Bron niet bekend.
10 Grammatica 'Naar de huisarts of niet'. Naar: Prof. dr. B. Meyboom-de Jong, Wat doe ik. Ga ik naar de huisarts? Amsterdam, UAP-Nederland, 1993 / Rotterdam, Latting Partners BV, 1993.
11 Tekst 'Wat is eigenlijk een patiënt?'. Naar: Ivan Wolffers, Patiëntenboek. Een handleiding voor patiënten en mensen uit hun naaste omgeving. Amsterdam, Bert Bakker, 1978.
16 Lezen 'Paracetamol' en 'Ibuprofen'. Uit: bijsluiters van drogisterij Het Kruidvat.
18 Schrijven. De grafiek 'Griepgevoel' is beschikbaar gesteld door NRC Handelsblad. Ze werd eerder gepubliceerd in NRC Handelsblad 11 december 1993.
21 Spreken 'Gezondheid van sollicitant weegt steeds zwaarder'. Uit: de Volkskrant 1995 (ingekort).
Gedicht 'Prikje'. Uit: Wiel Kusters, Het veterdiploma. Amsterdam, Querido, 1987.

Les 11
1 Tekst 'Onderwijs'. Naar: Prof. dr. N.F. Noordam, Inleiding in de historische pedagogiek. Groningen, Wolters Noordhoff, 1981 (vierde, volledig herziene en uitgebreide druk).
Illustratie. Schilderij van Jan Steen. Ontleend aan: Piet Hagen, Hoe wij leren lezen. Tilburg, Zwijsen, 1984. Het schilderij is in het bezit van National Gallery of Scotland, Edinburgh.
10 Tekst 'Ongeschoolde jeugd sociaal weinig vaardig'. Uit: de Volkskrant 1 juni 1995.
13 Tekst 'Leren doe je in je slaap'. Uit: Het Parool 6 augustus 1994 (ingekort).
16 Lezen. De tekst is afkomstig van de informatiefolder van de Gemeentebibliotheek Rotterdam, januari 1995.
Gedicht 'Opstellen'. Uit: T. van Deel, Strafwerk. Amsterdam, Querido, 1969.

Les 12
1 Tekst 'Verslavingen'. Naar: Documentatiemap 'Verslaving' van de Gemeente Bibliotheek Utrecht; en: Wetenschapslijn 1991.
7 Grammatica 'Kan het ook zonder muziek?' Informatie ontleend aan: Sybren Polet, Kan het ook

zonder muziek? In: NRC Handelsblad 15 januari 1994.
Foto: Cor de Kock.
8 Grammatica 'Snoepzucht'. Informatie ontleend aan: Florence van Berkel, Snoeplust in Nederland. In: NRC Handelsblad 2 juni 1994; en: Allerhande, thuisblad van Albert Heijn, 12 januari 1995.
Gedicht 'Recept'. Uit: Theo Olthuis, Als je goed om je heen kijkt zie je dat alles gekleurd is. Amsterdam, Querido, 1991.
De illustratie is beschikbaar gesteld door Het Ivoren Kruis en Stichting Goed Gebit.
9 Tekst 'Verboden vruchten'. Bron niet bekend.
16 Schrijven. De grafiek 'Tussen woorden en daden' is beschikbaar gesteld door NRC Handelsblad. Ze werd eerder gepubliceerd in NRC Handelsblad 6 juli 1994.

Les 13
1 Tekst 'Politie'. Naar: P. Immel e.a. (red.), Politiewerk: mensenwerk: maatschappelijke thema's voor de politie. Alphen aan den Rijn, Samson, 1987.
Foto: Robert de Hartogh.
4 Grammatica 'Memoires van een inbreker'. Uit: Haagse Post 1979.
10 Tekst 'Tip voor goede kraak uit de kranten'. Uit: De Telegraaf 27 mei 1982.
12 Grammatica. Informatie ontleend aan: Speurders op het spoor. 75 jaar opsporingswerk bij de Nederlandse Spoorwegen. Schiedam, Scriptum, 1994.
13 Tekst 'Leswagen met bejaarde leerling 'op hol''. Bron niet bekend.
14 Grammatica 'Omvangrijke handel in gestolen fietsen'. Bron niet bekend.
15 Grammatica 'Gevangene betrapt op drukken vals geld'. Uit: Utrechts Nieuwsblad 14 juli 1980.
16 Grammatica 'Fietser op snelweg'. Uit: De Telegraaf 5 april 1982.
Gedicht 'Wat is dat, mevrouw Van Gelder'. Uit: Annie M.G. Schmidt, Ziezo. Amsterdam, Querido, 1989.